The
American
Dream

美国人眼中的美国梦

（美）劳伦斯·R. 萨缪尔 著
鲁创创 译

新星出版社 NEW STAR PRESS

The American Dream by LAWRENCE R. SAMUEL
Copyright © BY LAWRENCE R. SAMUEL
This edition originally published by SYRACUSE UNIVERSITY PRESS
Simplified Chinese edition copyright © 2014 CNHK PUBLICATIONS LIMITED
All rights reserved.

图书在版编目（CIP）数据

美国人眼中的美国梦/(美)萨缪尔著;鲁创创译.——北京:新星出版社,2015.1
ISBN 978-7-5133-1650-7

Ⅰ.①美… Ⅱ.①萨…②鲁… Ⅲ.①美国－历史－现代 Ⅳ.①K712.5
中国版本图书馆CIP数据核字(2014)第262968号

美国人眼中的美国梦

（美）劳伦斯·R.萨缪尔 著；鲁创创 译

策　　　划：	郭燕军
责 任 编 辑：	汪　欣
特 约 编 辑：	孙　琳
封 面 设 计：	周伟伟
版 式 设 计：	锋尚设计
出 版 发 行：	新星出版社
出　版　人：	谢　刚
社　　　址：	北京市西城区车公庄大街丙3号楼　100044
网　　　址：	www.newstarpress.com
电　　　话：	010-88310888
传　　　真：	010-65270449
法 律 顾 问：	北京市大成律师事务所
读 者 服 务：	010-88310811　service@newstarpress.com
邮 购 地 址：	北京市西城区车公庄大街丙3号楼　100044
印　刷　厂：	北京盛源印刷有限公司
开　　　本：	910mm×1230mm　1/32
印　　　张：	9.125
字　　　数：	180千字
版　　　次：	2015年1月第一版　2015年1月第一次印刷
书　　　号：	ISBN 978-7-5133-1650-7
定　　　价：	39.00元

版权专有，侵权必究；如有质量问题，请与印刷厂联系调换。

献给弗蕾娅，你就是我的美国梦

彩虹之上的某个地方,天空是那样的蔚蓝。
只要我们敢于梦想,一切美好都能实现。

——E·Y·哈伯格

目录

序言

第一章 美利坚史诗 / 1

第二章 追求上位者 / 39

第三章 "反乐园" / 75

第四章 生在美国 / 115

第五章 焦虑社会 / 155

第六章 美国偶像 / 193

结语 / 230

注释 / 239

推荐阅读 / 255

索引 / 260

The American Dream

序言

于是,对于所有人而言——无论出身如何,良机几多——有权生存、工作并实现自我,加之展现自身的气概和愿景,合起来便造就了一个人。探求者啊,这就是美利坚的承诺。

——托马斯·沃尔夫(Thomas Wolfe)《你不能再回家》(You Can't Go Home Again)

这番话对您而言意味着什么呢?最近笔者在向各界人士请教——跟许多人一样,我一直都希望能够更好地理解"美国梦"。然而我得到的却还是那些老掉牙的答案:稳定的个人经济状况,具体点说就是挣足够的钱,以便颐养天年(尽管通货膨胀,但多数人的目标仍是赚够一百万美元);享受"美好人生"(通常是指在城郊拥有一套不错的房子,且住宅周围购物便利);为自己工作;成为新闻人物(哪怕只是片刻出名);"追求幸福",或者说偶尔能过上自由女神像所标榜的那种生活……与所有其他正式或非正式的调查结果相同,这既有趣又令人颇感沮丧。除了未曾达成真正的共识之外,这些答案也丝毫没能点明"美国梦"那不容质疑的力量究竟何在。这使其更像是一组愿望清单,而非我所认为的史上最强大文明的座右铭。当然,问题在于,"美国梦"并不是一个实体存在。然而这份"不真实",最终却成为关于"美国梦"最为重要的发现;我们之中的许多人认为它是"完全真实"的,而此种情形更为这个故事平添了迷人的魅力。

《美国梦》,阐释美利坚文化的几乎每一个主要方面,包括美国的过去、现在和将来,而讲述了这么个故事。令人惊讶的是,自从"美国梦"这一概念于1931年出现以来,从未有哪本书借助大众通俗文化来对其进行表述。我的主要目的,是要填补文坛上的这一巨大空白。我认为,想要了解美国,没有比理解"美国梦"的文化历史更好的途径了。在整本书中,这是一个贯穿始终、得到充分证明的命题。相较于之前两部充满智慧的讲述"美国梦"的历史杰作——吉姆·卡伦(Jim Cullen)于2003年发表的《美国梦:关于塑造了一个民族的理念的简史》(The American Dream: A Short History of an Idea That Shaped a Nation),和卡尔·吉尔森(Cal Jilson)于2004年发表的《追寻美国梦:跨越四个世纪的机遇与排斥》(Pursuing the American Dream: Opportunity and Exclusion over Four Centuries)——本书将目标受众设定为普通读者以及对该课题进行深入研究的学者,并对"美国梦"概念进行了深入浅出的剖析。我坚信,当您研究过去八十年美利坚民族特征的演进过程时,《美国梦》无异于一本"探险指南";阅读《美国梦》,任何一位对美国历史感兴趣的朋友都将受益匪浅。

当然,该课题之所以充满吸引力,很大程度上在于,这一梦想曾经长期是美利坚民族的基本理念和实践经验,并且将继续发挥效用。"美国梦"已经被完全融入日常生活的方方面面,而并非只是一条具有强大影响力的哲学说辞或意识形态概念。它是一个至关重要的因素,决定着"我们是谁"、"我们该做什么"和"为什么要这样做"。"美国梦"是我们共同居住的这个国家少数珍贵的东西之一;其他任何理念或是神话(依我看,甚至包括宗教在内)在个人与群体生活方面的影响力都无法与之相比。无论提及何物——经济、政治、律法、工作、生意、教育——都能看到"美国梦"的影子;从某种程度上说,在这个国家,人们对于"美国梦"及其愿景内涵的解读,堪称百家争鸣。(2012年6月,在Google上以"美国梦"为关键词进行搜索,共得到六千七百万条结果,虽未见得准确,但依然证明了这一概念无处不在,令人印象深刻。)近年来关于健康保险和社会保障、政府职能角色、以及伴随房屋止赎而来的个人损失等,皆浸润了来自"美国梦"的影响,证明了其惊人的应变力和经久不变的关联性。当然,这一切皆非新生乍现,因为美国梦是支撑包括罗斯福新政(New Deal)和约翰逊伟大社会福利计划(Great Society)在内的二十世纪诸多大规模社会运动的基础。即便是反主流文化(二十世纪六七十年代美国青少年中间盛行的思想——译者注)、女权主义和民权运动等等,也都与"美国梦"息息相关;人们可以理直气壮地认为,植根于机会均等理念的"美国梦",从本质上保证了它在经济、政治或是社会等方面的主流舆论中的重要地位。随着世界融合,美国正变得越来越文化多元化,我相信"美国梦"或将发挥更加关键的作用,体现美国人民的最大共同利益和美利坚民族的凝聚力。

虽然"美国梦"的提法是1931年才出现的,但这一名词的根源却可以追溯至几个世纪前;在美利坚民族尚未形成的时候,它便已经萌芽了。(事实上，有人主张其核心理念是伴随着人类文明的诞生而起源的。）包括卡伦和吉尔森在内的其他历史学者，认为"美国梦"萌生于旧世界的宗教与政治束缚。其基本理念于十七世纪传入美洲大陆，并在大约一个世纪之后造就了《独立宣言》（Declaration of Independence）和《美国宪法》[1]。公平地说，个人地位身份要靠自身努力而不是世袭来获取，是"美国梦"的基本原则之一，而且我们采取与贵族政治相对的精英体制，并从中赢得了殊荣。对我们而言，大多数与自身息息相关的关键词和概念（诸如机会主义、自力更生、实用主义、随机应变、雄心壮志、乐观豁达、创业、发明创造等），都属"美国梦"的轨迹范畴。那种开疆扩土、一往无前的精神，源自当年"西进运动"时信马由缰的"边疆经验"。（想想看，作为如今"美国梦"最受欢迎的表现方式之一，"旅行房车"或称RV，与过去人们追捧的"大篷车"在本质上并无二致。）当然，人们仍旧希望拥有一片土地，在这个国家里拥有一点名义上的"股权"，且希望自己的地盘不会被别人践踏或是被圈起来（尽管美国民居周围常见白色的小栅栏）。随心所欲重塑自我的永恒理想，同样未曾改变，我们永不满足的性格是"美国梦"中非常重要的一部分。

虽然颇受欢迎的平民主义历史学者詹姆斯·特拉斯洛·亚当斯（James Truslow Adams，被人称作他那个时代的戴维·麦卡洛David McCullough或是肯·伯恩斯Ken Burns）被认为是首个使用"美国梦"一词的人，但其理念很明显借鉴自众多伟大的思想家。托克维尔（Alexis de Tocqueville）、惠特曼（Walt Whitman）、爱默生（Ralph Waldo Emerson）、梭罗（Henry David Thoreau）等著名人物，以及詹姆斯·布莱斯（James Bryce）和詹姆斯·穆尔海德（James Muirhead）等名气稍逊但同样敏锐的智者，对于"美国梦"的各个方面皆有过可圈可点的阐述。包括杰斐逊、富兰克林和林肯在内的历史人物，都对组成"美国梦"的相关要素进行过著名的论断，而戴尔·卡内基（Dale Carneigie）、诺曼·文森特·皮尔（Norman Vincent Peale），当然还有霍雷肖·阿尔杰（Horatio Alger）等人，也都是这一理念最为卖力的倡导者。无数杰出人士，如贝比·鲁斯（Babe Ruth）、埃尔维斯·普莱斯利（Elvis Presley）、法兰克·辛纳屈（Frank Sinatra）、欧文·柏林（Irving Berlin）、萨姆·沃尔顿（Sam Walton）、雷·克洛克（Ray Kroc）、米奇·曼托（Mickey Mantle）、杰克逊五兄弟（the Jackson Five）、亨利·福特（Henry Ford）、沃尔特·迪士尼（Walt Disney）、阿诺德·施瓦辛格（Arnold Schwarzenegger）、休·海夫纳（Hugh Hefner）、奥普拉·温弗瑞（Oprah Winfrey）、唐纳德·特朗普（Donald Trump）、巴拉克·奥巴马（Barack Obama）等等，皆是人们眼中"美国梦"的化身（就像是许多人所崇拜的有钱人初来美国之时全部身家只有两美元）。从《推销员之死》（Death of a Salesman）到《黑道家族》（The Sopranos），诸多典型剧作（更不必说导演弗兰克·卡普拉Frank Capra和画家诺曼·洛克威尔Norman Rockwell一生中的全部作品了）都被认为是这一神话的明确宣示。所谓"美国梦"，如果说它的概念尚未最终明确，那么它可以是母爱、苹果派、雪佛兰汽车等等……是身为人类的我们对生活目标最纯粹、最强烈的表达。

尽管贯穿美利坚民族的命运始终，"美国梦"的发展历程却并不一帆风顺。正如这本书所明确表述的，它的轨迹如同云霄飞车一般，上上下下，充满曲折。虽然时常面临消亡，却总能起死回生。每一次奇迹般的复原，都能重振并折射出美利坚民族的精神。经历一次又一次的危机（最近的一次，便是次贷危机以及紧接着发生的金融崩盘）之后，这一神话的应变力与恢复力已经反复得到证明；凭借所谓的"适应性行为"能力，它足以抵御任何"创伤性事件"。"美国梦"的概念一直在发展演变,然而在某些方面依然保持着原样——之所以造成这一矛盾,原因在于概念本身存在重大歧义。由于"美国梦"是美国人集体想象的产物,其含义可以包括任何我们想要或是需要的内容。毕竟,无论是"独立"这样虚无缥缈的理念,还是一辆新卡迪拉克轿车这样的实物(或者说是近年来人们所追求的,健全合理的医疗保险计划),都在"美国梦"的范畴之内。若是从政治方面说,左翼和右翼同样可以就"美国梦"做出各自的解读(有些显而易见的概念,对于共和党人和民主党人的原则主张都能起到支撑作用)。"美国梦"既激进又保守,既神圣又世俗,既适合"红州"(美国更支持共和党的州)又适合"蓝州"(更支持民主党的州),几乎可以适应任何先入之见和目的动机。作为一个易变而无常形的概念,"美国梦"宛如一条变色龙,可以随时改变自己,几乎可以迎合任何状况和事业的需要。

★

"美国梦"的幅度和广度着实惊人,这在其历史上表露无遗。诸多关于美国式理念和经验的耳熟能详的辞汇——持续增长的期望值(明天将比今天更好)、创业精神、家宅的神圣不可侵犯、财富的诱惑、取得成功的压力、对于"希望"和"改变"的病态迷恋、"一切皆有可能"的信念——皆喻于"美国梦"之中。珍妮弗·霍赫希尔德(Jennifer L. Hochschild)在其著作《勇敢面对美国梦》(Facing Up to the American Dream)一书中指出,所谓"成功",或者至少是实现成功的机遇,代表了"美国梦"的核心。她表示,"美国梦"是"一种承诺,即所有美国人都有合理的机会通过自身努力实现其心目中的'成功'——无论是物质的还是别的形式的——并通过'成功'来成就美德和自我实现。"这是一种颇为睿智的思想理论，但在实践过程中又表现出相当多的深层次缺陷。"美国梦"亦可被视为我们全民信仰中的主题，或者说，它就是我们美国人的全民信仰。罗伯特·贝拉（Robert Bellah）曾说，任何一个国家的全民信仰，"都有其独特的严肃和真诚，在理解它的过程中，需要与任何其他宗教信仰抱有相同的虔诚，"这种说法自然也适用于"美国梦"[2]。

放眼看去，在社会传播之中蕴含着许多对"美国梦"完全正确的解读。李·阿尔茨（Lee Artz）和布伦·奥特加·墨菲（Bren Ortega Murphy）在他们的著作《文化霸权在美国》（Cultural Hegemony in the United States）中直截了当地指出，"美国梦即消费之梦，"此外还补充道，"美国梦"的概念被用作实现文化霸权的一种强力手段。他们认为，"'美国梦'的神话与现实，皆和资本主义提供商品的能力密切相关。守护这一神话的，是一种崇尚个人能力、弱化集体所处环境与集体经验的观念。"通过非正式调查，笔者很快便发现对于"美国梦"的另类解读满坑满谷。自我变革的动力、对完美人生的憧憬、成为"别人"的欲望、虽然鞭长莫及却依然希望得到某物的冲动、没有贫穷和犯罪的社会、全民接受良好教育、拒绝社会等级、坚信"人生来平等"……这些仅仅是其中的沧海一粟罢了。然而，正如通俗历史中所记载的，"美国梦"在连贯性和紧密性方面要远超人们的想象。其无数化身——平等机会、无限可能、更好更幸福的未来、属于自己的家宅、从"穷光蛋"到"大富翁"的梦想、自行创业、实现父母未曾企及的目标——其实都是围绕一个主题的变化而已，其核心是一种激进的理想化愿景。在笔者看来，能完美阐释"美国梦"，并将它与"美式生活方式"等等公共生活的其他方面加以区别的，便是对于"明天能够而且必将比今天更好"的虔诚信仰。吉尔森曾经宣称，"除了'美国梦'，没有别的辞汇能更好地体现美式生活方式的本色和承诺，"这一理念可以说明我们对于"例外主义"的合理要求[3]。

尽管"后代更比先辈强"（或许还更加幸福）的理念是人们拼命追逐金钱的缘由，但几十年来，"居者有其屋"已经成为"美国梦"最为明晰的主题象征。（与住房相比）"没有哪一个'美国梦'更具吸引力，也没有哪一个'美国梦'如此大范围地成为现实，"卡伦如是说道，大部分美国人都决心获得一处属于自己的家园[4]。

让所有人都有获得私产的可能，是我们打破旧世界束缚的重要一环，而在私有土地上拥有一套房产的杰斐逊式理想，则是我们最为珍视的、最具标志性的愿景。因此，家宅私产自然而然地便成了"美国梦"的基石，亦是以之为中心的消费主义生活方式的基础。为了给"美国梦"的实现提供最基本的帮助，通过减免抵押贷款利息税，政府将独户住宅打造成了人们某种意义的奋斗目标，意在使每一个人都将自身视作完全意义上的公民。（对于许多人而言，租房居住、甚至是拥有一套合作公寓，在美国依然是二等公民的标志。）在工人阶级甚至中产阶级都难以购买住房（或者有能力维持一套住房）的历史时期，一种强烈的情绪便会油然而生：即所有美国人都应该有机会实现"美国梦"的这关键一环。围绕近期止赎危机而出现的情绪宣泄便源自这一理念。银行对于个人私宅的巧取豪夺，是对我们崇高的房屋所有权的公然侵犯。

然而历史证明，在等级森严的社会之中，"美国梦"是一个最具争议性的概念。所谓"积极向上"是等级社会框架之中不可或缺的元素。借助这一理念，加之"甘于奉献"和"勇往直前"的精神，人们便可以攀上胜利的阶梯，达到更高的社会和经济地位。无论是工人阶级还是中产阶级，在许多人看来，"积极向上"都是"美国梦"的核心与灵魂；对于一个人和他的子女后嗣而言,"改善生活"与"改变命运"的愿景即是在这个国家生活的全部意义。"努力工作,存一点钱;供孩子去上大学,以便让他们活得比自己更好;然后到一个气候温和的地方安度晚年"是我们所有人接到的剧本。任何背离剧本的重大偏差,都会让我们心生疑惑:这是否与我们国家的信条直接相悖?虽然近年来诸多研究表明,"积极向上"甚至比"美国梦"本身更像是一个神话,但大多数美国人依然拒绝承认这一点,因为阶级之间存在流动性的概念已经在美利坚民族的精神世界里根深蒂固了。本书想要解释清楚的是,这种关于权利义务的感受——即按章办事、以期最终获得合理的回报——已经致使众多美国人误入歧途,将"美国梦"错当成了一种承诺。毫无疑问,数百万体会过"美国梦"最可悲部分的人,对于国家和自我都丧失了信心,因为我们乐于称颂的每一段成功故事,都与他们所经历的悲剧相呼应。除了快乐结局之外,那些成功故事也提醒着我们,大家生活在一个机会之国,这里为所有公民提供平等的展示空间;从更大的层面上说,我们是被赋予了独特目标的幸运儿。

考虑到其神话般的能量,"美国梦"成为了诸多个人和组织以各种形式利用的对象。这并不令人惊讶。"美国梦"中包含着我们实行民主政治、实验多元主义的特殊使命,所以它常被别人拿来挑战我们的理想原则,尤其是那些涉及移民与种族等高度敏感话题的理想。(多年以来,性别与宗教问题偶尔也会被牵涉其中。)政府对于"美国梦"的能量有着充分认识,于是便将其用作宣传工具——即一种富有说服力的意识形态武器,无论国内外皆在其目标范围之内。毕竟"美国梦"已经成为一个完美的品牌;这在很大程度上足以解释,美国为何能在缺陷百出的情况下依然保持深入人心的良好形象。(事实上,是诸多重要的现实情况支撑着"美国梦"——研究表明,我们的工作时间最长、跳槽次数最多、可以为了一个更好的机会立刻搬家——这使得我们"独特的销售主张"更加引人注目。)作为我们自由企业制度的基石,"美国梦"一直都与共产主义针锋相对;1959年,时任美国副总统尼克松(Richard Milhous Nixon)与苏联总理赫鲁晓夫(Nikita Sergeyevich Khrushchev)之间著名的"厨房辩论"便是其发挥作用的一个不错的例子。此外,来自各个派别的批评者们都认为,"美国梦"的相对正常是一副关键性的社会晴雨表,可以借助其来确定国家是在前进还是在倒退。

"美国梦"更像是一段旅途、而非终点。通常,追寻终点的过程要比到达终点更令人兴奋。因此,"美国梦"成为流行文化与消费文化的主要内容就并不足为奇了。当然,"美国梦"与电影之间存在密切关系,其理念常被好莱坞编剧们当成创作时的主要工具。"美国电影代表着美国神话和美国梦,"罗伯特·斯科拉(Robert Sklar)在他的《电影创造美国》(Movie-Made America)中如是写道。他相信,诸如沃尔特·迪士尼和弗兰克·卡普拉等电影人皆是文化界举足轻重的神话创造者。1940年迪士尼改编动画作品《木偶奇遇记》(Pinocchio)片头曲《当你对着星星许愿》(When You Wish Upon A Star)的歌词("如果你的心徜徉在梦中/任何要求都不过分/当你对着星星许愿/就像梦想家那样"),是电影人将"美国梦"元素整合进故事情节的典范。事实上,电影不仅仅是斯科拉所说的"美国最受欢迎、最具影响力的文化媒介",源自"底层"的发展轨迹更使它们成为传播"美国梦"意识形态的强力工具[5]。同样,电视(以及之前的广播电台)也一直是高调宣传"美国梦"的平台,从《古德伯格一家》(The Goldbergs)到《杰弗逊一家》(The Jeffersons)再到《辛普森一家》(The Simpsons),几乎每一部家庭情景剧,都试图在面对现代生活各种苦难和忧伤时,攀上成功的阶梯。

毋须讳言，广告宣传之中也充斥着"美国梦"的元素，这已被美国企业用作一种主要的市场营销战略。政治演讲撰稿人常常充分利用"美国梦"概念，向听众们描绘一个美好而富裕的未来：它就像是一个需要在逆境中及时按下的救命按钮、一件威力无穷的杀手锏。许多休闲活动，如棋盘游戏（尤其是"大富翁"Monopoly。无独有偶，该游戏诞生于"美国梦"一词出现两年之后）等，充分利用了"美国梦"中蕴含的竞争性；体育运动也时常被拿来比喻"美国梦"。作为"美国国球"，棒球是"美国梦"的化身，其独特的神话色彩（在电影《天生好手》The Natural和《梦幻之地》Field of Dreams中皆有巧妙运用）堪比史诗。从杰伊·盖茨比（Jay Gatsby）到杰斯（Jay-Z），美国流行文化已经与"美国梦"的碎片杂糅合一；期盼通过充分利用天赐才华而取得成功，或许是最让人欲罢不能的故事情节。

"美国梦"，远不止是一场鼓吹"万物一帆风顺"、意在鼓励人们振作精神的幻梦。除了积极的一面，它也有着同样强大的阴暗面。每一场"美国梦"，都对应着一场"美国噩梦"——当国家处在太平盛世时，它这个邪恶的"孪生兄弟"通常蛰伏于阴影之中。事实上，自打"美国梦"诞生伊始，"美国噩梦"便常常伴随其左右。考虑到"美国梦"产生于最黑暗的经济大萧条时期，如此情景也就并不足为奇了。别出心裁的有识之士们经常将"美国梦"用作讽刺素材，把它描述成小资产阶级的迂腐见识、以及美国一切谬误的根源所在。事实上，"美国梦"很容易被解读为一种明显的否定性概念。当今这个时代以及我们业已拥有的一切究竟出了什么问题？我们为什么要过多花费时间和精力去设想或是实现一个如空中楼阁般看不见摸不着的未来？这份持久的不满足感从何而来？这种"别处芳草更翠绿"的期许又从何而来？难道美利坚民族只是一群欲求不满者？或是更严重些,我们都是生活在自我杜撰的虚幻世界里的空想家?毫无疑问,"美国梦"与如今人们所关注的"活在当下"的处世哲学并不协调,亦与这个时代最新"教义"的几乎所有内容都背道而驰,而且回避了这样一个问题的实质:现在,我们是不是应该引入一种截然不同的座右铭了呢?

意料之中的是,过去的这八十多年间,自我意识的兴起对于"美国梦"的发展产生了深远影响。从关注公民利益和公众利益到注重个体和私有利益的转变,已经将"美国梦"推向了"个人关怀"的程度。部分社会批评家曾经发出理性的声音:"美国梦"正是在里根(Ronald Reagan)当政时期偏离了亚当斯的最初定义,其关注对象从"我们"一跃转为了"我"。"通过这最近的一次重新审视,人们发现'美国梦'已经与公众利益完全脱钩……更为不正常的是,努力拼搏和管理自身期望等概念也已被甩到了身后,"大卫·坎普(David Kamp)2009年为《名利场》(Vanity Fair)杂志撰稿时曾经如此写道,二十世纪八十年代借贷行为的不断增多,即标志着我们的欲望已经超越了我们所掌握的的资源。在那之后的二十年间,即便从任何一个角度看,生活水平都有提高,但美国人的不满足感依然愈发强烈。坎普指出,至新世纪初,"'美国梦'几乎已经变得无法实现,成了人们永远都摸不到的镜花水月,"他认为,对于普通美国民众而言,"已经没有什么东西能让他们感到满足了。"[6]

格雷格·伊斯特布鲁克(Gregg Easterbrook)在其著作《进步的悖论:生活变好,感觉变糟》(The Progress Paradox: How Life Gets Better While People Feel Worse)中也讲述了同样的事情:人们通常都希望比那些与自己身份地位相同的人混得更好,而不是一直跟在别人后面最终成为输家。毕竟,正如阿兰·德波顿(Alain de Botton)在其著作《身份的焦虑》(Status Anxiety)中讨论过的,人的社会地位是相对的,而非绝对的;这意味着，那种棋逢对手、渴望竞争的心态，最终势必导致某种程度的不悦。盲目乐观和过分悲观，都是糟糕的人生态度，正确的态度应该是相对中庸的。同样，在笔者看来，因崇拜名人转而对自身期望值过高，是一种非常令人不安的趋势，这不会为美国乃至世界其他地区的明天带来任何福祉。我们已经看不到那些真正有价值的东西——这条关于"美国梦"的表述虽说有些孤芳自赏的意味，但却表达出一个现实：我们的价值观已经混乱了。"依靠自身努力成功的人，是实现'美国梦'的典型榜样，"克里斯托弗·拉斯奇（Christopher Lasch）在其经典之作《自恋的文化》（The Culture of Narcissism）中如是写道，"这得益于他的行业习惯、冷静态度、中庸心态、自我节制、以及避免欠债的能力。"然而随着时间的推移，新教伦理与"自我完善"的精神等"美国梦"的基础，已被"自我保全"、社会生存和个人主义等等所取代。被别人称颂、钦佩和羡慕，并得到公众认可，已经成为一个人实现"美国梦"的标志。拉斯奇敏锐地回想到1978年时的情景，当时人们认为，"创造资产"的过程要比资产本身更重要。[7]对于"积极向上永无止境"的信念最终必然会被误导、从而难以延续，这样的"如意算盘"完全是对历史实际规律的漠视。[8]

本书依照年代顺序进行叙述，展现自1931年诞生之后"美国梦"概念所经历的六个主要历史时期。书中的主要援引对象为当年的报刊杂志，其次是有关这一话题的图书著作。因为我坚信，第一线的新闻工作者掌握着"美国梦"故事最真实的资料。本书共收录了该领域的数百篇报道，其中有许多都是已被人们模糊淡忘、但意义非常重大的第一手资料，我们可以从中得知历史事件的最初真相。简而言之，借助常见的信息来源，是讲述那些已经在人们心目中根深蒂固的故事的最佳途径。第一章"美利坚史诗"，主要讨论经济大萧条时期和战争年代"美国梦"的萌生，及其面临最大威胁的尴尬现实。第二章"追求上位者",将引领读者追溯二战结束之初的"美国梦",在那段历史时期里,美利坚民族的核心理念无论在规模还是重要性上都得到了发展。第三章"反乐园",将回顾二十世纪六十年代末与七十年代期间的反主流文化岁月,那时美利坚民族对于自身的理想主义信念遭遇了"美国梦"概念诞生以来最严峻的挑战。第四章"生在美国",将对二十世纪八十年代的美国梦展开探索,当时重新复兴的爱国主义与贫富差距不断拉大的现实发生了抵触。第五章"焦虑社会",审视了二十世纪九十年代的"美国梦",世纪末的繁荣与充裕的物质生活原本可以让许多人梦想成真,但大部分人却未能如愿。最后一章"美国偶像",探秘了自2000年至今美国梦的发展脉络,揭示了"美国梦"即便在二十一世纪依然能够与时俱进、保持强大的能量。在此我认为,一切迹象都表明,"美国梦"将继续在美国的文化版图中扮演引人注目的重要角色。作为我们的核心理念,在未来的岁月里,"美国梦"仍将引领美国人民和世界其他地方的人们。

第一章

美利坚史诗

★

美利坚史诗的下一章是什么？实现美国梦……愿景如何？
——1933年，詹姆斯·特拉斯洛·亚当斯

★

二十世纪三十年代末的圣诞节前后，任何在洛杉矶西四十九街1038号罗伯特·迈克劳林家驻足的人，大概都会对这一被《洛杉矶时报》赞为"美国梦想村"的地方赞叹不已。每一年，迈克劳林都会将他自称作"阳光小镇"的袖珍"小镇"呈现在世人面前，通过被报纸誉为"典型而精致的美式梦幻城堡"的模型传播圣诞的喜悦。该"小镇"出自迈克劳林和他的妻弟之手，所用工具只不过是一柄钢锯和一把铅笔刀。"小镇"上拥有一座教堂（配有尖顶和可以敲响的钟）、一座校舍（外面堆着充当柴火的原木）、以及一间紧靠煤堆和水槽的仓房。袖珍人偶或是聚集在杂货店里，或是在小小的农场上喂养牲畜，或是在邻居的小木屋前唱赞美歌。积雪（将玉米片漂白制成）笼罩着整个场景，如果你抬头仰望，还会看到圣诞老人正越过镇外四周群山之间的金矿从天而降。迈克劳林偶尔会为"小镇"增加新的元素，比如1938年时，他在"小镇"边缘新增了一座加油站。[1]

在经济萧条将人们熬得筋疲力尽，海外事务更让大家劳神费心的前提下，像罗伯特·迈克劳林这样的公民选择从零开始构筑自己的美国梦，并不令人感到意外。"阳光小镇"里不存在洛杉矶或是其他任何一座美国大城市常见的社会和经济问题，其袖珍"居民"享受着如梦似幻的幸福、繁荣和宽容。二十世纪三十年代到四十年代初的数年间，许多人渴望过上"阳光小镇"般的日子：这是一种被清晰表述为"美国梦"、令人无比向往的神话般的生活方式。

虽然在美利坚民族形成一个国家前，这一"梦想"便存在于许多人的脑海之中，然而后来"美国梦"一词却完全不是偶然出现的。经济大萧条与二次大战后来被证明是一段"美国梦"硕果累累的时期，因为整个国家都在经济、社会和政治乱象中挣扎，以保持认同感。"美国梦"不能仅仅存在于艰苦岁月，而是应该得到大步发展，印证我们在民主实践中的信念以及我们那如谚语所言的"山巅之城"的地位。

★ 更好、更深刻、更富裕的人生

"美国梦"这个词出现在经济大萧条最为黑暗的日子里。虽然很多人担心这场"梦"已经不复存在,但它却变得越发有趣起来了。在1931年发表的《美利坚史诗》一书以及接下来数年间发表于《纽约时报》的文章中,詹姆斯·特拉斯洛·亚当斯诠释了他所理解的"美国梦"。在过去的八十年里,这一理念的本质基本上始终如一地延续了下来:

> 无论与生俱来的社会地位如何,"美国梦"是每一个人对于更好、更深刻、更丰富人生的美好愿景。这个梦想一直承载着在经济上飞黄腾达的机遇,但它同样(或是更倾向于)包含着我们打破社会等级或是风俗习惯的不公正限制,将自身能力扩展到极致的机会。与之相伴的,是追寻更好生活物质条件、缓解日常生活中的疲惫与焦虑的愿望。[2]

然而亚当斯指出,在与之前那些过度膨胀、投机失控的时期非常相似的二十世纪二十年代末,美利坚民族已经在对金钱和消费品的疯狂追逐中迷失了方向,将自身的指导思想忘到了九霄云外。"让全体公民而不是一小撮人过上更富裕、更好、更充实人生的梦想,已经被我们的领导人和我们自己异化成了生活水平的统计表,"他如是写道,股市崩溃以及随之而来的经济大萧条(亚当斯曾经对此有过预言)便是其必然结果。如今,美国已经从"精神错乱"中痊愈,亚当斯对于美利坚民族理想愿景的最终修复充满信心。"恰如日蚀之时的阴影终会褪去,理性的光芒必将在地平线上稳稳升起。"他相信,"美国梦"正开始重新复兴。[3]

亚当斯谦虚地自称为"历史的学生和美国风情的观察者"(他或许是那个年代最受欢迎的历史学家)。他非常明白,他的"梦"远远超越了所谓"崇高理想"的范畴。"这个梦不仅是我们最弥足珍贵的国家财富,更是我们对于世界文明独特而唯一的贡献,"1933年,在海外待了几个月后,亚当斯写下了这样的文字。他发现,古今许多其他文明在财富、权势、发现、发明、科技、工艺以及艺术方面的造诣都堪与美国比肩,甚至更胜一筹;但他评价道,"'美国梦'在人类社会记载中一直是独一无二的,"充满活力的信念是美利坚民族与其他民族相区别的特质。它超越了其他基本理念——尤其是"法律面前人人平等"和"每个公民都享有选举权和受教育权"等——是美国人真正关注的"得以发挥自己全部才能并过上极尽充实生活的机会"。重要的是,从本质上讲,"美国梦"的内涵,并非聚敛财富、追求房产、为自己挣命、以及后来其他人的某些解读;用亚当斯的话说,它应该是一种超越"自我满足"范畴的、"不受任何桎梏牵绊的与生俱来的权利"。"美国梦"是个无形而模糊的概念,尽管"梦想尚未完全成真"是一个不可回避的现实(尤其是在女性和有色人种群体中最为明显),但亚当斯却对它愈发感兴趣了。[4]

亚当斯的那本畅销书,凭借"美利坚民族始终都是一个充满梦想的民族"这一主题,很快受到了人们的关注。亨利·斯迪尔·康玛格(H. S. Commager)称其为"将美国人经验和性格的精髓加以简化提炼的勇敢尝试",支持这一观点的还有《波上顿抄报》(Boston Transcript)的卡尔·施里弗特基瑟(Karl Schriftgiesser),他将该书称作"对美国心灵的敏锐分析"。[5]虽然部分批评家认为,亚当斯在这一庞大命题上也许有些过度发挥，但大数人都觉得他巧妙地用通俗易懂的词汇诠释了一些非常复杂的概念。"如今历史类作品虽然满坑满谷，但许多都是视野短浅或是漫无主题的。然而这却是一本充盈着各种理念、对每一位善于思索的美国公民都有意义的书籍，"艾伦·辛克莱尔·威尔（Allen Sinclair Will）在为《纽约时报》撰写书评时曾这样写道，他认为亚当斯对于记录美国史诗的"无畏尝试"堪比沃尔特·惠特曼（Walt Whitman）或许还要更胜一筹。亚当斯并未以某位拥有"智慧道德超群人物"的英雄故事——即众多历史学者对于这一概念的标准解读——来为史诗下定义，而是指出，美国人通常会在逆境下选择一条阻力最小的捷径，这分明是一份自信。美利坚民族最伟大的成就，并非是成为全世界仰视的标杆，而是在"美国梦"这一真正的民族史诗面临毁灭之时，每一代人都会奋起抗争并拯救它。亚当斯在书中指出，"也许这其中最艰难的抗争就在我们面前。"这句预言后来成为了现实。[6]

虽然未能如他所愿被定为这本书的标题（因为他的出版商非常不明智地否决了这一提议），但亚当斯的"美国梦"很快便为政客、学者、作家、艺术家、宗教领袖、以及美国海内外诸多人士们所用，成了一个描述美利坚民族状态的词汇。它"进入了公共领域……承载着属于它自己的生命力，"安东尼·勃兰特（Anthony Brandt）在《美利坚史诗》出版十五周年时这样评价道，因为他发现马萨诸塞州的州长在邦克山上的一座纪念碑前发表演说时引用了这一词汇。为了契合当时的特定场合，那位名曰约瑟夫·布尔·伊利（Joseph B. Ely）的州长活用了"美国梦"的概念——时至今日，他的解读已经成为一种准则，而非"曲解"。（亚当斯本人在他的书中对于"美国梦"至少有三种彼此略显不同的阐释，并且在日后的创作中不断修改这一概念。）勃兰特在数年之后发表的一篇文章中表示，该书发行之后不久，"'美国梦'的范畴便越来越模糊起来，这是一种从晦涩暗示向'梦想'本身和朦胧的未来愿景延伸的、众望所归的发展。"例如，社会学家罗伯特·金·莫顿（Robert K. Merton）使用这一词汇表述"成功"，尤其是经济上的成功，并提出论点，认为那是美国人的首要目标。但莫顿本人也意识到"美国梦"有着无数的可能性（他曾写道，"美国梦永无终点"），而金钱上的成功或许是其中最突出的方面。"'美国梦'向着地平线无限延伸，永无止境，"勃兰特赞同道，"无论我们能够实现何种目标，无论是个人还是群体，对于'更多'、'更棒'的诱惑总是驱使着我们前进。"[7]

亚当斯的"美国梦"持续在学术界、艺术界和政坛中传播，很快便成为美利坚民族座右铭的代名词。例如，1932年十一月，科罗拉多大学校长乔治·诺林（George Norlin）曾经在德国柏林发表以"美国梦"为主题的演说，其言语明显受到了亚当斯的启发（但并未照搬原意）。诺林对柏林大学的同仁们说，"美国梦"包含"自力更生、自尊自爱、邻里合作和对于更棒更富裕生活的憧憬，它并不是特权阶级的专属，而是全民的梦想。"而选择在德国发表此番演说，则使之更具趣味性。在诺林以及不久之后的其他许多人看来，"美国梦"是对美利坚民族性格的最佳描述——对那些不太理解美国人生活方式，或是对其颇有微词的人而言，尤为如此。"诸如摩天大楼、千万富豪、福特汽车式生产方式、好莱坞、禁酒令、黑帮教父阿尔·卡彭（Al Capone）以及其他等等显著特征，猛然出现在眼前，模糊了美国大地那些景色无艳、颇显平淡的画面，"他这样对柏林人讲道。但真实情况要复杂得多。美利坚合众国远不仅仅是德国人偶尔所称的"金元之国"；对组成"美国梦"的愿望、原则和实践进行一番深入了解，有助于人们跳出这种缺乏常识的概括。[8]

自欧洲而来访问美国的名人们，同样也将这个新名词用作其演说辞里的点睛之笔；随着"美国梦"成为公共话语中一个可辨识的符号，它在修辞层面上的力量也得到了稳步增强。弗洛里安·兹纳涅茨基（Florian Znaniecki），波兰波兹南大学社会学教授，曾于1933年在哥伦比亚大学教课。他发现这个名词预示着美国出现经济暴政的危险正逐渐增加。"实际上，我们正与完美设想的'美国梦'背道而驰，"他如是说道，当时的趋势正朝向"中央计划"发展，让人心生担忧。"人类的最高价值在于人的个体本身，而一个人只有与他人进行自由而富有创造力的合作，才能实现自我，"兹纳涅茨基对学生和来宾们说道，美国当时的发展方向对于"实现詹姆斯·特拉斯洛·亚当斯所说的'美国梦'"并无帮助。[9]

对于来自堪萨斯的诗人、小说家乔治·奥尼尔（George O'Neil）而言，"美国梦"不仅仅是危在旦夕，而是或许已经破产了。与被迫放弃以"美国梦"为著作标题的亚当斯不同，奥尼尔抓住机会，使用这一词汇命名了自己于1933年发表的戏剧作品（他所发表的第一部剧作），这使得他的观点得到了极尽清楚的表述。这部百老汇三幕剧表现了一个新英格兰家族三个历史时期的情况，剧中人物的经历寄寓了神话般的民族理想逐渐消亡的过程。第一幕里，生于1650年的丹尼尔·平格雷一世拒绝为了飞黄腾达而与总督的女儿结婚；第二幕里，生于1849年的丹尼尔·平格雷二世选择前往西部寻找自由与财富，而不是在本地工厂里劳碌；而最后一幕里，生于1933年的丹尼尔·平格雷三世只不过是一个具有叛逆精神的知识分子。（这一代的平格雷，即便是他所支持的共产主义者也对他嗤之以鼻。他在剧终时选择了开枪自杀，仿佛是作者奥尼尔就自己的观点留下了一个悬念。）虽然奥尼尔的剧作受到一些人的批评（比如，《纽约时报》的布鲁克斯·阿特金森Brooks Atkinson认为，它们是"一堆乱七八糟缺乏条理的主张"），但《美国梦》一剧却将该名词更深地引入到公共语言之中，或许很多人会因此而联想到，现代化是否已经真的毁灭了人们的梦想。阿特金森承认，"它代表着一种斗争思想"，他总结道，这部戏剧"在人脑海中久久萦绕，而奥尼尔先生论点的真实本质正是其原因所在。"是当时的社会问题——诸如贪婪、粗俗、腐败、物质主义、以及广泛的空虚感等——造就了美利坚民族过去的独立、反抗和冒险精神吗？[10]

耶鲁大学神学院教授哈尔福德·卢考克牧师（Halford Luccock）对此深信不疑。与亚当斯一样，卢考克也认为，对于金钱及其所购买物的追求是对美国梦的扭曲，而国家的经济崩溃则是这一趋势的自然结果。"詹姆斯·特拉斯洛·亚当斯在《美利坚史诗》所表达的'美国梦'，正被渐渐破坏，"1932年，卢考克对曼荷莲学院的毕业生们如是说道，对于物质世界的痴迷正将美国人带到一个远离立国之本的方向。[11]政治图谱每一极的人们皆拥有类似的感觉，大家都认为对于美好生活的追求，是对美国精神的曲解。最初的美国梦"并非举国上下充斥着以消费品形式出现的奢华之物，而是……建立一个属于自由者的国度，"数年后，多萝西·汤普森（Dorothy Thompson）对一位采访者说道。她坚信，对于财富更加公平合理的分配，是美利坚民族最大的利益所在。她那名满天下的丈夫辛克莱·刘易斯（Sinclair Lewis）也抱有相同的观点。[12]

★ 美利坚之战

显然，当时席卷全美国的全新"棋盘游戏"并不能带来平等的财富分配。1933年由失业推销员查尔斯·达罗（Charles B. Darrow）发明的"大富翁"游戏，反映了人们对于一夜暴富的向往——在现实生活中，这真的是难上加难。在基于早期"棋盘游戏"（1900年问世的"地产大亨"）发展而来的"大富翁"中,玩家在竞逐大西洋城不动产的过程中有机会让对手破产:相对于现实生活而言,其对"美国梦"的解读更具达尔文主义风格。不过,所有"大富翁"玩家在一开始都是平等的,这一点与人们期望中的理想状态并无二致;玩家似乎对这种"胜利者得战利品"的游戏规则很感兴趣。该游戏的规则说明繁复冗长、达四页之多;玩起来要花很长时间,玩家之间的局势亦是风云变幻,有时候颇像是残忍无情的资本主义实践。"大富翁"是一款不太容易叫座的游戏,尤其是在经济大萧条时期。但金子总是要发光的(近年来麦当劳推出的类似游戏便非常风靡),这种历久不衰的消遣游戏是"美国梦"的替代品,也是一个轻松愉快的梦想"版本"。[13]

当经济大萧条时期的美国人在虚拟的"棋盘游戏"中讨价还价时,罗斯福新政的批评者们却声称,联邦政府的举措才是"美国梦破产"的罪魁祸首。加州理工学院校长罗伯特·安德鲁斯·米利肯(Robert A. Millikan)认为,罗斯福总统所推行的新政对"美国梦"造成了直接威胁。他认为,联邦政府不应插手私营企业,只能对其进行规范引导。作为诺贝尔物理学奖获得者,米利肯曾在1934年的一次广播演说中表示,富兰克林·德兰诺·罗斯福的"家长式作风"和"中央集权"是危险的,因为每当政府与工业界合作,常常会导致独裁出现。"'美国梦'是什么?"他曾经如此问道,并用自己的主张回答了这个问题:"就是这个国家可以永远都是自由与机遇之国。"他相信,古往今来九成九的美国人都会赞同这一定义。但他也提出了警告:"来自国外的影响已经弱化了我们自己对于美利坚理想的信仰,"因为当时的美国正处于一个"公众思考的迷茫期"。他总结道,"近年在美国发生的事情,即便不至于使人心惊胆寒,也足以让人们开始感到惊愕,"只要政府掌控更大的权利,那么"美国梦"的未来便充满了不确定性。[14]

看到自己创造出来的概念引起了无限纷争，试图对其加以纠正的詹姆斯·特拉斯洛·亚当斯也于1934年加入了这场争论。"他在为纽约时报撰写的一篇文章中写道，许多抱着极大恐惧、害怕新政会毁掉我们'业已千疮百孔的个人至上主义'的人们，或许很难准确地为他们眼中两样处于危险混乱状态的东西下定义。"他指出，事实上美利坚民族古往今来一直都不怎么崇尚"个人至上"，更不必说"千疮百孔的个人至上主义了"。他提醒那些将"神话"与现实生活混淆的人们，"众所周知，在社会生活中，我们并不是单独的个体，"农民和边疆地带居民自力更生的生活方式更不能以常规去加以约束。亚当斯指出，即便是十九世纪初的农民，也非常乐于享用政府修造的公路和运河，以便能更轻易地将产品推向市场；而十九世纪后期随性而行的资本家们则相当青睐保护性关税政策，因为那可以保持他们高额的利润。"我们总是在说'千疮百孔的个人至上主义'，其实更多时候指的是金钱，"他补充道——这给那些使拿这以概念当幌子、提出共产主义或法西斯主义正在毁灭"美国梦"的"个人"们上了一堂历史课。[15]

事实上，极富传奇色彩的美国历史学家查尔斯·奥斯汀·彼尔德（Charles Austin Beard），曾经在1931年为《哈泼斯》杂志撰写的文章"千疮百孔的美国式个人至上主义迷思"中用大篇幅谈论过同样的事。虽然杰斐逊所主张的、基于"耕者有其田"理念的个人至上主义理论，依然是美利坚民族特性中的宝贵部分，但政府毫无疑问已经在美国人的日常生活中扮演了更为重要的角色——或许至已经超越了我们"愿意相信"的范畴。比如在交通方面（铁路、水路、船运、航空、高速公路），面对"千疮百孔的个人至上主义"[16]，政府借助法律（反托拉斯法和税收规章）和管制机构（商务部、标准局、联邦贸易委员会），既以亲密伙伴的形式出现，又是一位时刻保持警惕的监督者。但亚当斯却认为，美国梦的两根支柱蕴于杰斐逊式民主即个人至上与平等之中，非常适合美国，且在将来也依然会是美利坚民族前进的基本路标。"如果这些思想未能得到持续宣传并深入我们的心灵，那么无论过去还是现在，美国都会完全是另外一副模样。"他的意思很清楚。[17]

即便是那些声音最为响亮的新政批评者，也很难对1935年通过的社会保障法案（Social Security Act）吹毛求疵，因为人们普遍认为该法对于"美国梦"而言似乎算是不错的补充。"它仿佛是一柄魔术棒，确保了老年人晚年生活的平和安逸，"谢尔比·库洛姆·戴维斯（Shelby Cullom Davis）在1939年出版的《当代历史》中如此评论道。毫不夸张地说，联邦政府做出了大笔投入，以保证其公民从此之后过幸福的生活。虽然我们认为这一切都理所应当（或者至少从前是这么想的），但年老之后可以享受政府保障金的理念（明显受到了二十世纪三十年代人寿保险大潮的影响，更不必说凯恩斯主义经济学了）依然不亚于一场革命。"如果有先知在1929年提出预言，说十年之内国家将为六十五岁以上老人支付'报酬'，那么他肯定会被赶下台来，"戴维斯暗示道，这一概念"是非美国式的，与我们自力更生的传统背道而驰。"拜他那欧洲式的家长作风所赐，富兰克林·罗斯福无疑让"美国梦"浸渍了共产主义式的价值观，为了内心的安宁，有必要牺牲"梦想"中的某些"个人至上"属性。"人们终生都在试着找寻一份保障，然而最后却发现，那就像是彩虹末端的金光一样，往往是可望而不可即。"戴维斯总结道。事实上，人民的预期寿命比过去有所增长，是经济大萧条时期政府参与构筑美国梦的另外一条充分理由。[18]

虽然罗斯福新政所倡导的社会计划多是些美行善举，但在一些人看来，它们依然无法体现"美国梦"的真正精髓。批评当局的人们仍在持续以"美国梦"已病入膏肓为由,指责罗斯福及其计划并不是在为整个国家的最大利益服务。对于美国政府是在修复而不是实现"美国梦"这一共识,工商业界是最强烈的抨击策源之一。这一点并不出乎意料。例如,在一篇发表于1938年的社论中,《财富》杂志曾经对读者大胆断言,新政并非"自由开明的改革",而是"如阴影般笼罩'美国梦'"的反动运动。社论指出,政府对于公民个人生活越来越多的"掌控"是对自由和"美国梦"本身的威胁;此外,社论还呼唤更为平衡的政治体制。[19]在1940年出版的《自由或恐破产》(Lest Freedom Fail)中,作者内森·艾耶尔·史密斯(Nathan Ayer Smyth)亦指责政府正对公民的个人自由进行渗透,向着1887年美国州际商务委员会(Interstate Commerce Commission)成立之前的情形倒退,称这是"走向独裁之路迈出的第一小步"。但史密斯相信,美国的平凡百姓同样对侵犯个人至上的行为心怀埋怨,崇尚自由的民族精神已被以自我为中心的理念绑架。他设想,公民个人只有通过亲自承担各自的社会责任,才能挽救自由。如果不这样做,将会最终招致更多的政府干预、约束和管控。"倘若我们想要保住这种个人至上的民主,就要重新修订'美国梦'了,"史密斯警告道,是时候找回美利坚民族自立自决的独特品质了。[20]

(1939年)为1940年总统大选备战期间,共和党候选人温德尔·威尔基(Wendell Willkie)不出所料地引述了"美国梦",将之作为抨击富兰克林·罗斯福新政低效腐化的论据之一。当年十月在皇后区举办的纽约世博会上,(从未担任公职的)威尔基得到了一个围绕"明日世界"阐述自身观点的绝佳平台。他向观展人群提问,"欣赏完这伟大的展会之后,有谁会得出'美国的辉煌时代正走向终结'的结论?"——虽然地平线上乌云已现,但该届世博会关于光明、宏伟而美好的未来生活的描述,却依然"证明"了"美国梦"的欣欣向荣。他在和平展区（Court of Peace）发表的十分钟演说中总结道，"我号召广大民众加入到这场伟大的斗争之中，将美利坚民族的力量转化成为产业优势、产业活力与生命力，以便我们的人民在伟大的'美国梦'中找到工作。"这是艰难岁月中掷地有声、承载着希望的话语。[21]

威尔基的支持者中有一位声名显赫的大人物——赫伯特·胡佛（Herbert Hoover，美利坚合众国第31任总统）。他也曾借助饱含感情的"美国梦"概念为这位共和党候选人招揽选民。威尔基在世博会上发表演说仅一周之后，胡佛便在一次全国广播节目中表示"美国需要一位真正虔诚信仰'美国梦'的人"，并将美国定义为"一个属于自由者的国度——一个和平安乐之国。"作为一名彻头彻尾的民主党人，胡佛为富兰克林·罗斯福贴上了"美国梦之敌"的标签（胡佛不仅在1932年试图谋求连任时败在罗斯福手下，更有人指控说是他的个人表现导致了经济大萧条）。"如果我们想要拯救民主政治，就必须拯救民主的根基，"他断言道，罗斯福新政中那些毫无悔意的经济规划和宣传，让公众嗅到了"独裁政府的气味"。胡佛指出，对国民经济的一系列组成部分（通货、贷款、薪金、物价、生产等）加以政治干预，相当于破坏自由企业制度的成果，这种方法适用于德国、意大利或是苏联，却显然不符合美国的情况。"这是一场美利坚之战，"他如此告诫那些正为投票给谁举棋不定的广播听众，希望他们不要给罗斯福连任三届的机会。[22]

★ 飘在乱世

因为几乎所有人都承认，"美国梦"的前景起码是存在不确定性的，所以在经济大萧条时期许多人选择回望"美国梦"的过去便是可以理解的行为了。十九世纪的两大人物——亚伯拉罕·林肯（Abraham Lincoln）和马克·吐温（Mark Twain）——尤其被人们视作"美国梦"的楷模，大家都认为这两者具备"美国梦"的诸多经典特质。拥有自力更生、实事求是、厌恶特权阶层等等品质的林肯与马克·吐温，堪称"美国梦"内涵的鲜活榜样；更重要的是，他们还预示着这一梦想的未来。"萨缪尔·兰亨·克莱门（Samuel Langhorne Clemens，即马克·吐温），和那位出生在肯塔基州小茅屋、成长于印第安纳州玉米田的憔悴总统（指林肯），皆拥有属于那个纷繁乱世的普遍特征，"1935年，《圣路易斯邮报》的一位编辑如是写道——在处处紧缩、人人退却的大萧条时代，他所描绘的是一副震撼人心的图景。马克·吐温的真实生活与其作品一样充满了跌宕起伏——既有腰缠万贯之日，亦有穷困潦倒之时——这让"美国梦"更加引人注目：它是一份活生生的经历，而不仅仅只是一堆夸张的故事[23]。

大萧条时期的流行文学也浸润着对于往昔"美国梦"的追忆。路易斯·雷德菲尔德·皮蒂（Louise Redfield Peattie）于1936年发表的《美国原野》（American Acres），就是这样一部作品。作者将当时尚未得到开发、依然可供人们找寻真正自由的美国西部设定为故事背景。《洛杉矶时报》（Los Angeles Times）的保罗·乔丹-史密斯（Paul Jordan-Smith）在书评中写道，"绝妙文笔描绘出的各个人物都如此扣人心弦，唤起了所有人心中对于承载自己最初快乐的田宅的永恒渴望。"他认为这部小说可以"让人们回忆起过去美国人伐木建屋、拥抱自然、领悟和平的勇敢时光。"诸如《美国原野》这样寓情于字里行间的小说告诉读者，偏僻边陲的生活固然清苦，但也比现代社会简单、纯粹得多；西进英雄们曾经享受过的那份独立自主，现在只剩下美好的回忆了。[24]

迈克尔·福斯特（Michael Forster）的畅销书、标题恰如其分的《美国梦》（American Dream），同样对"过往"进行了一番探索，并将其与当时那些围绕美利坚民族指导思想而产生的困惑做了对比。书中的主要人物谢尔比·斯洛尔，是一位居住在西海岸地区的梦想破灭的新闻工作者，他在自家阁楼整理纪念品和旧书信时，回望了家族三代人的生活，思考了当代生活方式的前景，并进一步探究了"美国梦"的含义。《纽约时报》的斯坦利·杨在书评中写道，"斯洛尔在这些书信和纪念品搜寻着'美国梦'——那些精神和生活方式源自一个由世界各地不得志者和政治流亡者组成的国度。"斯洛尔的追求，寓意着美利坚合众国的自省[25]。福斯特的文字将读者带回到十八世纪初，又渐渐推回到当代（全书篇幅达五百页之多）。循着这条时间线，读者们能够了解到，"美国梦"包含公正、公平、自由、诚实和正直——这一切都将继续为美国和美利坚民族带来福祉。不过，对于读者是否认真领悟自己的金玉良言，福斯特并不乐观。按照书中的结局，在那个贪婪与腐败横行的年代，斯洛尔只得搬到与世隔绝的乡间小屋居住，而他先祖所追寻的"美国梦"显然是一场失败的幻梦。[26]

美国人还能找回"美国梦"吗？即便真的可以，又该如何去寻找呢？亚瑟·布莱恩特（Arthur Bryant）在其1936年出版的《美国理想》（The American Ideal）一书中表示，美国人是可以做到这一点的，但前提是他们必须要去追寻那些已经以身作则、充分展现过'美国梦'内涵的伟大人物的足迹。正如《纽约时报》的珀西·哈奇森（Percy Hutchison）在描述本书时所说的，作为"呼唤美国人重新审视自身力量源自何处"的旁观者，布莱恩特（一位英国人）首先定义了他心目中的"美国理想"："人们应当拥有随心所欲进行创造的自由；劳动、勇气和进取心应该得到回报；每一位劳动者都应当享受自身劳动的成果——这就是'美国梦'。"[27]接着，布莱恩特简要引用了托马斯·杰斐逊、亚伯拉罕·林肯、拉尔夫·瓦尔多·爱默生（Ralph Waldo Emerson）、沃尔特·惠特曼（Walt Whitman）、西奥多·罗斯福（Theodore Roosevelt）、沃尔特·海恩斯·佩奇（Walter Hines Page，一次大战期间曾担任美国驻英国大使）、阿兰·西格（Alan Seeger，诗人，21岁时在一战中丧生）、以及维切尔·林赛（Vachel Lindsay，诗人）等八人的事例，阐释了现实之中的"美国理想"——这一连串的历史个案皆是可兹读者参考模仿的榜样。布莱恩特认为，无论是杰斐逊的社会自由概念、爱默生关于自力更生的永恒主题、罗斯福为真理而战的决心、还是其他五位人物的理想，都足以让美国人受益匪浅；如果我们仔细研究一下美利坚民族的历史，就会发现"美国梦"依然是很有可能实现的。[28]

伦敦的《泰晤士报》也认为，"美国梦"是一个深深植根于过去的概念，从十八世纪到十九世纪一脉相承，却在二十世纪遭到了垄断财团和华尔街的强力冲击。富兰克林·罗斯福试图拯救关于"农田所有权"的"美国梦"（大萧条期间，土地租赁现象甚嚣尘上），作为对此的回应，该报编辑们在杰斐逊和林肯的理想中找到了这一理念的源泉。《泰晤士报》在1937年的一篇社论表示，"'美国梦'一直都体现着这样的内涵——在一个自由公民尽可能多的国度，每个人都拥有并经营着自家的土地或是生意，这些人无论政治上还是经济上都保持独立性，有能力且随时准备挺身而出，捍卫自身权利，反抗任何来自他人的压迫。"然而随着美国的公司化进程逐渐加快，这一梦想也变得越发与现实脱节。由于美国的立国之本在于农耕，跟大多数美国百姓一样，富兰克林·罗斯福总统对于农民有着特殊的关注，相信让他们自主拥有土地并得到经济保障是举国上下的一项要务。[29]

显然，至1939年，整个美利坚民族对于过往时光的追忆几乎已成一种痴迷。毫不夸张地说，在大多数人看来，是经济大萧条造成了眼下的困境；希特勒纵兵席卷欧洲，使得未来更加不确定了。毫无疑问，美国正面临着重大抉择。八年之前亚当斯在定义"美国梦"时关于所有人都能享受"更好、更深刻、更富裕人生"的憧憬，此刻更像是一场幻梦。"如今的美国人，比有史以来任何时期都更关注本民族的历史及其内涵，这一点绝非偶然，"当年2月，《纽约时报》的罗伯特·卢瑟·杜夫斯（R.L.Duffus）如是写道，他认为"我们正如四分之三个世纪前先辈们那样扪心自问，美国式民主的意义究竟何在？"海外发生的革命，以及国内的经济危机，都让人们越来越多地去回望那些耳熟能详（或者自认为了如指掌）的东西，美国文化之中的"神话"业已发挥着一种非常重要的社会功能。杜夫斯评价道，"在我们四处找寻舒适与信心的过程中，不可避免地会回首过去，心中升腾起某种'乡愁'般的情愫，"小说、戏剧、电影等等皆塑造并体现着这份怀旧之情。[30]

实际上，那个年代的流行文化，无论高端还是低端，与"美国梦"的历史记忆都有颇多交集，只不过很少直接提及这一名词罢了。比如说，艾伦·科普兰（Aaron Copland）的音乐让人想起美国那曾经辽阔壮丽、却已大片消失的风光，而查尔斯·艾夫斯的现代派作品则对赞美诗、传统歌曲、游行音乐和民谣进行了重新诠释。在广播节目（以及系列电影）中，"独行侠"在西部边陲为正义而战（《游侠传奇》The Long Ranger）——这位戴着面具的侠客享受着某种在二十世纪三十年代的美国很难找到的"寂寞"感（这一点与他所信赖的老伙计汤托Tonto不同）。美术界亦是如此，无论是公共事业振兴署（Works Progress Administration）的壁画，还是托马斯·哈特·本顿（Thomas Hart Benton）、格兰特·伍德（Grant Wood）

和约翰·斯图尔特·柯里（John Steuart Curry）创作的"地方主义"画作，均描绘了昔日如神话般的美利坚乡村风光：虽然其中许多场景近乎或完全是出自于想象的，但却未曾阻碍人们从这些作品中感受到舒适和安定。

电影中的"美国梦"是最妙不可言的。二十世纪三十年代后期，涌现出大量反应"美利坚史诗"的银屏作品。这些电影经常以密西西比河以西地区（The Old West）为背景，讲述大量关于冒险、英雄气魄、以及自由自在的骑士们（常常抱着吉他）的故事。比如说，罗伊·罗杰斯（Roy Rogers）和吉恩·奥特里（Gene Autry）为首席乡村牛仔歌手而进行对决的事：这两位在女性眼中近乎传奇的偶像，重塑了当年"西部的星空下"（罗伊·罗杰斯1938年拍摄的影片之一）"古老家园"（罗伊·罗杰斯1935年拍摄的一部电影的名称）的图景。二十世纪三十年代的故事片，即便以当时那个年代为背景，也仍旧是人们对于往昔"美国梦"怀念之情的温床。三十年代早期的黑帮电影，如《小霸王》（Little Caesar，又译《小恺撒》）、《公敌》（The Public Enemy）和《一世之雄》（Angels with Dirty Faces，又译《狂徒泪》）等，称颂了那些为追寻"梦想"（尽管是阴暗的）而不惜一切代价的叛逆狂徒，反映了人们对于现实生活中那些铤而走险挑战规则制度的"亡命之徒"的敬仰。诸如"马克斯兄弟"（Marks Brothers）和"活宝三人组"（Three Stooges）等离经叛道的喜剧演员，"粗暴"地打破了社会阶级界限，提升了底层人士的地位，让他们超越了那些锦衣玉食的公子哥们；而弗兰克·卡普拉执导的《迪兹先生进城》（Mr. Deeds Goes to Town，1936年。又译《富贵浮云》）和《史密斯先生到华盛顿》（Mr. Smith Goes to Washington，1939年。又译《史密斯先生游美京》、《史密斯先生上美京》、《民主万岁》），则通过讲述平头百姓面对政坛大亨和财富精英的贪腐只能默默承担的故事，表达了对于"小城镇"价值观和民主政治的黄金时代的追忆与赞美。无论是在草原上纵马驰骋、持械抢劫银行、朝富婆脸上丢馅饼、还是在国会慷慨陈词，卡普拉，这位照自身思考定义社会规范的特立独行的电影人，都算得上是逐渐消失的那一类美国人了——对于许多人而言，已经傻傻记不清这种人是否真的存在过了。

毫无疑问，电影界对于日渐式微的"美国梦"情有独钟的追寻，在1939年达到了顶峰。那一年恰好也是好莱坞最辉煌的时光（或许这一切并非巧合）。卡普拉将詹姆斯·斯图尔特（James Stewart）派往华盛顿（《史密斯先生到华盛顿》），以期能提醒美国的领导者们，让他们知道这个国家真正需要些什么；而导演乔治·马绍尔（George Marshall）则在《碧血烟花》（Destry Rides Again，又译《戴斯屈出马》）中将斯图尔特派到了蛮荒西部的"瓶颈小镇"以恢复秩序。汤姆·戴斯屈（《碧血烟花》中的人物）说话柔声（而且喜欢喝牛奶），却拎着一根大棒：这是对海外敌手的警告——为了守护"梦想"，如果需要的话，美国人愿意拼尽全力。（他若是知道玛琳·黛德丽Marlene Dietrich就在当地的某间酒吧里，或许事情要简单得多了。）同年上映的《铁血金戈》（Drums along the Mohawk，又译《虎帐狼烟》）同样体现了美利坚民族的勇气，以及美国人为了守护自身生活方式而付出的牺牲。具有讽刺意味的是，上述电影中，反面角色身边总有一名印第安人伙伴。当然，"美国梦"中关于拥有私宅和土地的神圣部分，也贯穿于《乱世佳人》（Gone with the Wind，又译《飘》）和《绿野仙踪》（The Wizard of OZ）之中。虽然跨越了时空，但这些电影皆技艺娴熟地捕捉到了二战前弥漫于整个美国的情绪状态。最后，由亨利·方达（Henry Fonda）出演、表现"诚实艾贝"（对林肯的尊称）早年生平的《少年林肯》（Young Mr. Lincoln），再次强调了美国人所笃信的一条理念——杰出人物可以是出身卑贱的，而且有些时候情况真的如此。

剧作家罗伯特·艾米特·舍伍德（Robert Emmet Sherwood）在其作品《伊利诺伊州的林肯》（Abe Lincoln in Illinois）中，以狭长的锯木机象征二十世纪三十年代末的"美国梦"。对"美国梦"亦多有研究的杰出诗人卡尔·桑德堡（Carl Sandburg）认为，舍伍德的作品"承载着某些来自'美国梦'的光芒"。从1938年10月到1939年12月，这部剧作在百老汇的普利茅斯剧院（Plymouth Theatre）共计上演472场。剧中林肯由雷蒙德·梅西（Raymond Massey）饰演（1940年同名电影中再次出演）。该剧内容一半历史、一半虚构，赞颂了林肯的人生传奇、以及"美国梦"在他身上的体现。林肯从一名害羞且算不上英俊的乡村少年，成长为一名成功的律师，继而担任美国总统的历程，当然称得上是个人实现"美国梦"的典范，而他帮助那些没什么盼头的美国人实现"梦想"的奋斗史，更是"美国梦"能够实现的强大例证。该剧首演正值欧洲情势愈发糟糕之时，这让剧中故事更具震撼力，使得不少孤立主义者确信，只要能实现"美国梦"，付出一切代价都是值得的。[31]

马乔里·巴斯托·格林比（Marjorie Barstow Greenbie）1939年发表的《美国传奇：关于追寻更美好生活的美国梦的历史与文献》（American Saga: The History and Literature of the American Dream of a Better Life），该书对于一系列造就了美利坚民族的重大事件进行了全景式的重新梳理整合，堪称这一全民族怀旧情结的巅峰之作。格林比指出，从欧洲探险者登陆美洲东海岸，到开疆扩土和移民西部，从独立战争和南北战争到反对黑人奴隶制，美利坚民族的历史主线中时时处处都体现着"美国梦"的渊源。"在各州安家落户的皆为有理想者，"她写道，美国是"一个埋藏着梦想的国度"。然而，与其他人一样，格林比也认为，二十世纪初期，随着"自我怀疑"渐渐演化成民族的时代精神，美国梦也发生了一次根本改变：

让所有人都过上更好生活的梦想，已经慢慢退化了。[32]

★ 通向新美利坚之路

如果有人对"美国梦依然存在"抱有怀疑，那么就亲眼看看德克萨斯州吧，就连那里的空气中仿佛都萦绕着一段简短的"立国史"（该州曾经以"独立共和国"的形式存在了十年）。1936年，《纽约时报》的露丝·李·马丁（Rose Lee Martin）曾经指出，"在这里，早期'美国梦'那种持续开疆扩土的精神依然未灭。"她表示，许多人认为德克萨斯州是"经济社会的最后边陲"。那一年正值"孤星之州"（德克萨斯州的别称）成立一百周年华诞，在达拉斯举办的"德州百年展"（Texas Centennial Exposition）将全美、乃至全世界的目光都吸引到了这个看上去的确像是独立之国的地方。德克萨斯之所以能给人一种"国家"之感，庞大的面积和丰饶的资源自然都是其中缘由。该州面积逾二十五万平方英里，地貌复杂，山峦、草原、森林和沼泽湿地无所不有。当地的牧场住户现代化家居用品一应俱全，但各户人家彼此之间却常常相隔五十英里之遥，堪称杰斐逊式自给自足乡村生活方式在新世纪的体现。成群的牲畜或许已经不再是野生散养，牧场上的民居四周也围上了整齐的篱笆，但现实版的牛仔依然存在，让这里成了少数可以使人返璞归真的乐土之一。即便在城市里，依然有不少人头戴牛仔帽、腰佩左轮枪——这些西部蛮荒的遗存，象征着一种人们在派克大街和好莱坞大道上找寻不到的自由。而那些讲述石油商人从储量丰富的新钻油井中攫取大量金钱的故事，更是提醒着世人，并非所有人都是硕大企业机器里的一枚小小齿轮。"他们的民主依然是实用色彩浓厚的杰斐逊式风格，继承着拓荒农民和平原居民的思想——凭着'柯尔特'点四五口径手枪，所有白人都是平等的，"马丁如是写道，她认为"拜他们所有人的'爱国主义'情绪所赐，他们首先是德克萨斯人，其次才是美国人。"³³

对"美国梦"本身来说，还有一个好现象——有些评论者并不纠缠于它辉煌的过去，而是对其尚未确定的前景更有兴趣。"只要赤贫现象不被消灭、有组织犯罪依然存在、芸芸众生仍旧普遍愚昧、财政盈余无法取代不可容忍的财政赤字，那么我们这些富国子民就不会完全理解'美国梦'或是基督教理想，"《洛杉矶时报》的洛克威尔·亨特曾于1937年写下这样的文字。为了使人们保持积极上进的态度，让"美国梦"保持活力是很重要的、甚至是必不可少的。亨特指出，"我们对于美国今日的梦想，就是对全人类未来的梦想，"得到机会、从而过上更好的生活，是人类的普遍愿望。³⁴同样，大卫·库什曼·科伊尔（David Cushman Coyle）在其1938年作品《通向新美利坚之路》（Roads to New America）中拈起了那些被亚当斯遗忘的关于"美国梦"的线索，指出美国所需要的是更具内涵的梦想，而非空有架子的幻梦。向教育和公共卫生事业投入更多资金、减轻小型企业税负、实行养老金制度等，只是帮助相当多数量公民实现"美国梦"的一部分方法；在科伊尔看来，如果我们真的想要，那么"美国梦"是完全可以成真的。³⁵

虽然路易斯·亚达米克（Louis Adamic）的《来自万国》（From Many Lands）并不是一部讲述如何重新复兴"美国梦"的专著，但书中故事却讲述着这样一个观点："美国梦"仍在人们身边、是那些迁徙到美国的移民们不可或缺的精神属性。"不知怎地，经过了艰苦卓绝的岁月，这份'梦想'已经变得模糊起来，掩埋在碎石尘埃之中，被杂糅扭曲，有时甚至遭遇玷污，虽然完整却已迷失，"在《纽约时报》上为这本1940年出版的著作撰写书评时，凯瑟琳·伍兹（Katherine Woods）曾这样感叹道。但她又补充道，

"然而它依然存在，虽携瑕蒙尘却重见天日，虽弯曲破碎却完璧归赵，虽黯淡染污却难掩瑜光，"这便是受到亚达米克关于"美国梦"是"历史上最大规模移民运动"重要一环的观点影响。该书中提到过的真实历史人物，如来自德国的犹太裔移民斯坦伯格家族、来自亚美尼亚的塔斯杨家族、来自波兰的梅里斯基家族、以及来自斯洛文尼亚的托尼·克米特等，皆是既普通又非凡，每日每时的英雄行为正是他们让自己"梦想成真"的诀窍。按照伍兹的说法，对于上述这些例子、以及成千上万类似的移民而言，"美国梦"并不在于一个人安身立命、养家糊口、获取成功或是享受自由的能力，而是"他们做出了自己的贡献，并被外界所接受。"[36]

《来自万国》之所以值得一读，原因很大程度上在于它是移民阶层本身的作品。二十世纪四十年代初，亚达米克（自己便是一名移民）曾遍游美国各地，向人们宣示他的目标——增进不同种族美国人之间的相互理解。这只是他当时所创立的组织"美利坚团结议会"（Common Council of American Unity）的计划之一。除了走上街头、向普通民众宣传他所谓的"勇敢合作生活"理念以及关于民主的共同信仰，亚达米克还印发了调查问卷和意见征集表，并在其中充分引述了沃尔特·惠特曼描绘美国的名句——"这是一个由诸多民族组成的喧闹之国"。亚达米克在各种场合反复讲道，"'美国梦'固然可爱，但为了保持它的活力，不让它变成一场噩梦，每时每刻我们都要保持清醒。"他的《来自万国》，便是这场关于自我发现、自我评估以及自我批评的宏伟运动的产物。[37]这部于二次大战前夕出版的作品，无疑让美国人记住了他们的伟大使命：在保持多样性的同时还要牢牢地团结在一起。伍兹总结道，"在这样一个支离破碎、一塌糊涂的世界里，面对罪恶造成的破坏，为了生存他们只能奋起反抗，他们代表着我们对命运的抗争。"那些新近来到这个国家的人们，是决定"美

国梦"未来的关键。³⁸

正如V.F.卡沃顿(V.F.Calverton,乔治·高茨George Goetz的笔名)在其1941年发表的著作《天使胆敢涉足之地》(Where Angels Dared to Tread)中阐述过的,对于过上"完美生活"、而不仅仅是"更好生活"的梦想,已经由那些曾经生活在"乌托邦社区"中的人们实践过了。所谓"乌托邦社区",是美利坚民族历史上颇具趣味却又常常被人忽视的一部分。卡沃顿认为,"美国梦"正是自十七世纪末兴盛至今的此类实验社区的直接产物;虽然这些实验社区基本上都以失败告终,但它们所体现出的、关于创造真正幸福世界的可能性和希望,却被人们传承了下来。的确,许多围绕"乌托邦社区"而生的理念——诸如从压迫之下摆脱出来、容忍各种宗教和社会习俗、心甘情愿努力工作、相信一种全新的社会终将建成,等等——在"美国梦"中俱有体现,从这一点上看,它们似乎并不像表面现象那样疯狂。通常,"乌托邦社区"的领导者们相信,这些社区得到了神的启示,或者已经建立起一套近乎完美的经济系统(或者两者兼有),而这些特征与美国梦的定义极其相似。卡沃顿指出,虽然大多数"乌托邦社区"以共产主义原则为基础(且许多居民实践了独身禁欲或是"自由同居"——这两者皆非美国式的观念),但它们依然有可资借鉴之处;建立一个包容一切宗教信仰、种族和政治观点的纯正的民主社会,依然是非常值得追寻的梦想。[39]

受国会图书馆馆长、诗人阿奇博尔德·麦克利什(Archibald MacLeish)1941年初在《调查画报》(Survey Graphic)上发表的一篇文章启发,第一夫人埃莉诺·罗斯福(Eleanor Roosevelt)在其报纸联合专栏"我的一天"(My Day)上表达了自己对"美国梦"的刊发。她在1月7日名为"如何实现美国梦"(How to realize the American Dream)的文章中写道,"美利坚并不是商品、奢华盛会、舒适享受、优良电话系统和无数汽车的简单堆砌,而是一个为普通人追求更多公平和机会的梦想。"罗斯福夫人之所以使用意识形态语言而非物质名词来给美国梦下定义,或许是想让美国人为即将面临的战时牺牲做好准备。她的态度很明确,认为这些与美国的国家理想并不相关,"忠于民主,献身自由……与实现明日梦想的机遇和希望相比,我们的其他任何成就都不足称道。"[40]

与欧洲逐渐兴起的法西斯主义和集权主义针锋相对的"美国梦",仿佛正成为美国的非官方口号,概括了美国人复杂的民族认同感。事实上,就在第一夫人在其专栏中提及"美国梦"的同一天,芝加哥公共图书馆(Chicago Public Library)也以"美国梦"的名义发布了一份书单——这是"美国梦"概念被用作营销工具的又一次体现。"以我们对更美好生活方式展开无限追求为描写对象的美国小说"皆榜上有名,该图书馆相当于是为它们提供了某种文学方面的"质量认证"。[41]

果不其然,1941年,随着美国被卷入战争的可能性逐渐增加,"美国梦"也越来越被人们记起。詹姆斯·特拉斯洛·亚当斯关于美国梦的论述最具声望,在他首提"美国梦"概念十年之后,该名词再次引起了人们的共鸣。他又一次以《纽约时报星期天杂志》作为平台,将"美国梦"称作一种可以团结美国各阶层民众共同抵御外敌的无价资源:

> 作为我们国家生活当中的一股凝聚力,对于未来的憧憬远远胜于对过往的留恋——这就是美国梦。无论信仰何种宗教,无论身为哪一种族,无论来自哪个国家,从踏上这块国土的那一刻起,所有移民都要实现梦想……在信仰、社会、政治和经济方面获得自由的梦想,这是美国意识形态的主要特征。美利坚民族乃是上帝的选

民，这并非像是清教徒或犹太人所理解的那样，而是因为从某种意义上说，美国人有着相同的追求——我们希望能自由自在地做自己，实现自身的最大价值。"美国梦"是一条精神上的纽带。

亚当斯认为，到了美国人决定参与战争、或是被迫卷入战争的时候，"一群自由人民的自由选择"注定会将美利坚民族紧紧团结在一起。在争取胜利的进程中，这一特质也终将发挥重要作用。[42]

随着1941年战前爱国主义情绪的兴起，美国人对于"地方感"的关注，尤其是与"美国梦"相关的文化地理学概念也盛行起来。虽然全美各地皆有理由宣称自己是"美国梦"的发源地（尤其是德克萨斯州），但就这一点而言，新英格兰（New England）是具有特殊地位的。例如，1941年6月，《纽约时报》的哈尔·宝兰（Hal Borland）游历了新英格兰，在该地区领略到了近乎神奇的"美国精神"。他用诗一般的语言写道，"它（新英格兰）虽然地处美国的角落，却从某种意义上概括了这个幸福之国：这里有农田房舍与村落城郭，劳作的汗水与丰盈的收获，直率的思想，还有生活在这片土地上的人民——身为个体，他们倍感骄傲，而作为一个民族，他们亦能顽强守护自己的自由权利。"很明显，他撰写这篇文章的意图在于激励读者在必要时挺身而出保卫国家。在宝兰看来，新英格兰不仅仅是"以国家为基石的民主摇篮"，更是"打造'美国梦'的作坊"，其农田和工厂皆是美国人亲手创造并笃信的梦想神话的核心源泉。拥有起伏群山、蜿蜒道路、雅致村落和古老教堂的新英格兰，看上去自然是颇有一番风韵；"欧洲人在美洲最早定居地"的名号，更为其"美国梦"起源的身份增加了佐证。[43]

除了如画般的美景和相对长久的历史之外，新英格兰人那举世闻名的节俭传统也是该地区不可忽视的特征之一：基于自己所拥有的条件，发挥其最大作用，这一土生土长的习俗至今依然有着深远影响，而它又恰是"美国梦"的重要内容。新英格兰式的节俭与机智——生产需要东西，卖掉不需要的东西——是实现"美国梦"的主要途径，也解释了许多美国人为何会在某种意义上视新英格兰为异类（或褒或贬）。作为长期以来美国最优秀枪械匠人的家园，新英格兰的军工厂此刻正大量生产战争武备，"以保护萌芽于斯、从未凋零的'美国梦'，"宝兰向读者们确认，该地区那条已有近两百年历史的座右铭——"别在太岁头上动土"（"Don't Tread on Me"，您也可以将之解读为"不自由毋宁死"即Live Free or Die）——如今依然充满活力。"整个'美国梦'矗立在这片砂石土地上，"他总结道，"代表了民主的核心本质。需要我们用一块块石头筑起这一梦想，就像筑起新英格兰的石墙一样。"44

★ 面对空中大雁，如何弯弓射之？

无论对新英格兰还是全美其他地区而言，美国的参战都并不意味着其公民要暂时将"美国梦"搁置一旁。事实上，与以往任何时期相比，无论是为了个人利益还是国家整体利益，美国人都更应该努力追寻自己的梦想。杰伊·富兰克林（Jay Franklin）在二战期间创作的《重塑美国》（Remaking America）一书，强调了"美国梦"在美利坚民族向全世界示范民主原则时的重要价值。这位恰好也姓富兰克林的作者写道，"我们……现在正参与到一场大纷争之中，而这将决定最初的'美国梦'能否在一个充斥着集权暴政的世界里坚持下去，"美国人关于"生命、自由和最求幸福"的理念正面临着最严峻的挑战。然而，与其他某些批评家不同的是，作为罗斯福新政的支持者，杰伊·富兰克林乐观地认为，"美国梦"不仅可以渡过难关，而且还将在不远的将来得到兴旺发展。他写道，八年来，新政的政策和计划"已经帮助美国人民沿着宽阔而充满想象力的、非常实际的康庄大道重塑了他们的国家"，这与那些指责"富兰克林·罗斯福的家长式统治像海绵挤水一样将个人主义从美国剥离开来"的说法大不相同。罗斯福新政时期，美国在社会公正、金融安全以及公共医疗等方面取得了巨大进步，更不必说对于公共工程的保护和创造了：这些都证明了美利坚民族性格中的适应性、创造性和旺盛的活力——即组成"美国梦"的元素。与雄心勃勃的社会项目相比，对国内基础设施和国防事务的改造更为重要；按照富兰克林的说法，美国人民正同时经历着一场"道德重建"，重新确认并恪守这些基本理念。他大胆地提出，"只要我们努力去做，就一定能够创造未来，而且我们已经有了将未来拥入怀中的意愿和力量。"[45]

然而，许多美国人似乎已经把"美国梦"忘到了九霄云外，或者至少忘记了如何去追寻梦想。原因并不在于战争，而是在于现代生活所带来的压力——正是这份压力，迫使大多数人在工作和娱乐中都选择了阻力最小的道路。农民小说家查尔斯·阿伦·斯玛特（Charles Allen Smart）意识到了这一恼人趋势，感觉自己应该撰写一本名曰《面对空中大雁，如何弯弓射之？》（Wild Geese and How to Chase Them）的书，以便为人们追寻属于自己的"美国梦"提供指南。鉴于人的一生对财产与声望的追求，斯玛特指出，人们应当摒弃"现时的怯懦、脆弱以及关于安全感的危险观念"，而将生命当成一件艺术品加以珍视——它不仅仅是勇气的载体，对于社会更是意义重大。斯玛特认为，一门"意义深刻的革命理论"，应当"只为快乐或是生存而生"，他建议读者们首先以一系列尖锐问题自问："我为什么活着？""我是谁？""我为什么要工作？""我和其他人之间会发生些什么?""社会如何对我,我又如何对待世界?"斯玛特相信,通过这一串关于"存在意义"的自助式提问,每一个人都会明白自己应该瞄准哪一只"大雁",最终确保"美国梦"依然是美利坚民族认同(民族特征)的关键元素。[46]

不过,依然有人认为,当时已经几乎没有"大雁"可射。1943年,哈佛大学校长詹姆斯·布莱恩特·科南特(James Bryant Conant)在《大西洋月刊》(Atlantic Mounthly)上撰文指出,无论过去十年间国家政治情势如何,都与"美国梦"关系不大。他提醒美国的国内民众,所谓"美国梦",根源在于美国式的激进主义,并在其基础上借鉴了杰斐逊、爱默生、林肯、梭罗、维布伦、惠特曼以及亨利·乔治等人的理智主义和唯心主义思想。他警告道,"美国梦"的关键特征——机会均等(即没有特权)、独立思维(即思想不受政府、政党或是教会意识形态影响)、隐私权、以及在经济舞台通过竞争获取财产的权利等——在当前的政治环境下皆是难以立足的激进思想。此时的美国,正被迫在两个与美式激进主义大不相同的选项之间做出选择——要么是欧洲式激进主义(基于马克思、恩格斯和其他社会主义者的理论。而这些人拥护公有制、高尚道德标准和强大的警察体系),要么选择所谓的反动派路线。鉴于当时美国人的生活方式、官僚机构、工商业巨头、以及财富分配和教育方面的广泛不公,无论美国选择倒向左翼还是右翼,都意味着要去追寻某些与美国人独特的激进主义大相径庭的东西。在科南特看来,通常被称作"大众"("群众")的人民陷入不安便是一个明确的例子;这一现实与"美国梦"概念是完全矛盾的。[47]

詹姆斯·特拉斯洛·亚当斯再一次对症下药般地为"美国梦"当时所面临的状况提出了自己的观点,在那些用他首创的概念来支撑自身独特理论的诸子百家之间扮演了调停者的角色。在提出"美国梦"概念十二年（并出版了七本专著）之后，亚当斯在《美利坚：造就新人》（The American: The Making of a New Man）一书中重新回归了主题，指出第二次世界大战是人们寻回梦想的机遇。在亚当斯看来，当时的美国本身便是梦想所在；更具体点说，"经过了不屈不挠的斗争，无论最终是胜是败，国家和个人都会因充分利用机会而获得荣耀。"毫无疑问，几乎被亚当斯拔高到生物学层面上的美利坚民族的特质，在战争时期"敌""我"双方的鲜明对比下得到了放大，该书副标题中所指的"新人"便是这个国家的人民。按照亚当斯的说法，美利坚民族的身体外貌和日常行为的确是饶有趣味、值得观察的，他们与欧洲人之间的区别依然在于理想。从旧世界的压迫与束缚中解放出来的美利坚民族，在极大程度上实现了他们的梦想和承诺。对于社会公平这一革命性理念所带来的挑战和机遇，美国人皆能泰然处之。[48]

正如二十世纪三十年代的电影直接影响了"美国梦"的发展轨迹，二次大战期间的电影以不同的方式强化了这一梦想的说服力。比如在电影《卡萨布兰卡》（Casablanca）里，摩洛哥某小酒馆里的流亡者都对"美国梦"有着特殊的好感。歌舞片《火树银花》（Meet Me in St. Louis，1944年拍摄。1959年的电视电影翻拍版通常译为《相逢圣路易》）告诉人们，家人与家园比大城市里的高薪职位更为重要。《胜利之歌》（Yankee Doodle Dandy，由吉米·卡格尼Jimmy Cagney主演）之类的影片表现了纯粹的爱国主义精神，而平·克劳斯贝（Bing Crosby，又译宾·克罗斯比）主演的《假日酒店》（Holiday Inn，又译《欢乐饭店》），则完美诠释了曾经出现在哈尔·宝兰笔下的新英格兰地区那纯粹而朴实的美利坚精神。（欧文·柏林的《白色圣诞节》White Christmas在该影片中首次被公之于众，而它本身便是一首赞颂"美国梦"的歌曲。）老式的枪战/战争类影片，尤其是那些由约翰·韦恩（John Wayne）主演的（比如1942年的《飞虎群英》Flying Tigers，又译《飞虎群鹰》、《飞虎娇娃》、《无敌飞虎将》表现了人们守护"美国梦"的热情，使得战时身处大后方的人们在面对应尽义务的时候更加心甘情愿。那些没有大牌明星出演的低成本影片，无论手法技巧如何，同样也在讲述"美国梦"的故事。例如，在1943年拍摄的B级片《美利坚帝国》（American Empire）中，一对富有冒险精神的伙伴在南北战争结束之后结伴闯荡西部，在属于自己的土地上幸福地蓄养牲畜；可是，当安逸富裕的生活被盗牛贼们搅得一团糟（就像电影上映时欧洲实际面临的情景一样）时，一切便陷入了混乱。按照《纽约时报》一篇评论中的说法，该影片是"对美国梦的一次充满尊重的致敬，"堪称寓教于乐的道德故事。[49]

其实，二次大战期间，随着美国电影从大洋彼岸大量舶来，欧洲人也接触到了洋洋洒洒各种版本的关于美国梦的表述。剑桥大学政治学教授丹尼斯·威廉·布罗根（Denis William Brogan）认为，"这些电影给人一种轻松之感，让人感觉到一种或许并不真实、但的确富于诱惑力的社会流动性，"在1943年，欧洲人随便去本地影院看上一场电影，都能管窥美国式的"灵活、机智、崇尚物质、讨人喜欢的生活方式"。的确，很多欧洲人正是通过电影了解美利坚民族的（当然，反过来也一样），而通过私下观看这些电影所得到的感受，又驱散了他们对于美国的消极成见（比如说，"美国佬都只在乎钱"之类的）。实际上，无论对美国的盟友还是敌人，好莱坞影片都是强大的宣传武器，这也是希特勒拒绝它们在柏林上映的原因所在。布罗根指出，"它们是'生命、自由和对幸福的追求'在画面上的表现——而这些画面语言要比口头说教更加有效，"在他看来，电影是"自《独立宣言》发表以来，源自美国的最具革命性的工具"。[50]

无论为美国人带来优势的是电影还是战争进程本身,"美国梦"都经历了一场彻底的变革。时至1943年中,随着胜利趋势逐渐明朗,"美国梦"似乎也调转了方向,完全改变了过去十几年间占据统治地位的消极、悲观论调。当年7月,《纽约时报》的一位编辑提到,"我们正在寻回霍雷肖·阿尔杰式的'美国梦',"他所指的,是一套尚未得到命名便在1929年随着经济大萧条时期来临戛然而止的理论。按照该理论的说法,在经济崩溃之前,"美国梦"沉浸于"一个自由富裕的民族对平等机会的追求"之中,而这从来都不是一个"必须实现"的愿景。人们通常认为,努力追寻幸福、从而达到一个可望而未必可及的地步,就已经足够了;实现完全的幸福和安全,就此生而言,已是不可能完成的任务。追寻"美国梦"过程中的意外情况是可以预料的(比如说,对妇女和有色人种而言),既然存在"偶然",那么这一梦想就不能算是残缺的。"所谓'美国梦'是一个目标,一种决心,也是缩小目标与实际成果之间差距的一项全民任务,"该编辑解释道,这就像是一个人在攀登一座山(偶尔需要休息一下)。[51]

然而,随着经济崩溃,故事发生了戏剧性的变化。"在经济萧条的年月里,'美国梦'成了一个笑话、一场悲剧,"这位编辑继续阐述道,美国人的"梦想"只剩下了"海市蜃楼和惊悚噩梦"。他认为,"故事的脉络已经从那些找到机会的美国人转向了美利坚民族的失败者们,""美国梦"已不值得人们欢欣鼓舞,反而成了警示人们莫犯错误的劝诫。对于"美国梦"的追寻已经不再是攀登山峰的壮举,更像是自船上落水后、无法返回陆地的惨剧——尽管追梦者已经付出了努力,却毫无收获。然而此刻,1943年夏天,人们可以明显感觉到,美利坚民族正再一次尝试攀上山顶。"今天,我很高兴地宣布,我们已经找回了三十年代之前的心境,"这位编辑兴奋地写道,"美国梦"亦"不再是海市蜃楼,而是又一次放射出希望之光。"[52]

★ 美国的两难困境

然而,对于某些美国人而言,"找回三十年代之前的心境"并不能带来多少慰藉。"梦想"与现实之间最为明显的矛盾,自然要数迫在眉睫的种族问题。战争期间,美国的"黑人问题"变得越来越不容忽视了。(二战期间对于日裔美国人的囚禁,以及对拉丁裔族群的攻击,导致了"阻特装暴动"。这是美国社会歧视有色人种的又一个恶名昭著的事例。)由纽约卡耐基公司(Carnegie Corporation of New York)策划、邀请声名显赫的瑞典经济学家贡纳尔·默达尔(Gunnar Myrdal)领衔主持的一项关于美国社会中黑人现状的研究项目,从正面提及了这个问题,并于二十世纪四十年代初发表了一系列著作,从不同角度入手对其进行了探讨。由默达尔亲自撰写、于1944年出版的《美国的两难:黑人问题和现代民主》(An American Dilemma: The Negro Problem and Modern Democracy),是这一系列作品中最著名的一部。不过,梅尔维尔·让·赫斯科维茨(Melville Jean Herskovits)的《黑人往昔的神话》(The Myth of the Negro Past)、奥托·柯林伯格(Otto Klineberg)的《美国黑人的特点》(Characteristic of the American Negro)、理查德·斯特纳(Richard Sterner)的《黑人的那一份》(The Negro's Share)、查尔斯·斯珀吉翁·约翰逊(Charles Spurgeon Johnson)的《隔离黑人的模式》(Patterns of Negro Segregation)、埃尔文·罗杰斯·恩波利(Edwin Rogers Embree)的《非裔美国人》(Brown Americans)、罗伊·奥特雷(Roi Ottley)的《新世界即将降临》(New World a-Coming)、霍华德·华盛顿·奥德姆(Howard Washington Odum)

的《种族的流言》(Rumors of Race)、约翰·拉·法吉(John La Farge)的《种族问题与黑人》(The Race Question and the Negro)等,也都对黑人被排除出"美国梦"范围之外的情况进行了描述。[53]

《美国的两难》一书对于美国社会违背民主精神、歧视黑人的事实揭露得最为彻底,其描述令人信服。相较于纳粹式的种族主义,美国各民族之间不平等的现实状况被放大了。"美国梦"的理念,是默达尔所说的"两难困境"中的重要部分。美利坚民族所谓"让所有人都享受更好、更深刻、更富裕的人生"的理念并未得到广泛适用,这是不容忽视的事实。《弗吉尼亚评论季刊》(Virginia Quarterly Review)的鲁珀特·贝勒斯·万斯(Rupert Bayless Vance)在为该系列书籍撰写评论时曾写道,"在美国式信条下,每一个意识到自身诉求与子孙后代诉求存在差异的人,心中都会感到不安,从而愿意承认黑人的诉求,"整个美利坚民族正承受着一种"人格分裂"和"良心分裂"的苦痛。万斯认为,因为白人"无法承受'美国梦'的妥协",所以国家将尝试摆脱两难困境。他精确地预言道,在民权斗争如火如荼的领域,将会催生出一套法律体系。[54]

当时的美国在女性问题上同样面临"平等权利"困境。许多女性,无论是在军队服役还是在后方的工厂供职,二战结束后都非常希望继续工作,甚至想要通过自主创业实现自身的"美国梦"。1944年,《华盛顿邮报》的马尔维娜·林德赛(Malvina Lindsay)曾经提出这样一个问题:"女人能像男人一样去追寻'为了自我实现而做一番事业'的'美国梦'吗?"她感到困惑,如果真能如此,"女人能获得什么样的机遇呢?"由于害怕出现战后经济萧条和大规模失业潮,美国政府已经在尽所能帮助复员军人找工作了,对于那些具备企业家天赋的人,更是在创业方面提供了助力。例如,应陆军要求,美国商务部准备了一系列讲述"如何经营二十种小生意"的书籍，这些指南使得退伍大兵们更易于重新融入平民生活。在林德赛看来，尽管只有五分之一的企业"对女性有明确的吸引力"，但她认为，女性或许也可以在美容院、服装店、餐厅和面包房之外的领域实现"美国梦"。为什么女性不能经营五金店和杂货店、投资房地产或是开办保险公司呢？而且，为何那些新近掌握机械技能的女性不能去经营汽车修理厂、加油站、从事水暖安装行业、甚至开设锯木厂呢？林德赛沉思道，"在战后的各行各业，女性的创业精神在哪儿才能得到发挥，现在还是个未知数。"她相信，女性终将实现属于她们的"美国梦"。[55]

抛开性别不谈，随着战争落下帷幕，自主创业"梦想"盛行起来。毫无疑问，这一风潮的根源在于老兵们那"官大一级压死人"的经历。里奥·切尼（Leo Cherne）在1945年发表的一份报告中称指出，每七名军人之中，至少有一人想要在战后自主创业；许多普通老百姓也抱有同样的想法。记者们盼望自己创办报纸，女售货员打算尝试经营属于自己的时装店，而雷达专家们则计划将无线电行业资本化，以期大赚一笔。切尼认为，"事情本该如此，人们迫切想要自主创业……这是美国式生活方式最强劲的驱动力之一。"尽管大量新兴经济实体（事实上有半数之多）在头几年便宣告创业失败，但仍有其他专家鼓励美国人为了"美好未来"赌上一把。芝加哥大学副校长威廉·本顿（William Benton）鼓励年轻人自主创业，并引述了萨缪尔·泽穆雷（Samuel Zemurray，香蕉贩子出身，最终执掌了"联合水果公司"United Fruit Company）和戈德布拉特兄弟（Goldblatt，从一无所有的贫民一跃成为百货公司巨头）的成功事例。本顿自己亦是"美国梦"的典范，曾与切斯特·鲍尔斯（Chester Bowles）一起在经济大萧条爆发之前创办了一家成功的广告公司，然后于三十六岁隐退，并投身教育事业。二战期间六十万家公司企业倒闭，这使得"拥有自身产业"的理念变得更加引人入胜，而商品匮乏导致许多美国人将大量金钱储蓄起来，成为摆在未来企业家们面前的又一个诱因。《退伍军人权利法案》中关于借贷的条款起到了推波助澜的强大作用——因为知道美国政府会帮助偿还半数借贷（上限为两千美元），即便创业者的事业无法取得迅猛飞越，也几乎是处于不败之地的。[56]

"美国梦"的另外一个、也是更为重要的方面——拥有私宅，即杰斐逊自持农场理念的衍生品——在二战最后几年也越来越受人们重视了。许多赴海外作战的军人并不确定自己归乡时要住在何处，而他们在大后方的家属们（常常居住在各类军工厂附近拥挤的公寓里）也在为出征亲人凯旋之后的居住问题担忧。战争时期新建住房项目大幅锐减，因为建筑材料和人力均被抽调；而那些与军人倾心相恋并计划结婚的人们，一想到战后要与父母辈住在一起，心中也凉了一半。直至战后威廉·李维特（William Levitt）和其他开发商们抓住机会、在新的郊区地带为年轻夫妻们建造经济适用房之前，对于大多数人而言，"甜蜜之家"都是个遥不可及的幻梦，是"美国梦"不断膨胀的一部分。二战时期，科学技术在金属、塑料、木材、玻璃以及其他诸多材料方面的进步，保证了房屋将很快变得物美价廉。由预制件拼成的房屋，如汽车般以最令人兴奋的速度被从"流水线"上"生产出来"。"无论这些计划能否实现，我们都明显站在该领域诸多有趣变革的门槛上，"纽约时报的多萝西·罗森曼（Dorothy Rosenman）于1944年如此评论，并提出疑问："这些能为诸多美国人提供梦寐以求的、更为舒适更为廉价的房屋吗？"在各种因素（高地价、高不动产税、紧缩的贷款抵押制度、严格的建筑规范、吵吵嚷嚷的工会、高流动性人口，等等）制约下，答案并不能确定。但有一件事是明确无误的：独栋私宅很快将在"美国梦"发展进程中占据中心地位。[57]

The American Dream

二战之后，除了拥有私宅的愿景之外，美国人还不可避免地得到大把可供挥霍的光阴。人们广泛认为，拜战时在人力与制造工艺方面的高效进步所赐，战后大家的工作时间应当缩短。然而，作为实现个人抱负的机遇，这对于"美国梦"而言却并非利好；大量时间被用在工作以外，造成了一种独特的危局，以至于有专家学者们担忧，这明显是"业余时间的过剩"。"除非我们智慧地利用由业余时间所衍生的全新机遇，否则我们的文明将面临危机和崩溃，到时候我们终将……失去'美国梦'，"威廉·弗莱彻·鲁塞尔（William Fletcher Russell，哥伦比亚大学师范学院院长）提醒道。他劝戒未来的教师们，要教会学生如何充分利用每天的业余时光。[58]

当然，过多的业余时光并不会像战时人们所担忧的那样成为一个难题。真正的问题在于，另外一个超级大国的崛起，给美国的文明带来了危机和崩溃的威胁，让美国式的生活方式前途未卜。但凭借曾经战胜那些威胁过我们的国家的经验，一个全新的、更美好的"美国梦"已经奠定了基础，而美利坚民族也已得到将梦想化作现实的新的机遇。战后时光充满迷人魅力，美利坚民族抱着自信与忧虑展望着未来，开创着"美国梦"的历史新篇章。

第二章

追求上位者

★

"美国梦",对于许多愿意信仰它的人而言,正在失去某些光泽。
——1959年,万斯·帕卡德(Vance Packard)

★

1960年12月,《哈特福德新闻报》(Hartford Courant)财经编辑韦伯斯特·高尔特(Webster Gault)认为,"恒久不变的'美国梦'"就是"搞辆新车"。几个月之后,该报另一位撰稿人弗吉尼亚·欧文(Virginia Irwin)做出了同样令人摸不着头脑的论述,声称"美国梦"就是"永葆青春"。同年,《纽约时报》撰稿人布鲁克·布劳尔(Brock Brower)提出另一个观点,"对今人而言,'美国梦'或许就是睡个安稳觉,"因为失眠现象正猖獗于全美各地。二十世纪六十年代处,亚当斯关于"让每个人都享受更好、更深刻、更富裕的人生"的愿景,似乎可以意指任何东西。《哈特福德新闻报》另外一名撰稿人于1963年评论道,"'美国梦'曾经是'每家锅里有只鸡、每家车库有辆车',后来成了'后院有口游泳池',而现在显然变成了'落地窗外便是高尔夫球场',"这一概念正从崇高纯粹向荒谬可笑演变。[1]

二战后,"美国梦"变得支离破碎。随着美国本身越发复杂化、多面化,"美国梦"也朝着不同的方向发散开来。这一诞生于经济大萧条时期的词汇,极好地顺应了已大有不同的社会、经济和政治环境,这证明它的确是我们民族精神的核心(尽管还有质疑之声)。灵活、富有适应力、似乎拥有无尽的扩展空间的"美国梦",在战后的二十年间如花般绽放,无论是理想抱负还是成就业绩,它几乎适用于任何情况。然而,到了这段时光末期,"美国梦"的未来变得不确定起来,因为新一代美国人认为,对于民族理念的不同解读更有利于美国及其民众。

★ 平静而有序地生存

战争获得胜利、战后情形未卜的二十世纪四十年代末,美国人获得了一个重新改造"美国梦"的机会,从某种意义上说,每个人在国家选择未来发展方向这一问题上都有发言权。民意调查专家乔治·盖洛普(George Gallup),声称"传统"的"美国梦"是"每个人都成为百万富翁",这对于亚当斯最初的定义做了不小修正。对盖洛普以及其他不少人而言,机遇、成功和经济收益等,几乎就是当时"美国梦"的全部内容,这或许是对于过去十五年间被迫做出节俭与牺牲的美利坚民族的回馈,无疑也是美国远离苏维埃共产主义的方式。1947年,盖洛普的美国民意调查中心(American Institute of Public Opinion)在全部四十八个州做了一次问卷测验,"你认为还会有别的美国人像亨利·福特那样发家致富吗?"盖洛普认为,测验的答案将揭示"美国梦"的相对状态,因为那位早期汽车制造商是"美国梦"得以实现的人格化代表。有趣的是,近半数受访者回答"不会",他们认为积累大量财富的时代已经过去,部分原因便在于政府"向富人课以重税"的政策。一如既往,人们公认美国梦正岌岌可危,受到了来自强力政府或是强大企业的冲击。[2]

即便是赚到亨利·福特总资产的九牛一毛,也就是一百万美元,也被这段时期的普通美国民众视作不可能完成的任务。"发明一种更棒的捕鼠器、写一本畅销书、生产一种有用的小玩意——然后赚上一百万美元,"1949年,《星期六晚报》(Saturday Evening Post)的格里尔·威廉姆斯(Greer Williams)如是写道,"变成富人,一直都是个伟大的'美国梦'。"威廉姆斯本人曾经也想赚到一百万美元,但不久后便放弃了这一目标,并劝戒她的读者们也同样放弃。高额税率是抛弃"美国梦"中这一经典愿景的原因。当年的一位已婚人士,若收入超过20万美元,须缴纳156820美元税款,此外这20万美元中有91%还要被联邦政府课税。这就是说,即便赚够一百万美元,也要有超过四分之三被美国国税局(IRS)

抽走。在威廉姆斯看来，这已经不单单是令人震惊了，简直是有着深远的历史影响，意味着她所说的"霍雷肖·阿尔杰时代"已经终结。"只赚231507.24美元可不是'美国梦'所憧憬的，"她评论道，认为"我们的生活已经丢失了某些重要的东西"。[3]

伴随战后美利坚民族尝试寻找未来的脚步，那些经营着大生意的人们同样对"美国梦"的明显损失发出哀叹。假如麦格劳希尔集团掌门人詹姆斯·赫伯特·麦格劳（James Herbert McGraw）也参加了盖洛普的问卷调查，他的答案肯定是"不会"。他认为，在富兰克林·罗斯福执政的四个任期，大多数人尝试挣得财富的动机都已湮灭。他担心，通过努力拼搏出人头地的理念，会变成子孙后代只有在历史课本上才能读到的东西，而希望、机遇和个人自由解放等等定义当时美国经济体制的元素，几乎都将作古。麦格劳警告道，如果美国人不改变路线，那么美国便会成为另一个大不列颠；美国的高税率和庞大的政府花销，可能带来的不仅仅是产业的停滞，更有数百万晚年靠救济艰难度日的民众。在麦格劳看来，"美国梦"并非赚到福特那样的家产，而是能够安逸退休——随着生活成本增加，而赚大钱进入高纳税群体的欲望降低，安享晚年都成了岌岌可危的奢望。这位出版商提出，"我们可以将'出人头地'的概率恢复到1929年时的水平，"因为他将经典的共和党紧缩政策视作让国家重回繁荣之路的途径。[4]

其他人同样认为，是政府阻碍了个人自由的实现、并由此导致了"美国梦"的破灭。1949任哥伦比亚大学校长的德怀特·大卫·艾森豪威尔（Dwight David Eisenhower）曾经直言不讳地表示，仔细检查每一项有可能免除某些个人责任的政府提案，是每个公民的责任。"除非我们能理解'美国梦'，否则它有可能变成一场噩梦，"艾森豪威尔在《纽约先驱论坛报》（New York Herald Tribune）组织的一次论坛上如是说道，若那样的噩梦出现，人们将成为自己创制的体系的"奴隶"。这位想要竞选公职的前任将军，或许感受到了国民心态的变化——对于政府在自己生活中如影随形的存在，美国人已经疲倦了。[5]

无论"美国梦"被"踩刹车"该由谁来负责，二战后许多年轻人对未来的希望和憧憬变得越发强烈了，是一个不争的事实。每当被问及将来的职业理想时，高中生们都会回答，成为某种专业人员就好——毫无疑问，经济大萧条和第二次世界大战，让他们在展望未来时变得更加保守了。1949年，《华盛顿邮报》的马尔维娜·林德赛曾描述道，"美国梦"在那段年月里所发生的变化，都是年轻人们的感受，或是因他们而起，而他们那"一切皆有可能"的处世态度也被某些更有可能实现的目标取代了："任何一位母亲的儿子都有可能当选美国总统，这是'美国梦'的本源。后来，这梦想变成了一种更加普世的理念，即任何人——或者说是所有人——都能靠拼搏成为富人。而如今，年轻人给它的定义是——成为律师、工程师、科学家或是商业高管，每年赚个两万五千美元。"研究表明，女人们也希望自己未来的丈夫是一名专业人士，白领阶层业已成为战后美国的一种象征。如当时研究此类问题的专家们所指出的，麻烦在于，全部职业中只有百分之三可被视作"专业工种"，这就意味着许多人在大学毕业后将要"大吃一惊"。同样，数百万拜《退伍军人权利法案》所赐得以进入大学就读的退伍老兵，很快也将加入到劳动力行列之中，从原本就屈指可数的专业工种中"夺走"不少职位。"如果'美国梦'就是把一切都窃为己有，那么它将……意味着一种全新社会态度的兴起，"林德赛写道，她认为"能够完全适应环境、对社会有益的人生"应该被视作成功的标准之一。"这样'美国梦'才能真正大众化，"她的提法仿佛阴霾之中的一丝曙光。[6]

然而，并非所有人都看到了这丝曙光。为别人打工，虽然有违"美国梦"那种"单打独斗、自力更生"的精神内涵,却也还算不错——这是在1949年的一次民意测验中,大学生阶层的答案,他们对于林德赛所描述的、能够"平静而有序地生存"的未来愿景完全满意。当时接受调查的毕业生被问及退休和养老金计划相关问题,而这些是雇佣者之前从未想到的。因过去二十年间经济风暴而心有余悸的年青一代,心中"美国梦"的门槛似乎有所降低;与传统观念相比,这是一种令人不安的趋势,正如林德赛所指出的:"他们问道,我们是否已经变成了一个怯懦的民族?'俄克拉荷马捷足者'和'阿拉斯加淘金者'的精神哪里去了?为何……曾经富有进取心、勇往直前的美国人被这单调无趣的安逸捆住了手脚?……而且,年轻一代从祖先那里继承的追寻黄金、田宅、油井、木材和牧场的冒险精神那里去了?"林德赛感觉,两百年来,这些被现代生活所禁锢的个人感受原本是有机会"到西部去"实现奇迹的,可这美国式体验的主题也已经近乎枯竭了。(当然石油依然是一种发家致富的途径。)调查显示,良好的医疗与口腔护理,已经越来越成为比"抓住机会获得成功"更受重视的东西,就整个国家而言,情况或许更糟。[7]

★ 凡夫俗子

虽然战后数年间人们对于"赚大钱"的愿景逐渐淡漠,但"美国梦"的另外一个方面却得到了迅猛扩张。在二战期间,美国已经确立了"多元文化之国"这样一个不可改变的形象,其影响一直持续到战后,并持续改变着"美国梦"。面对身处基于肤色差异的"种姓社会"的艰难困境,美国人以一种战前从未有过的方式解决了种族问题。例如,1947年,纽约的WNEW电台播放了一系列意在与"偏见"和"歧视"作斗争的广播剧,而这与默达尔里程碑般的《美国的两难》发表之前的情况颇有不同。该部以《永志不忘——美国梦》（Lest We Forget-the American Dream）为题的系列广播剧由民主教育研究所（Institute for Democratic Education）赞助，并由后者向全国广播电台免费推广。该剧由海伦·海耶斯（Helen Hayes）、弗雷德里克·马奇（Fredric March）和拉尔夫·贝拉米（Ralph Bellamy）等人出演，通过讲述日常琐事，表现了美国普遍存在的偏见与歧视。比如，剧中有一幕名曰"面对面"，由海伦·海耶斯扮演一名教师，当她的学生无意间从一名家长那里听到种族主义言论时，她不得不做出抉择。这部系列广播剧告诉听众，"美国梦"属于每个人，而现在已经到了美利坚民族践行其民主理念的时候了。[8]

二十世纪五十年代，随着美国社会用尽解数向实现人人机会均等的宏愿妥协，多元主义和"美国梦"之间也渐行渐远了。举个例子，约翰·奥布莱恩（John A. O'brien）神父在他1952年发表的《美国梦》（The American Dream）一书中，将多元主义置于"美国梦"的核心位置。"如果美利坚民族想要坚持自身的力量和伟大品格，必须将任何猜疑和仇恨的毒瘤消灭在萌芽状态，"他在书中的这些言论，回应了当时共和党人和民主党人在芝加哥召开代表大会时所提及的一些说辞——在这些大会上，民权都是热门议题。[9]认识到"美国梦"力量的政治候选人们，将其用作（或者说是"开发"成为）赢得选票的筹码。不单单是黑人，所有面临歧视的少数族裔人群都将"美国梦"视作一条竞选策略。1954年，康涅狄格州民主党州长候选人亚伯拉罕·里比科夫（Abraham Ribicoff）对一群意大利裔美国人谈到，即将到来的选举将揭示"'美国梦'是否依然存在——无论种族、肤色，是否每一位凡夫俗子都有权去立志竞争公职。"里比科夫明白，竞选州长的犹太人并不多，他似乎是将自己姓名之中的犹太元素用作优势，借此挖掘"美国梦"中的多元主义倾向。[10]

里比科夫将自己参选州长一事刻画成了检验"美国梦是否依然存在"的立竿见影的方法，这虽然显得荒谬，却也不失睿智，因为他将种族问题上升到了美利坚民族认同感的高度。里比科夫宣称，"每一个平凡的美国孩子都有平等追寻梦想的权利，因为他知道自己的梦想终将实现，"这正是美国成为一个伟大国度的原因所在，也是让他那来自共和党的对手、时任康州州长的约翰·洛奇（John Lodge）难以应对的竞选纲领。二十世纪五十年代，意大利裔美国人跟犹太人一样，鲜有在高级政府部门供职的，而这使得里比科夫的言论尤其引人注目（尽管洛奇在一场同样针对意大利族裔的演讲中"战胜"了里比科夫）。里比科夫最后说道，"我们一直明白，任何人都有改善自己的权利。"这名曾经当过报童和小杂役的候选人的故事证明，"美国梦"依然存在，且状态良好。[11]虽然数天后洛奇的一名发言人指控里比科夫通过演讲在竞选活动引入民族与宗教话题，但这位民主党人依然实现了梦想，在接下来六年间稳坐康涅狄格州州长大位。[12]

以"美国梦"为杠杆撬动骨子里的多元主义、从而刺激自身族群奋起行动的，不仅仅是犹太政治家，还有那些宗教人士。比如，1956年独立日那天，在位于洛杉矶的维尔希尔大道教堂（Wilshire Boulevard Temple）布道时，教士埃德加·马格宁（Edgar Magnin）总结了战后数年间"美国梦"所发挥的惊人力量。他指出，"美国梦"并不只是一个有着二十多年历史、独一无二的美国式理念，更是存在于全世界所有受压迫者居住之地的古老概念。这位教士对信众们讲道，"'美国梦'同人类文明史一样悠久，"古时的奴隶们，无论是在巴比伦建造空中花园、在埃及搬运大石修筑金字塔、还是在海船上摇动沉重的船橹，心中都抱有类似的理想。马格宁相信，甚至连以色列的先知们也已经对这一梦想做出了预言——他们设想，终有一天，将会出现一个所有个体的身份和理想都得到尊重的国度。然而，直到美利坚合众国建立，这一梦想才得以萌生：自由表达思想、以及自由选择宗教信仰的权利，皆是这一千年宏愿终获实现的证明。不过，"美国梦"依然是一件应当被珍惜的、不该佯装僭取的东西；丢失梦想的危险依然存在。马格宁警告道，只有借助"我们的道德态度和聪明智慧"，"美国梦"才能永葆生机。对于美国人而言，每一天都是一个机遇，而"献身于我们的国家自豪感，并忠于我们国家最高贵的传统"，是每一个美国人的职责。[13]

虽然亚伯拉罕·里比科夫曾经宣称"每一个平凡的美国孩子"都有权利追寻"美国梦"，但即便是他似乎也并不明白，只有一半美国人有机会实现梦想。战后的多元主义与"美国梦"千丝万缕的关联之中，很少有涉及女性的部分；与"美国的两难困境"有关的种族（以及相关的民族和宗教等）问题，几乎被性别歧视完全掩盖了。芝加哥大学心理学教授威廉·亨利（William Henry）是认识到这一点的少数人之一。他的研究更进一步，建议人们做一些与该问题相关的事情。1955年，亨利在对全国大学女性院长协会（National Association of Deans of Women）发表演说时承认，虽然女性一直要求整个国家践行"美国梦"关于人人机会均等的基本理念，但她们依然一如既往地遭受着歧视，尤其是在工作方面。亨利指出，虽然"许多女性在教育、商业、工业和军队等诸多专业和经营类领域表现优异、名垂青史"，但"沉重的意识形态巨石"和传统性别角色观的延续，才是妇女遭遇歧视的原因所在。作为芝加哥大学人类发展学会的主席，亨利计划开展一项针对女性经理人的研究，以确定女性这种"消极忍让、感情用事的动物"在一个要求客观和魄力的环境里如何才能取得成功。他认为，解开这些疑惑，有助于扩展"美国梦"的范围。参与研究的八百名妇女对此衷心赞同。[14]

二战结束之初，抛开多元主义对于"美国梦"概念的深刻浸润不谈，美国那持续存在的种族问题依然清晰地提醒着人们，"美国梦"所主张的依然是个尚未实现的神话。二十世纪六十年代初，对于黑人而言"平等权利"依然是镜中月水中花，民族理想与现实状况之间的差异依然巨大。诸如华盛顿特区万灵教堂教士詹姆斯·里布（James J. Reeb）这样的非裔美国人，认识到国家正处在一个关键的历史节点——"美国梦"关于真正民主社会的承诺，当时简直是危如累卵。这位教士在1962年宣称，"如果黑人族群无法继续相信它的价值，那么很明显，'美国梦'就没救了。"他鼓励信众不要放弃这样一个信念，即终有一天，无论种族、信仰和宗教，所有人都能在平静和谐的氛围下共同生活。有些人，尤其是那些参与黑人穆斯林运动的人士，对于黑人在住房、教育和就业等方面所受的歧视感到怨恨和气馁，觉得只有建立一个属于美国黑人的独立国家才是解决问题的唯一方法。里布认为这一思路是一个巨大的错误，如果付诸实践，那么受害的将不仅仅是黑人族群，更是整个美利坚民族。他确信，如果更多人以此为目标，那么"美国梦将会破灭"。[15]

正如吉姆·卡伦在其著作《美国梦：关于塑造了一个民族的理念的简史》中所记述的，马丁·路德·金（Martin Luther King）常常将"美国梦"引为其呼吁平等的主题思想的一部分。举个例子，1961年，在林肯大学（Lincoln University）六月毕业典礼上（"美利坚，从根本上讲是一个梦想，一个仍待实现的梦想"）、七月的全国新闻俱乐部（National Press Club）会议上（"我们只是在找寻一条完全实现'美国梦'的途径"）、当年秋天表彰"午餐柜台抗议者"（lunch-counter protesters）的演讲中（"他们当真为'美国梦'发出了善意的振臂一呼"）、以及美国劳工总会与产业劳工组织（AFL-CIO）大会上（"这是关于一个国度的梦想，在那个梦中之国，人们不会从大多数人手中夺走必需品、把奢侈品送给少数人"），马丁·路德·金都曾引述这一概念。1963年8月的华盛顿大游行期间，马丁·路德·金在林肯纪念堂前发表了著名的演讲——《我有一个梦想》（"这个梦想深深扎根于美国的梦想之中，我梦想有一天，这个国家会站立起来，真正实现其信条的真谛"），而这正是卡伦所说的，人的能量与影响力的巅峰。虽然在接下来的五年里，马丁·路德·金将遭受某些挫折，遇到相当强大的阻挠，但在生命的最后时刻他依然提到了"美国梦"，这恰好体现了该理念对他的人生哲学与伟大贡献的至深影响。[16]

★ 世间最强大的理念

当"美国梦"在民权之类国内事务中发挥重要作用时，美国在战后国际舞台上举足轻重的地位，也使得该理念成了对抗共产主义的重要手段。二十世纪五十年代，随着冷战逐渐升级，"美国梦"亦被视作一种秘密武器。虽然它只是一种理念，却在某种程度上拥有比任何军队都要强大的力量。其他国家，要么支持民主制度，要么至少进行过相关社会实验，而我们美国人却拥有一项权利——它超越了令人震撼不已的言论、宗教自由以及远离政治压迫等其他权利。切斯特·鲍尔斯，这位以物价管理局（Office of Price Administration）负责人兼康涅狄格州州长身份东山再起的原广告商，对"美国梦"这一"有可能是世界上最强大的理念"得以在美国抵抗苏联人及其意识形态运动的过程中发挥至关重要作用的前因后果做了阐释：

自从诞生伊始，美利坚民族便深信，生而为人，不仅有权表达自己的想法、保持自身信仰，更有权凭能耐取得成功，达到自己力所能及的地位，发挥其在农耕、工业或是经商方面的天赋，拥有自己的土地，享受一生中所能斩获的红利，并将这些红利传给子孙后代。此外，美国人还相信，一个人有权在没有阶级界限和专制桎梏的社会之中生活，有权获得良好的教育，无论种族、信仰和肤色如何，有权平等参与所在社区的生活和发展。这一与民权相关且不断扩展的概念，是美利坚民族早期所独有的，并以"美国梦"的形式为人们所接受。[17]

鲍尔斯承认，随着以农业为本的社会渐渐被繁杂的工业社会所取代，最原始的"美国梦"也变得摇摇欲坠了。这就需要政府提供保护，以抵御公民个人无法抗衡的经济力量。但他坚称，"美国梦"的本质依然未被触动，在保护美利坚民族免受苏联威胁方面所发挥的作用，甚至比军事手段更为重要。

正如鲍尔斯在其狂热爱国主义言论中所指出的，时至二十世纪中叶，美利坚合众国在经济大萧条时期和二次大战中丧失的荣耀，显然已在很大程度上得到恢复。就这种民族自信心的复兴而言，反对共产主义的热情"功不可没"。这一自信心的复兴对于"美国梦"有着直接影响，使得二十世纪五十年代成为其黄金时代之一。与那些对于梦想破灭的持续不断的哀叹（二十世纪三十年代乃至四十年代末的主题）不同，对美利坚民族这一信条沾沾自喜的赞颂，很快便成了那段岁月的主流思潮。例如，在爱德华·穆罗（Edward R. Murrow）的联合广播节目中，来自纽约城的政客兼律师纽伯·莫里斯（Newbold Morris）曾受邀发表了其对于"美国梦"的乐观展望，他的观点与那些认为光辉岁月业已过去的人相去甚远。在莫里斯（出身于一个显赫的殖民时代家族，是伊迪丝·华顿Edith Wharton的表亲）看来，"美国梦"的根基"内在的、充满精神活力的"，是将美国人与文明历史上的其他国家区别开来（其中暗含"更优秀"之意）的特征。莫里斯指出，"被我们称之为'努力奋进'的永不停歇的躁动之力"不仅体现在自由企业制度之中，更体现在资助教育、公共健康项目、工人赔偿法案、失业保险、以及社会保障等方面。他相信，政府可以、而且已经在个人追寻"美国梦"的过程中发挥积极作用。[18]

二十世纪五十年代，"美国梦"的某些方面时常与流行文化相融合，在肯定美利坚民族认同感的同时，更强化了自身的神话色彩。数年间，"美国梦"一直都是《美国骑兵队》（Cavalcade of America，一档广播节目，1953年成为电视节目）的内容之一。一周又一周，故事的主角（通常为男性）总是能以少敌多，实现某种伟大目标并名垂青史。而他的身边总是会陪伴着一位勇敢而美丽的女性，让他在面对绝境、想要发愤图强却又缺乏自信的时候咬紧牙关。当然，最终主角都能有重大发现、发明某种救命良药、或是当选总统。这些每周播放的成功传奇，以戏剧形式发挥着"美国梦"教程的作用。[19]

通过承认传统的性别角色区分，二十世纪五十年代风靡一时的电视剧——如《我爱露西》（I Love Lucy）、《给爸爸让位》（Make Room For Daddy）和《老爸最聪明》（Father Knows Best）等——皆向人们讲述着一个个在某种程度上稍显不同，但同样强而有力的"美国梦"，其中的幸福和成功似乎正向那些遵照"战后家庭形态与行事标准"的美国人招手。

随着五十年代中期自由资本主义繁盛一时，有些人自然而然地提出一个观点："美国梦"的一大概念正渐渐成为现实。亚历山大·汉密尔顿（Alexander Hamilton）晚年时曾经设想，至二十世纪中叶，美利坚合众国将成为世界上最强大的工业霸权——对于十九世纪初那个大多数州还靠农业为生的年轻的美国而言，这是一次理念上的重大飞跃。事实证明了这位开国元勋的先见之明：1954年，虽然美国人口只占全世界的百分之八，却包揽了超过一半的工业品产量。有些人将这一自由企业制度的辉煌成就视作"美国梦"成真的标志；更重要的是，在他们看来，这是社会主义低效率和共产主义完全失败的表现。同样几乎被奉为圣徒先知的还有亚当·斯密（Adam Smith），他发表于1776年的《国富论》（Wealth of Nations）如今被公认为资本主义的圣经。（汉密尔顿曾经坦率地承认，引述了该书中的理念。）斯密曾经做出如下著名论述：通过一只"无形之手"，可将"私人利益和人们的欲望"直接导向一种"符合全社会利益"的状态。很明显，这来自一个半世纪之前的金玉良言，启发了为"美国梦"下定义的詹姆斯·特拉斯洛·亚当斯。个人私利彼此碰撞从而造福全体，亚当·斯密这一似非而是的观点，是战后时代的完美的理论框架；美利坚民族福祉的基础，在于每一个美国人都去积极追寻属于自己的"美国梦"。[20]

二十世纪五十年代中期，爱国主义的公开展示随处可见，这一点并不令人惊讶，而"美国梦"也处于全面绽放期。露天历史巡展"美国梦"（American Dream）便是对于该概念最令人难忘的"颂歌"之一，并且意外地达到了推动商业向前发展的效果。该展览包含一千件"国宝"，由四辆卡车运载，于1956年在五十座城市巡回展出。所有展品皆在洛杉矶的百老汇（Broadway）、哈特福德（Hartford）的布朗汤姆森（Brown Thomson's）和华盛顿特区的伍德沃德诺斯罗普（Woodward & Lothrop）等当地百货商店免费展出，这项展览的灵感明显来自1947年至1949年间开行的"自由列车"（Freedom Train，曾经载着《美国宪法》、《独立宣言》和《人权法案》原件，在美国全部四十八个州超过三百座城市巡展，目的是让美国人记住，自由是历尽千辛万苦方才得来的）。得到各地赞助的"美国梦"全国巡展每到一站,都会有成千上万人来到展览现场(其中有许多是由老师带队的学生),瞻仰托马斯·杰斐逊的剃须刀、保罗·列维尔(Paul Revere)的银杯、巴比·鲁斯(Babe Ruth)的棒球服以及威廉·克里斯多夫·汉迪(William Christopher Handy)的小号等展品。(许多孩子前来参加美国空军喷气式战机模型的模拟驾驶,致其过早损坏,无法完成全国展览。)巡展中有一项"展中之展",即"总统展览",展示着诸如林肯的生发油、泰迪·罗斯福的怀表等玩意。而像第一枚灯泡(复制品)、太阳能电池板、空间显示器原型等等科技成果也在展品之列,将"美国梦"推向了未来。如果这些还不够,展品中还有战利品(包括阿道夫·希特勒于1917至1919年间绘制的四幅水彩画原稿)可供观瞻——这或许是在警告俄国,告诫后者最好不要挑战美国的世界霸权地位,否则俄国人的某些宝贝将来有一天也会被当做展品摆在百货商店里。[21]

人们看到"诚实艾比"那瓶生发油(以及"美国梦"历史巡展中其他属于林肯的物品,如便携式写字台等,甚至还有他老婆玛丽·托德用过的甜点盘)时所表现出的兴奋,折射出二十世纪五十年代中叶人们对于一切与美国内战(南北战争)相关的东西都抱有浓厚的兴趣。三十年代末,随着《乱世佳人/飘》(Gone with the Wind,小说发表于1936年,1939年被搬上电影银幕)成为一个文化现象,美国内战牢牢地抓住了美国人的想象力,其狂热程度是任何其他历史事件所不能及的;观察者们心中充满疑惑:这到底是怎么了?《内战:美国的伊里亚特史诗》(The Civil War: The American Iliad)作者拉尔夫·杰弗里·纽曼(Ralph Geoffrey Newman)便是这样一位观察者。他曾经在《芝加哥论坛报》(Chicago Tribune)上发表过自己的理论:

如今，人们对于内战文学的狂热兴趣绝非偶然，也不是"逃避"现实压力、追忆遥远而浪漫的往昔。这分狂热之所以产生，不能完全归咎于近一百年前那场为了证明"美国梦"人人有份而爆发的"兄弟阋墙"，正如林肯曾经简明扼要地指出，人是有能力自我约束的。[尽管在与之相关的某种微妙平衡下，这个问题或许依然没有答案。]

在纽曼看来，南北内战是"拯救了'美国梦'的戏码"，所以那场当时已经过去近百年的战争才散发着无穷的魅力。作为黑人奴隶的解放者，林肯是这一戏码的核心；"这个让天下万民都拥有'美国梦'的人"，是讲述美利坚史诗的完美主角。[22]

对于这一点，没有谁比卡尔·桑德堡了解得更多。他于1926年发表了六卷林肯传记，至三十年后依然被人们奉为杰作。1959年，值林肯诞辰一百五十周年之际，在为《纽约时报杂志》撰写的一篇文章中，桑德堡从另外一个角度对林肯做了一番分析，而结果与过去的结论并无二致——林肯是一个在历史上发挥了重大作用的人。"在如今混乱的国际社会，在时速六百英里、转瞬往返于天南海北的喷气飞机上，依然能听到有人在引述林肯那充满友爱和智慧的箴言，"桑德堡感到，林肯作为"希望"化身的贡献，或许是他最重要的遗产。作为一名典型的奋斗者，林肯有一样品质是值得所有人学习的，而这也恰是他辞世近一百年后依然在"美国梦"神话中扮演着关键角色的原因。桑德堡写道，"他的神话——或许全部蕴含在'民主'或是'美国梦'之中——是一段充满生命力，却又无法言传的神话。"[23]

巴比·鲁斯，一位颇为不同的英雄人物，同样被视作"美国梦"的典范。1958年正值他逝世十周年,这为人们提供了一个回望其精彩人生的机会。首先,鲁斯之后,再没有谁能像他那样"统治"棒球界(他所创造的七十六项纪录中,有六十项依然无人打破)。而他那"全垒打之王"(Sultan of Swat)的美誉以及围绕这一称号的传奇故事,更是堪称神话。在孤儿院长大、几乎没受过正规教育的巴比·鲁斯,后来却成了世界最著名的棒球选手,这一故事本身就足以被看做"美国梦"的化身。而此人对于人生欢愉无以复加的欲望,也使他看上去是个地地道道的美国人(或者用他的话说,一口气吃掉十五份热狗加汽水)。巴比·鲁斯某些全垒打的轨迹,就像他的非凡气质一样,完全是威风八面令人敬畏的,这在某种意义上让他成为凡人中的超人。鲁斯的功绩还包括让棒球变成一项成功而有利可图的生意,他所赚到的高薪(巅峰时期每赛季高达八万美元)也是"美国梦"关于财富和成功的又一体现。最后,巴比·鲁斯对于飙车(以及放荡女人)的嗜好,似乎也体现了美利坚民族不计后果莽撞冒险的倾向,这与"美国梦"中"别管有什么危险"的情绪相吻合。[24]

查尔斯·林德伯格(Charles Lindbergh)是两次世界大战之间"美国梦"的另一个象征,人们对他的追捧在很大程度上也表现了相同的情绪。肯尼斯·西德尼·戴维斯(Kenneth Sydney Davis)在其于1959年发表的《英雄:查尔斯·林德伯格与"美国梦"》(The Hero: Charles A. Lingbergh and the American Dream)中写道,这位在1927年5月驾机单独飞越大西洋到达法国巴黎的人,立刻就成了数年之后出现的"美国梦"概念的象征。出身于"缺爱家庭"的林德伯格,少年时代几乎都是一个人度过的。他在进入威斯康辛大学(University of Wisconsin)没多久便告退学(即便他继续念下去,也会很快被开除),投身航空探险事业,并最终成为世界上最著名的人物之一。此人在二十世纪三十年代直至二战期间的失意落魄，以及后来名誉的恢复（应艾森豪威尔总统要求，国会任命林德伯格为美国空军预备役部队准将），完全符合英雄人物一生跌宕起伏的"经典剧情"。作为"孤独之鹰"，林德伯格代表着美利坚民族前无古人（或许也后无来者）的孤胆冒险精神，为自己在"美国梦想者"名人堂中赢得了一席之地。[25]

然而从某种意义上说，林德伯格飞越大西洋三十五年之后，历史再度重演了。另一位飞行员得到机会，继林德伯格之后再次成为"美国梦"的化身。约翰·赫歇尔·格伦（John Herschel Glenn）中校于1962年乘坐"友谊7号"（Friendship 7）飞船绕地球飞行三圈，被视作"美国梦"实现的绝佳榜样，其原因不仅在于此次飞行堪称英勇壮举，更在于它扩展了人类对于宇宙空间的认识。在《洛杉矶时报》的亨利·泰勒（Henry J. Taylor）看来，此次太空飞行"放大"了"美国梦"，将其扩展到了未来与未知的领域。自从林德伯格以其壮举大大振奋了美利坚民族的精神之后，每一次类似事件都大大增强了沉浸在悲观和恐惧之中的美国人的骄傲和自信。（每一位英雄人物凯旋归来都会受到人们的夹道欢迎。）格伦的环球太空飞行，发生在猪湾事件（1961年4月17日，在中情局协助下，逃到美国的古巴流亡者向菲德尔·卡斯特罗领导的古巴革命政府发动的一次武装进攻）后不到一年，是对"美国梦"的及时确认，重新坚定了美国人民对于"梦想"的信念。按照NASA（即"美国国家航空与宇宙航行局"）的说法，美国接下来将进行更多的环球太空飞行，建立空间站，并在之后组织登月之旅，实现总统于1961年5月在国会参众两院联席会议上发表演讲时提出的宏伟目标。在那段狂热时光，登月只是一个最保守的目标，地球已经再也无法容纳"美国梦"了。[26]

★ "美国梦"怎么了?

当约翰·格伦这样的英雄人物上九天摘星的时候,普通的美国人则在各种更为脚踏实地的趣事中收获着满足感。虽然许多人认为在城市中心区生活便是过上了"好日子",但在二战结束之初的岁月里,拥有一处郊区私宅逐渐成了"美国梦"的核心。退伍军人管理局(Veterans Administration)于1944年启动的房屋贷款计划,开启了二战后房地产业的繁荣,尤其是在生机勃勃、迅速发展的郊区地带。虽然用意是好的,但该计划造成了大城市人口的大规模流失,在政府看来导致了城市的"凋零"。(显然,在这一思潮和相关决定之中,种族是一项重要考量因素。)国会根据1949年通过的《住房法案》(Housing Act)向城市注入资金,意在清理掉"贫民窟"和被认为"不受欢迎"的重建区域,以白纸黑字的形式,为那些针对较为古老(且在很多人看来状况相当不错的)街区的大规模拆毁行动铺平了道路。而1954年版《住房法案》是在1949年版的基础上修改而成的,不仅为新建项目提供资金,而且也要重建并保护所谓的"糟糕地区",这是二战后城市复兴计划的又一大步。[27]每一次颁布《住房法案》,房地产开发商和那些外围行业人士自然都会欣喜若狂——他们将新的法案视作"美国梦"的扩展,认为自己可以大捞一笔。艾森豪威尔总统签署1954年版《住房法案》之后,制造者委员会(Producer's Council,一家由建筑材料制造商组成的贸易机构)的艾略特·斯普拉特(Elliott Spratt)曾说,"让每个人都拥有美丽家园的'美国梦',越来越接近于实现了。"《住房法案》中有一条关键内容——让新建家宅或是改建更新已有房屋的按揭期限更为宽松,这是战后联邦政府从根本上帮助美国国内民众实现梦想的又一项举措。[28]

有些社会批评家不希望看到"美国梦"异化成堆满最新式家具的千篇一律的房屋。他们埋怨道，似乎所有人都想拥有相同的东西，而这种对于"美好生活"的共同欲望，会造就一个更加同质化的、缺乏个性的社会。《华尔街日报》（Wall Street Journal）的威廉·亨利·张柏林（William Henry Chamberlin）曾在1956年抱怨道，"'美国梦'中的'平等'，指的是机会平等，而非财产平等。"美国文化中被他称作"普遍平等"的部分让他倍感困扰。跟与自己社会地位相同的人比拼而不落下风，的确是二十世纪五十年代美国人的狂热追求，然而这本身并没什么新鲜。托克维尔（Tocqueville，法国政治作家）曾对美利坚这一新兴民族中的资产阶级前一百多年的表现进行过一番观察，对十九世纪早期美国人浓厚的物质主义倾向颇感惊讶。这位法国人于1835年写道，"在观察中，首先让我大吃一惊的是，几乎所有人都同样在追逐那些微不足道、毫无价值、对生活来说显得多余的东西。""美国梦"已经被埋下了大规模消费的种子。[29]

关于二十世纪五十年代这种对"美国梦"的曲解，似乎没人比万斯·帕卡德更深感困扰。此人是一位记者兼撰稿人，数年前曾凭借一部《隐形的说客》（The Hidden Persuaders）轰动一时，又在1959年以一本拷问美国阶级制度的《追求上位者》（The Status Seekers）超越了自己之前的成就。帕卡德的主要论调是，自1940年起，"向上层社会流动"（出人头地）便成了美国人的难题，这种刻板的阶级结构，导致那些谋求提升自身社会地位的人们感到深深的挫败。按照帕卡德的论述，从社会经济学角度看，美国如一支军队般等级森严，而"美国梦"关于"机会无限"的承诺基本上是无法实现的。与大卫·里斯曼（David Riesman）1950年的《孤独的人群》（The Lonely Crowd）和威廉·怀特（William H. Whyte）1956年的《组织人》

（The Organization Man）一道，帕卡德的畅销书《追求上位者》让人们更加相信"美国梦"走错了路，其精神品格已经褪变成为对"出人头地"的徒劳追求。奥维尔·普雷斯科特（Orville Prescott）在为《纽约时报》撰写该书评论时曾承认，对于不同的个体而言，"美国梦"的含义也有所不同，自殖民时代起它便是一个并无定论的概念：

> "美国梦"是一个令人无法忘怀的名词，但其含义却从未真正明晰过。有些人认为，它代表着一个没有阶级界限、人人机会均等、每个孩子都能梦想担任总统的社会。而有些在思想上更为愤世嫉俗的人，则相信它是一个逃离悲催现状、憧憬美好未来的梦想——在那由成功、财富和快乐组成的梦想之国，据说连街道都是用金子铺成的。难道杰斐逊建立农耕社会的理想不是"美国梦"吗？难道汉密尔顿关于一个国家的富人和贵族应该在领导层中发挥应有作用的主张不是"美国梦"吗？难道杰斐逊·戴维斯（Jefferson Davis）想要基于黑人奴隶制建立种植园农场贵族统治的目标不是"美国梦"吗？

无论"美国梦"究竟是什么，帕卡德显然相信大多数美国人都已经对它不再抱有什么期待了。用普雷斯科特的话说，他们已经"因其他东西而获得了沾沾自喜的满足了"。[30]

有评论家认为帕卡德并未抓住问题要害。"美国梦"的本质并非谋取并向他人展示自身的阶级与社会地位（例如，去常春藤联盟大学Ivy League Universities读书，在高档社区居住，有一份体面工作，开一辆豪车，或是加入某个专属俱乐部等），而是一种展现自我个性的能力。这些评论家们宣称，霍雷肖·阿尔杰笔下"白手起家"的故事，凭借无以复加的成功对"美国梦"造成了深远影响，扭曲了这一概念的最初含义。约翰·布里奇（John F. Bridge）便持这一观点。布里奇同样是《华尔街日报》的撰稿人——尽管他受雇一家以金融类新闻为主的报社，也明白帕卡德的论调或许会吸引大众的眼球，但他相信后者的主张与真正的"美国梦"之间关系不大。相反，布里奇建议读者们应当读读另外一本刚刚出版、人气低得多的作品，即《欢愉之山》（The Delectable Mountains），以明确"美国梦"神话的真谛，了解其依然充满生机的缘由。在这本书中，作者伯顿·卢薛（Berton Roueche）讲述了八个个人或组织通过践行自己真正想做的事、从而实现美国梦的故事。长岛的马铃薯种植户乔治·斯特朗（George C. Strong，种出了美味的绿山系列品种），康涅狄格州的养牛户珀西·贝克·比亚斯莱（Percy Beck Beardsley），纽约城的玻璃工路易斯·哈福特（Louis Haft），以及震颤派教徒（贵格会在美国的分支——译者注），皆是"美国梦"得以实现的范例；他们的追求本身，与"实现目标"的象征之间几乎不存在关联。布里奇总结道，美国梦的核心与灵魂，是获得幸福和满足，而非追求阶级流动性，卢薛关于"小人物"做小事情的主张，在某种意义上比帕卡德对于社会的针砭影响更广。[31]

一次特别事件——苏联总理赫鲁晓夫（Khrushchev）计划于1959年9月访问美国——成了人们重新审视美利坚合众国（特别是"美国梦"）内涵的机会。其实最简单的答案也是最显而易见的——无论美国还是"美国梦"，其核心都在于这个国家的物质财富及其分配方式：这是美国与其他国家最大的不同之处；美国的汽车和超市无疑将给俄国领导人留下深刻印象，让他确信美国式生活方式是非常不错的。但赫鲁晓夫只需以众多贫民窟和数不清的失业人口为例，便可有效回击美国关于自身社会优越性的主张。所以，一些看问题更透彻的思想家、例如《纽约时报》的一位编辑则认为，最好还是从美国的自由入手，因为它要比世人皆知的"每家车库两辆车"来得更早。这位编辑写道，"自诞生伊始，'美国梦'便始终都是一个民族自主决定命运、以及不屈服于任何强权、只遵从法律和公理的精神，"《美国宪法》、反托拉斯法、以及对于行会的限制，是美国社会的本质。他进一步指出，"我们的生活方式之所以比苏联人更好，原因在于我们的自由与民主，而非汽车和电视机，"但他并不确定赫鲁晓夫能否理解或是愿意相信这一观点。[32]

由于某个"特定"问题时常被人提及，似乎许多美国人并不理解、或者不愿相信自由和民主要比汽车和电视机更重要。"'美国梦'怎么了？"威廉·福克纳（William Faulkner）曾经问道——当肯尼迪总统提出诱人的"新边疆"方针（New Frontier）时，福克纳是诸多提出这一问题的人士之一。这位伟大的小说家相信，"我们曾昏昏欲睡，于是'美国梦'抛弃了我们。"他认为，"表达我们共同期望和意愿的声音已经不复存在。"[33]第五大道长老会教堂（Fifth Avenue Presbyterian Church）的约翰·邦内尔（John Bonnell）教士也提出过同样的质疑。他曾经在1960年的一次布道中向信众提问："'美国梦'怎么了？"邦内尔相信，"美国梦"，或者说至少他自己所理解的"美国梦"（"美国是一个自由、文明的伟大国度，为全世界树立了优秀和德行的典范"），已经被"雾霾笼罩"，美国人对于自由的信念已经在"利润第一"和"私利至上"的浸润下渐渐模糊了。这位教士指出，一百年或者一百五十年之前，美国的国家宗旨还是很明确的，而如今的美国人却搞不清自己是谁、要向何处去。邦内尔坚称，既然这个世界上每个人的都仰仗美国来保护他们不可被剥夺的权利，那么美国人就应该重新为最纯粹的"美国梦"献身，因为那是我们整理自身"破碎灵魂"

的唯一途径。³⁴

埃莉诺·罗斯福对此无比赞同。翌年,她通过发表在《大西洋月刊》上的一篇文章提出疑问:"'美国梦'怎么了?"这位前第一夫人相信,美国已经"陷入对谋生方式、向邻居炫耀或是出人头地的过分关注之中"。在罗斯福夫人看来,当时的"美国梦"已经成为"一种生活方式,如果人们可以保持纯粹的目的以及对'梦想'核心价值观的信仰,是可以朝它的理想形态更进一步的,"这与许多美国人所追求的"出人头地"存在巨大差异。又过翌年,丹尼尔·布尔斯廷(Daniel J. Boorstin)在其新作《意象:"美国梦"到底怎么了》(The image: Or, What happened to the American dream)的标题中,进一步提出了这一疑问,并严厉批评了美国人看重外表甚于实质的行为。一部分睿智的外国观察者,提出了一个让人困扰不已但又颇有道理的论调:随着美国成为一个"追求上位者"的国度,真正的、纯粹的"美国梦"已经渐渐被人遗忘了。人气专栏作家沃尔特·李普曼(Walter Lippmann),虽然并未直接提出相同的问题,但应该也有类似的疑惑。"我们社会的致命弱点,首先在于我们的人民并没有一个能够团结一心、想要努力去实现的伟大理想,"1960年李普曼在一篇专栏文章中如此写道,指出"美国的公众情绪趋向于固步自封、墨守成规、原地踏步,而不是向前推进、锐意创新。"³⁵这样下去,"美国梦"还会有好结果吗?

观察一下美国流行文化中的某些东西,就会得出肯定的答案。事实上,自二战结束起,"美国梦"的黑暗面便成了电影和戏剧经常表达的主题。这向人们敲响了警钟——我们的核心理念常常令人倍感困惑,偶尔还会出现严重的错误倾向。(即便是1946年上映的电影《生活多美好》*It's a Wonderful Life*某种程度上似乎也在用悲伤的方式讲述着"美国梦",因为尽管主人公乔治·贝莱努力学习，却依然没能走出贝德福德镇，只是在故事结尾成了"镇上最富有的人"。）诸如《日落大道》（Sunset Boulevard，1950年）、《码头风云》（On the Waterfront，1954年）以及《成功的滋味》（Sweet Smell of Success，1957年）等影片，其内容皆是尽可能抛开多丽丝·戴（Doris Day）和罗克·赫德森（Rock Hudson）式的世俗琐事，揭露自欺欺人、错失良机和无尽野心等"美国梦"软肋。虽然在我们的记忆中，那段岁月是音乐电影的黄金时代，但像是《欲望号街车》（A Streetcar Named Desire，1947年）、《推销员之死》（Death of a Salesman，1949年）和《朱门巧妇》（Cat on a Hot Tin Roof，1955年）等作品，更像是希望破灭、万物凋敝之下的史诗般的讲述。

然而，在揭穿战后"美国梦"泡沫实质的次数方面，没人能比得上爱德华·阿尔比（Edward Albee）。凭借轰动佳作《动物园故事》（The Zoo Story，至今依然倍受观众青睐）取得成功的阿尔比，为自己1961发表的一部非百老汇戏剧取名为《美国梦》（The American Dream）。与三十年前乔治·奥尼尔借"美国梦"一词讽刺现实的做法非常类似，阿尔比通过批判资产阶级价值观和家庭生活，将这一理念剥了个体无完肤。包括《爸爸妈妈》（Mommy and Daddy）在内的大量戏剧中，都有如此情节：一对衣食无忧的夫妻，在客厅之类人们能够想象到的场景下，坐在一模一样的摇椅上，进行着典型的阿尔比式的对话，言语间充满讽刺和批评。《美国梦》一剧的标题，指的其实是剧中夫妻俩那貌若潘安、心智却不健全的儿子，其中的隐喻不言自明。戏剧评论家沃尔特·科尔（Walter Kerr）认为，"此人可将手指戳到你的脸上，并让你爱上这种感觉。"他认为阿尔比的《美国梦》既尖刻又恶毒，却又常常颇有风趣。与根据赫尔曼·麦尔维尔（Herman Melville）小说改编的独幕剧《巴特比》（Barteby，主人公习惯于选择"不去做")一样,阿尔比的《美国梦》也借着"追求上进"之类的陈词滥调,为戏剧观众们带来了猛烈的心灵冲击。[36]

高级知识分子、名人大腕和艺术家们对于"美国梦"现状如狂风暴雨般的批评,很快达到了一个临界点。意识到这些批评上正朝着某种错误文化思潮的方向发展之后,《纽约时报》与《生活》(Life)杂志一道,决定邀请那些舆论界的领军人物来参与它们组织的关于"国家宗旨"的辩论。在报刊撰稿人们笔下,"美国梦"是个常见的主题,而这一次它被直接拿来与更加模糊的"国家宗旨"概念捆绑在一起。所有参与者都赞同"美国梦"正处于危机之中,认同《生活》杂志部分记者在当时一次针对普通美国民众的调查中得出的结果。葛培理(Billy Graham)教士在其为此次系列辩论撰写的文章中指出,"我们理解一个民族'到达巅峰'不知该再往何处去的心情和立场。"他甚至表示,"一种道德和精神层面的绝症"正在侵蚀着美国。而阿奇博尔德·麦克利什则在自己的文章中提到,虽然美国比古往今来任何国家都要富庶,而且取得了诸多伟大成就,但是"我们多数人都知道,美国在某些方面是出了差错的。"麦克利什认为,"我们感到我们像是在森林里迷了路,不知道该往哪儿走,也不知道到底有没有出路,"由杰斐逊在《独立宣言》中表述的"国家宗旨"——人人享有生命、自由和追求幸福的权利——已经不再明晰了。这一宗旨,部分在于抱负、潜能和希望,即"美国梦"。也就是在麦克利什看来或许已经因为富足充裕的物质享受而"被人们遗忘"的东西。"我们是不是太过沉溺于通往梦想的路途了?"这位国会图书馆负责人曾提出这样的疑问。在他看来,美利坚民族之所以迷失了自身的特质,其原因很可能在于"摄取过多",而这虽然有些夸张,却也不失为是形象的比喻。[37]

★ 青年一代的成就

具有讽刺意味的是，人们以自身对于财富的追求作为实现"美国梦"的主要途径，本身便是无比荒谬的。尽管美国人将二十世纪五十年代视为美好时光，但在那段岁月里，想要进入富裕阶层却变得愈加困难了——这个中缘由都要归结于政府当局为大量创造中产阶级而采取的政治与经济手段。1955年，只有148名美国人的收入达到一百万美元或更多（人们通常以年收入作为衡量百万富翁的标准），与1950年的219人相比有所下降，比起1929年惊人的513人更是相去甚远。这一数字证实了二战后不少人的猜测——自打"经济大萧条"为人们创造大量财富的行为踩下刹车之后，"大赚一笔"变得越发困难了。面对更高的税率和生活成本，"美国梦"中纯粹关乎金钱的愿景，已经变得近乎无法实现；对于那些将财富视为成功主要指标的人们而言，这实在是个不幸的转折。毫无疑问，单凭一份薪水发家致富并不靠谱，而通过股票股利或是靠出售不动产攒下大部分家业的幸运儿也只是少数。"过去，您可以感受它，观察它，甚至利用它，"喜剧演员鲍勃·霍普（Bob Hope）如是说道，即便是那些美国最富有的人物，也能感受到来自美国国税局和通货膨胀的"压榨"。[38]

在工作岁月攒下一大笔养老钱是非常困难的——二战之后，退休之所以成为"美国梦"的巨大阻碍，其原因很大程度即在于此。随着人口结构逐渐趋向老龄化、民众的经济条件有所提升，这一问题也越来越多吸引了人们的关注。出生于1900年的人平均预期寿命为四十八岁，而时至二十世纪四十年代末，这一数字已经突破六十五岁大关。这从本质上改变了人们安度晚年的方式。尽管"退休"制度与"美国梦"中关于在某个特定年龄停止工作、在某地小屋里享受快乐生活的主张不谋而合，但它亦与后者追求生产力和成就的精神相悖。《纽约时报》的乔治·劳顿（George Lawton）曾经写道，"人之所以为人，其意义在于努力工作并享受回报，这是我们的国家信条（'与美国梦'相矛盾）。"在他看来，美国人"并未做好享受一场娱乐和休闲的饕餮盛宴"。[39]

为了让普通美国民众能够安心退休，政府当局已经做出了巨大的努力。在如此前提之下，退休居然变成了许多人的沉重包袱，这实在是令人吃惊。从历史意义上说，1935年通过的《社会保障法案》是一项非比寻常的进展。此后二十多年间，联邦政府一直遵照该法案，以支付"养老金"的形式，为人们实现"美国梦"提供有效资助。1959年，约翰·施普林格（John L. Springer）曾在《纽约时报》上评论道，"二十四年前，'美国梦'增添了一幅迷人的图景，一幅为劳苦大众描绘的、关于快乐无忧退休生活的图景，"这一承诺几乎具备普世意义，因为大多数六十五岁以上老人将很少有、或是不会再有经济方面的忧虑。人们原本以为，除了享受企业养老计划之外，退休者还可以通过旅游、从事兴趣爱好或是干脆在佛罗里达海滩上晒太阳来享受"金色的晚年时光"。然而一项新的研究结果与此愿景大相径庭，让那些对"美国梦"这一方面抱有希望的人们大吃一惊。许多社会学家、医生、商界高管、以及退休者自己都开始认为，退休并非生命中最美好的时光，因为对大量老人而言，退休后的日子根本就谈不上幸福快乐。六十五岁强制退休（或是"被迫退休"），将给退休者带来无聊、无用和不同程度的孤独等不良感受，常由此导致他们身心健康的剧烈衰退。更糟糕的是，老年病专家发现了一种名曰"退休打击"的精神状态，通常会导致抑郁、疾病和过早死亡。越来越多的专家开始相信，充实有为才是人生的最佳状态，而这抬高了"美国梦"的门槛。[40]

当然，也有特例。1959年，由于自家农田被纳入政府的土地资源保护计划，二十二名来自威斯康辛州的农民快快乐乐地退休了——这被《华尔街日报》的某位编辑称作"旧时代'美国梦'的古怪转折"。对于这些（平均年龄五十八岁的）农民而言，依照计划规定，不用在农田里耕种任何作物也能拿到报酬，便是实现了"美国梦"；在他们看来，拥有稳定的金钱来源，完全是闻所未闻、不可思议的。"永远不用害怕冻灾，干旱也不再令人恐惧，不用干活就能拿钱，"其中一位幸运儿如是说道，他非常渴望尽快拿钱走人。然而那位《华尔街日报》编辑发现，该计划执行起来存在冒险性。他认为，计划的始作俑者们肯定不会支持让纳税人的钱流进那些拥有劳动能力的家伙们的腰包。他抱怨道，"还有许多人也想让政府帮助他们实现梦想，以便不劳而获。"他将这一农田赎买计划视作一种令人不安的全民趋势，即不努力赚钱的人也能得到金钱。[41]

或许是因为一时难以实现的缘故，"大把赚钱"很快成为二十世纪五十年代末许多美国人心中的头等目标。若想发笔横财或是得到某种让隔壁邻居垂涎三尺的宝贝，除了到沙漠新绿洲拉斯维加斯（靠彩票暴富已经是一二十年前的老黄历了）碰碰运气之外，参加电视智力竞赛或许是最快捷的途径了。《哈特福德新闻报》的索尔·佩特（Saul Pett）认为，当时的"美国梦"就是"在智力竞赛结束时捧着一罐金子回家"，比如参加"二十一点"（Twenty-One）、"六万四千美元大闯关"（The $64000 Question）或是"价格猜猜猜"（The Price is Right）之类的节目，只要获胜即可拿到一大笔钱和奖励。人们很快发现，有些获胜者从节目制作人那里得到了些许帮助。然而问题却并不仅限于节目的固有缺陷。佩特告诫那些打算参加此类节目、眼里只有美金的人，很多时候电视智力竞赛的罐子里装的并非金子，而是一坨坨"黑煤球"，这些节目也不像他们所想象的那样是"美国梦"的捷径。他们多半会遇到这样的情况，貂皮大衣不合身、新车太大开不进车库、现代家具与客厅里的其他物件不搭调……完全是得不偿失的赔本生意。最糟糕的是,国税局就在舞台后面等着收税,而且通常是以大大超过物品本身价值的所谓"零售价格"为准。"美国梦"没有捷径——也就是说,追寻"美国梦"的人需要找到一条更为传统的路径。[42]

当然,自主创业是实现"美国梦"的传统路径之一。"自主创业博览会"(Start-Your-Own-Business Exposition)是专门为那些想要成为企业家、却又不知投身何种行业的人准备的。1961年是该展会的第三次举办,会场设在纽约大剧场。《纽约时报》的威廉·弗里曼(William M. Freeman)曾经这样报道,"昨天,在纽约大剧场,各种项目、蓝图、规划和价签展示了'自己当老板'的'美国梦',"成百上千人云集展会现场,意在寻求机遇。"蹦蹦床"是最有趣的展品之一,西海岸地区的儿童和成人都对其兴味盎然。对于那些不看好蹦蹦床商业前景的人,洗车机也是一个值得考虑的项目——这一千载难逢的商机只需3990美元投资。[43]

考虑到二战结束之初人们对"创业主义"和"出人头地"的推崇,两部(而不是一部)全新的霍雷肖·阿尔杰传记很快出现在书店的书架上,便不足为奇了。两本书分别是约翰·特贝尔(John Tebbel)的《由穷至富:霍雷肖·阿尔杰与美国梦》(From Rags to Riches: Horatio Alger Jr. and the American Dream)和拉尔夫·加德纳(Ralph D. Gardner)的《霍雷肖·阿尔杰,美国的英雄时代》(Horatio Alger; or, The American Hero Era)。这两本传记都揭示了一个事实,阿尔杰的名望掩盖了他的真实生平。正如哈尔·宝兰所指出的,阿尔杰的一生"是从贫穷到富有的代名词,也是道德与职业的奖赏"。事实上,至1899年辞世之时,霍雷肖·阿尔杰已经将其通过创作一百多部超级畅销书(每一部都是涉及诚实、守信和努力工作等美德的道德故事)而赚来的钱全部花光。他的名字将永远成为追求成功的

"美国梦"的代名词，这实在是有些讽刺。[44]

尽管阿尔杰的一生并不尽如他笔下的道德故事，而是更像一场悲剧，但他的主张依然是支撑美国式自由企业体制的坚实依据之一。年长者不但愿意依照自由企业原则行事，还在战后致力于把它们传授给年轻一辈，将其视作让下一代成为合格公民（和消费者）的理想教本。通过青年成就组织（一家提供真实商业体验的机构），全美各地成千上万的青少年接受了有关自由企业理念的教导。1960年，单单芝加哥北部地区便有超过一千名男孩女孩参加了青年成就组织，这些"小荷才露尖尖角"的"企业家"们经营了一百多项小生意。随着这些孩子通过贯穿整个学年每周一次"青年成就之夜"（JA Nights）学习了生产、销售和会计的基础知识，《芝加哥每日论坛报》（Chicago Daily Tribune）甚至以"青年成就组织让'美国梦'成真"为题发表了一篇报道。这些孩子每十五人或二十人为一组，选择一样产品加以生产和销售，选举"企业领导班子"，出售股票以积累资本，只不过他们常常无法实现获取利润的目标。大公司为青年成就组织提供赞助，并为这些"青年成就者"提出建议——毫无疑问，它们乐于见到下一代接受资本主义式的教育。[45]

然而所有学生都应当被视作"青年成就者"，正如《芝加哥每日论坛报》在那一年毕业季所明确指出的。乔治·李尔（George Lill）呼吁道，"让美国式自由企业制度为你所用吧！"在他看来，这句话乃是"给六月份毕业的学生们的最宽容的忠告"。面临职业选择的高中和大学毕业生被视作"美国梦"的未来。无论愿意与否，这都是他们必须背负的沉重责任。对于李尔（当然还有其他许多权威人物）看来，让年轻人相信自由企业理念，是"美国梦"保持活力的关键所在。"'美国梦'是基于现实的梦想。在'美国式自由企业体制'之中，包含着实现美国式生活方式的关键。假如后者能够完全实现，那将是一种由自我决断、机遇、首创精神、成功和幸福组成的生活方式。每个人在一生中所能获取的红利，与其在各种事情上对于自由企业体制的运用程度成正比。"一个人只要确立了正确的职业目标，接受足以让其在该行业取得成功的教育，以充沛的热情和精力面对每日工作，那么他的机遇便是无限的。李尔曾经告诉年轻的读者们，"如果你足够清醒，就能实现'美国梦'，"无论是谁，只要真的想要实现一个目标，就都有机会实现。毋庸置疑，胜利者终将得到应得的战利品。"所谓'美国梦'，就是追求更棒的工作，更好的房子，更高的社会地位，"1960年，基蒂·特梅尔（Kittie Turmell）曾经在她于《洛杉矶时报》开设的"青少年"专栏（Teenagers）里如是写道。她建议年轻的读者们尽可能去接受最好的学校教育，然后选择自己有机会攀上成功阶梯的专业工作。[46]

然而，正如1949年以来的各项研究显示，对于那些想要实现自身"美国梦"的青少年而言，未来不太可能有足够的专业工作等着他们去挑选。1961年普渡大学（Purdue University）所进行的一次问卷调查与政府数据一道，显示大概有百分之三十五的青少年倾向于选择某种专业工作，而那一年美国工人群体中真正属于专业工种的只有百分之十——前者是后者的三点五倍。《芝加哥每日论坛报》的芭芭拉·舒尔茨（Barbara Schulz）写道，"'只要你真正努力学习……就能得到想要的工作职位'——如今沉迷于这一新版'美国梦'的年轻人，或许终将被残酷的现实重重打醒。"她笔下的"残酷现实"，指的便是"未必会有那样的工作"。事实上，假如所有想要成为"专业人士"的年轻人都能得偿所愿，"美国梦"也就基本破产了，因为那样社会上从事秘书、工厂工人、卡车司机、或是其他"蓝领"职业的人将严重不足。似乎有许多年轻人将目标定得太高、最后只能去干自己并不喜欢的工作。二战之后基于等级观念的成功标准，以及（尤其是）对于大学甚至研究生学历的追逐，或许正将"美国梦"变成整个一代人中大多数人遥不可及的幻梦。[47]

无论如何，在战后那个学生群体比历史任何时期都要庞大的时代，即便是"美国梦"都不可避免地要向教育方面倾斜。1963年，《哈特福德新闻报》的拉尔夫·麦克吉尔（Ralph McGill）写道，"如今，绝大多数美国人，无论是何政治派别，都相信这一点——所谓'美国梦'，就是所有的美国年轻人都应该有机会获得能够使其发挥自身最大潜力的、保质保量的教育。"他认为当时的美国在这方面非常不符合要求。一个孩子能接受怎样质量的教育，地理、阶级、种族等都起着非常重要的作用，而这与"美国梦"的民主理念直接相悖。同样，自二战末期开始，国防开支的增长令人瞠目，而教育投入却相对没什么增加——这略显讽刺，因为国家安全很大程度上要仰仗一代又一代受过良好教育的工程师和科学家。在麦克吉尔看来，教育上的不平等，不仅仅是公平性的缺失，更是危险的倾向。他认为，德国就是一个绝佳范例，其极权主义统治便是以等级和出身为基础的学校制度的产物；也就是说，自由、普遍的教育是建立自由民选政府的不二秘诀。美国真的是一个遍地机遇的国度吗？还是说"美国梦"只属于少数精英？[48]

★ 更美好的新未来

二十世纪六十年代，由于有尼克松夫妇这样的"偶像"的存在，无论是青少年还是其他所有人，明显都认为"美国梦"是可以实现的。尼克松夫人曾经在1960年7月说过，她丈夫参选美国总统这件事，本身便是"美国梦成真"的表现。她给"美国梦"下的定义是:"地位卑微的人们,通过辛勤工作提高地位并获取他们所追寻的东西。"理查德·尼克松(Richard Nixon)曾经在过去八年间担任副总统一职,但他已经有点等得不耐烦了,因为他想要实现许多人眼中的"诸梦之梦"——成为全美国(或许是全世界)最有权势的人。同妻子一样,尼克松在竞选中也引用了"美国梦"概念,目的是将自己与民主党候选人、参议员约翰·肯尼迪区分开来。他曾说过,"如果有谁对'美国梦'抱有任何怀疑,那他应该看看我们。"就在他说这句话的两天之前,帕特·尼克松(Thelma Catherine Ryan "Pat" Nixon,即尼克松夫人)在会见新闻媒体时,曾将夫妻二人为成功奋斗的经历描述成了一段与竞争对手截然不同的故事(肯尼迪的父亲是美国最有钱的富翁之一,而他的妻子也来自富裕家庭)。尼克松并不情愿在别人面前谈论任何与自己私生活有关的东西,于是便对记者们讲述了妻子的故事:她出生在一个矿工窝棚里,母亲因癌症死去后,她肩负起了照顾父亲和四名兄弟的重任。尼克松后来提到,他本人的成长过程同样艰辛,他的家庭在加利福尼亚州的一处农场上过着贫苦的生活。他强调道,"我们俩都并非出身名门望族,"言外之意便是他们夫妻二人比肯尼迪家族更能代表真正的"美国梦"。[49]

虽然以微小劣势输掉了选举,但理查德·尼克松夫妇努力实现属于自己的"美国梦"的故事依然让人由衷感动(而这或许也为尼克松再次参选并获得成功埋下了种子)。伊利诺伊州比彻城高级中学(Beecher City High School)年仅十五岁的高一新生格伦·鲍尔(Glen Bower),明显被尼克松的经历感动了。鲍尔是一名好学生,也是伊利诺伊州历史协会和美国历史协会会员。1964年,他以"美国梦"为题撰写的一篇文章曾经刊登在《芝加哥论坛报》上,被收入该报的"年轻人之声"(Voice of Youth)系列。

（这位梦想成为律师的少年，通过这次投稿得到了五美元稿酬。）在鲍尔看来，尼克松宣称其"美国梦"业已成真（他在共和党全国代表大会上进行提名演讲时再次提及此事）证明了该理念本身是真实可信的，而美国是世界上唯一可以实现这一梦想的国度。鲍尔表示，正是因为尼克松那"战斗到最后一刻直至实现目标的决心"，他相信尼克松的得意时代近在眼前。这位年轻的共和党人一针见血地指出，"只有在美国，他才有可能再次参加总统竞选并最终获胜，"他相信"这就是美国梦"。[50]

像理查德·尼克松一样，林登·约翰逊（Lyndon Johnson）总统也以在演讲中引述"美国梦"概念而著称，而他本人也是出身社会底层、最终成为世界最有权势的人物之一的。1964年5月，在大西洋城（Atlantic City，时年8月民主党全国代表大会将在这里举行），林登·约翰逊曾经拿"美国梦"开玩笑（因为他尚未被提名为1964年总统大选的候选人，他认为这定会引起大家的哄笑）："今晚，我们在一座古老的大厅中相聚。在这里，我们将为1965年的美国选出一位获胜者，一个能够真正象征'美国梦'的人。我很伤心，因为今晚将由我来宣布，那个人并不是我。"约翰逊故意停顿片刻，等众人发出一片嘘声之时，又俏皮地说道，"是1965年的美国小姐。"与会者很快反应过来，民主党大会召开一个月之后，"美国小姐"选美大赛也要在这座大厅中举行。意识到约翰逊只是在跟他们开了个小玩笑，所有人都松了口气。[51]

仅仅几周之后，林登·约翰逊在演讲中引述"美国梦"时就严肃得多了。他回到了德克萨斯州的约翰逊城（Johnson City），以及四十年前他（作为一个六人班的班长）毕业的那家高中，并在当地追忆自己的过往，展望国家的未来。约翰逊在访问毕业班（当时已有三十名学生了）时说道，"今夜，我刚刚完成了……一次在上帝引领下从我们家乡的俊秀群山走向我国权力巅峰的旅程。"他告诉毕业生们，他的经历虽然惊人，但也是任何一名美国人都有可能重复的。他告诉1964级毕业生(以及认为他当年只是个中等生的老师们)，"更美好的新未来正等着我们所有人，"而美国注定是一个美好的国度，"所有孩子都将在成长中明白一个道理——人生能否成功，不在于肤色或是家庭出身，只在于能力本身。"[52]

然而在数天之后的另外一场毕业典礼上，人们听到的却是一个完全不同的故事。哥伦比亚大学校长格雷森·科克（Grayson Kirk）的视角与林登·约翰逊不同，看到了后者未曾意识到的东西。面对约六千名身着方帽长袍、准备聆听一番"世界属于你们"之类"老生常谈"的学位获得者，科克说道，"从某种意义上说，'美国梦'已然终结。"他悲观地指出，由于种族不平等、劳动力市场动荡、甚至某些政府行为对"美国梦"造成了不可修复的破坏，1964级毕业生继承了一系列任何前人都未曾有过的问题。"人们曾经对未来充满信心，明天曾经是那么可靠而诱人，"科克总结道，但"如今我们似乎已经不再自信，这种不自信有时在于所学课程，有时在于对未来的憧憬。"[53]

科克的言论无疑对人们产生了震撼，但事实却印证了他的先见之明。被朝着各种方向解读、持续遭到破坏的"美国梦"，在接下来的岁月里经受了越来越多的反思。而对其含义提出质疑的，正是科克当年那番言论的对象。二战结束后二十年间，"美国梦"所面临的诸多挑战——如顽固的种族主义、过度消费、以及人们对于"国家已经迷失方向"的不可逃避的恐慌感等——即将演化成为危机，而这给美利坚民族座右铭的未来增添了更多不确定性。

第三章

"反乐园"

★

在我看来,美国似乎是一处"反乐园",但它有着如此宽阔的空间和如此众多的机遇,一个人终将在那里找到归属感。

——1939年,西格蒙德·弗洛伊德(Sigmund Freud)

★

1975年4月，康涅狄格州曼斯菲尔德市（Mansfield）的四名居民聚集到一起，展开了一场讨论——"美国梦"与大革命时期相比是否已经不同？如果答案是肯定的，那么这不同是如何体现的？这次聚会，是为了纪念即将到来的美国独立战争爆发二百周年而举行的系列专题讨论会之一。与会者的身份似乎代表了美国社会的各个侧面——康涅狄格大学历史学教授肯特·纽麦尔（R. Kent Newmyer），来自同一所大学的社会学教授詹姆斯·巴内特（James Barnett），在曼斯菲尔德住了一辈子的居民埃塞尔·拉金（Ethel Larkin），以及一名当地的高中二年级学生道格拉斯·柯恩（Douglas Cohen）。纽麦尔首先发言，他提出大革命时期的人们可以凭借自身的聪明才智名垂青史，而在当今（二十世纪七十年代）的文化背景下，这种事再也不可能发生了。巴内特同样认为事情在朝着坏的方向发展，"美国梦""对于幸福的追求"已经变成了在某种程度上需要依靠政府援助才能实现的东西。拉金指出，在大革命时期，家人和邻居会为了庄稼丰收而团结协力，如今人们却更喜欢单打独斗，"美国梦"已经可悲地变成了"一个人的战斗"。然而少年柯恩却是四个人中对过去两个世纪以来"美国梦"的变迁批评最尖锐的。他相信，"美国梦"现在事实上已经破产了，因为要想让它实现，不仅需要野心和才智，更要有一系列运气和好的环境来作为保证。讨论的主持者、康涅狄格大学教育学教授罗伯特·诺里斯（Robert Norris）表示，"对我们的子孙后代而言，未来并不确定。"与四位参与者的悲观预期相比，他的表述已经算是轻描淡写了。[1]

虽然上述提法并不令人乐观，但美国的两百年华诞依然是检验"美国梦"现状的绝佳机会。过去的十年已被证明是"美国梦"的艰难时期，因为战后岁月那种让所有公民享受"更好、更深刻、更富裕人生"的愿景已然土崩瓦解。通货膨胀使得拥有私宅成了大多数美国人无法实现的奢望，而能源危机更是摧毁了人们利用无限燃料与电能（在许多人，这些也都是不计成本的）以享受大型汽车、各种家庭设备和加热泳池的理想。生活水平的下降，加上过去数年间的社会与政治乱象，皆是"美国梦"正在衰落的明显标志。许多人的心中充满疑惑："美国梦"还能复原吗？如果能，如何复原？几时复原？

★ "伟大社会"

1965年时，很少有人会去想象、或者能够预料到，"美国梦"在接下来这十年间将遭受如此重创。约翰逊总统建立"伟大社会"的目标特别鼓舞人心，因为这与"美国梦"概念之中的民主基础结合得如此完美。1965年约翰逊的国情咨文发表仅两周后，《华盛顿邮报》的编辑维金斯（J. R. Wiggins）写道，"由开国元勋们首创的、二百年来定期轮回的最持久的'美国梦'，一直都是依靠人民在这块大陆上建立一个政见自由、经济安全、教育普及、文化多元、政治明智、道德高尚、自然和谐的'伟大社会'。"如今，经历一系列战争、萧条和其他违纪之后，美国似乎已经准备好寻回最初"梦想"了，一个体现启蒙运动理念的更为完美的社会仿佛已近在眼前。约翰逊总统所提出的"伟大社会"，其最棒的一点便是以"期望"为基础。这完全忠实于"美国梦""伸手摘星辰"的本质。维金斯认为，虽然"伟大社会"的概念看上去有些像是"野心"，但是对它而言"现实与期望之间的界限或许是古往今来最小的"；亨利·鲁斯（Henry Luce，《时代》杂志创始人）所说的"美国世纪"的全盛时期很可能还会到来。维金斯（当然还有其他许多人）相信，正如二十世纪六十年代后半期的情势所表现出的，"美国梦"中所应许的"乐土"就在前方；而约翰逊提出的计划的实用性，使得他的主张不同于过去其他伟人的预言。[2]

并非每个人都对新兴的"伟大社会"概念笃信有加——至少它给人们带来的信心要大大弱于"美国梦"。诺曼·梅勒（Norman Mailer）于那年春天出版的《美国梦》（American Dream），虽然只是一部小说，却为人们观察美利坚民族的过去、现在和将来提供了一个明显不同的视角。这部以第一人称创作的小说讲述了史蒂芬·罗杰克的故事：无论以何种标准衡量，此人都是一个成功者，而且他还娶了一房美丽富有的太太。然而，当罗杰克失意之时，却异常狼狈。对于那些拼尽全力一心想要实现"美国梦"的人而言，罗杰克的梦想破灭或许是一声警钟。（按照《纽约时报》康拉德·尼克伯克Conrad Knickerbocker的说法，这本书与西奥多·德莱赛Theodore Dreiser的《美国悲剧》American Tragedy一脉相承。）在《洛杉矶时报》的罗伯特·基尔希（Robert R. Kirsch）等一些评论家看来，小说人物罗杰克与作者梅勒之间的对应关系是显而易见（相当直白）的——这位偶然成为小说家的、具有传奇色彩的社会批评家，同他笔下的主人公一样，带有某种破坏与自厌倾向。尽管如此，正如另外一名书评者、《芝加哥论坛报》的保罗·杰克逊（Paul R. Jackson）所指出的，"当梅勒娓娓道来之时，您只能静静聆听。"该书与胡伯特·塞尔比（Hubert Selby）的《布鲁克林黑街》（Last Exit to Brooklyn）、怀兰德·杨（Whyland Young）的《性爱之否认》（Eros Denied）一道，在奥地利被禁，却畅销于德国——这客观地体现了任何与梅勒有关的东西都会得到两极分化的回应。[3]

当年另外两名重量级知识分子，小威廉·F·巴克利（William F. Buckley Jr.）和詹姆斯·鲍德温（James Baldwin），也曾经在1965年各自对"美国梦"发表过看法。两人截然不同的观点说明，当时的美国距离成为一个快乐大家庭还很遥远。身为《国民评论》（National Review）编辑的巴克利与小说家兼散文家鲍德温一道，应剑桥大学邀请，就"实现美国梦的代价是牺牲了美国黑人族群利益"为题进行了一场辩论。鲍德温持赞同观点，而巴克利持反对观点。当时现场共有七百名学生旁听，而另有五百人在其他房间通过闭路电视收看两人的交锋。鲍德温首先提出反问，谈到美国黑人的生存状态，以及"美国梦"基于种族平等前提的实现情况。他指出，除非白人接受黑人也是美利坚民族历史与身份的一部分这一现实，否则"'美国梦'几乎是没什么希望的"，黑人在"美国梦"中的缺位，将对梦想实现造成阻碍。他还补充道，"如果我们无法在那些业已实现'梦想'的人与尚未达成'梦想'的人之间建立沟通，那么我们将会有大麻烦。"虽然巴克利做出了冗长的回应，但很明显他已经输了。现场544票赞成164票反对的投票结果，证明鲍德温的主张是令人信服的。[4]

鲍德温与巴克利之间的观念分歧，反映了二十世纪六十年代美国左翼和右翼在对待"美国梦"所持观点上的巨大差异。正如三十年代的罗斯福"新政"让美国社会分裂为保守派和自由派一样，对于林登·约翰逊的"伟大社会"对"美国梦"带来的影响，左翼和右翼之间也互不认同。理查德·康努埃尔（Richard C. Cornuelle）和斯坦顿·埃文斯（M. Stanton Evans）等倾向于保守的人，认为约翰逊的宏伟计划是在通过限制个人自由破坏"美国梦"，这种观点实在让人觉得似曾相识。康努埃尔在其新书《寻回美国梦》（Reclaiming the American Dream）中写道，"无节制的政府行为会对'美国梦'造成不必要的损害，因为大多数事情都可以用更好的方式来完成。"他提出，如果公民们学会亲力亲为，那么这些事情可以做到效果更好、麻烦更少。埃文斯赞同康努埃尔的观点，并在其新书《自由派》（The Liberal Establishment）的最后一段话中将这一赞同表达得淋漓尽致。他指出，"'自由主义'是一种对美国式自由抱有严重敌意的信条。"这位《国民评论》的撰稿人非常担忧，左翼势力会将美国联邦政府过去数年间的成就全盘颠覆。[5]

当然，左翼人士对于这些是不赞成的。如同当年罗斯福新政的支持者们一样，左翼人士完全将自由主义视作"美国梦"的精神所在。美国的极左派亦是如此，他们全心坚信"激进主义"是对"美国梦"独立自主和自力更生两条原则的完美传承。耶鲁大学历史学助理教授斯陶顿·林德（Staughton Lynd）曾经举例，将"新左翼"（自由主义者及某些以"社会行动主义"为中心的激进政治运动派别）描述为北美大革命和《美国宪法》的合法"子嗣"。而他的观点引起了保守派人士的争议。1966年，林德曾经在耶鲁大学社会主义研讨会（Yale Socialist Symposium）上表示，"一切行动都应该以民权为本，这恰恰是'美国梦'独有的属性。"在他看来，当时正逐步升级的越南战争，是不符合他政治主张的"非美国式"行为。当然，随着六十年代中期越战渐渐升温，许多温和派人士也开始了同样的思考。《洛杉矶时报》的林恩·利利斯顿（Lynn Lilliston）曾经报道，美国的年青一代"正开始认识到'美国梦'的要求"，质疑美国在东南亚的表现是否真的是以达成"美国梦"中关于"四海之内皆兄弟"和世界和平的宏愿为目的。[6]

与越南战争类似，关于民权的争论也开始触及问题核心——"美国梦"究竟是什么？它到底属于谁？举个例子，1966年，随着抗议住房隔离的民权示威者们遭到白人恶徒的暴力袭击，芝加哥的两个居民社区——"盖芝公园"（Gage Park）和"贝尔蒙特-克雷金"（Belmont-Cragin），成了种族冲突的重灾区。许多来自市中心的黑人民众，能够负担在这两处社区（它们皆属于马丁·路德·金的南方基督教首领联合会和当地此类抗议团体所选择的二十处居民社区之列）居住，但由欧洲移民后代和新移民们组成的社区"原住民"们却明确表示，不欢迎黑人入住。冲突的本质在于"为了实现'美国梦'而斗争"与"为了守护'美国梦'而斗争"的区别，一方试图达成梦想，而另一方则是在拼命守护自己的梦想。[7]在接下来的数年间，全美各座城市的黑人族群自己以暴力来"维护"自身"被排除在'美国梦'之外"的状态，这让许多白人百思不得其解。1967年，《纽约时报》的威廉·香农（William V. Shannon）评论道，"黑人暴力的大规模爆发之所以造成如此强烈的不安，原因在于其对美国社会的诸多乐观假设提出了质疑，"大多数白人的感受和担忧，与黑人的观察角度存在天壤之别。在白人看来，既然社会改良已经开始——黑人的收入得到提高、更多黑人从高校毕业、法庭判决与民权法案越来越注重法律上的平等——为何黑人还要毁掉属于他们自己的家园？[8]

然而至少有一个人——肯特州立大学二十岁的法律预科生罗伯特·皮科特（Robert T. Pickett），似乎对个中原因有所了解，并抓住机会于1968年跟访问该校的副总统胡伯特·汉弗莱（Hubert Humphrey）分享了相关信息（两年之后的1970年，便发生了美国军队用机枪扫射反战学生的"肯特州立大学大屠杀"）。汉弗莱曾与纽约州参议员罗伯特·F·肯尼迪（纽约州）和明尼苏达州的尤金·麦卡锡（Eugene McCarthy）一道，竞争民主党总统候选人提名。他在演讲时引述了"美国梦"概念，他所面对的八千名大学生听众中间，后来一共走出了三十名黑人"激进分子"和一百名越战反战人士。作为学校学生会副主席和某"黑人力量"组织成员，皮科特抓住机会将了汉弗莱一军："您说您信仰'美国梦'。我可不信什么'美国梦'。原因很简单，因为它无法让我相信。如果它能让我相信的话，那么也不会出现纽瓦克或是沃茨那样的暴乱了……对我而言，'美国梦'等于'美国噩梦'……如果您能当选，您打算怎么修复我和我的同胞们对这个国家以及'美国梦'的信仰呢?"汉弗莱并未喋喋不休地发表长篇大论，而是通过阐释其在民权和社会福利方面的自由派立场、并以其为解决这两大问题所做的实质性工作为例给出了答复。这位副总统甚至将他自己也描述为一名"灵魂兄弟"（即"黑人男子"）。听到这番真情陈述，在场听众——包括皮科特在内——全都站起身来，对汉弗莱报以热烈掌声。演讲结束之后，皮科特与汉弗莱握了手。当有记者向皮科特问起他打算把票投给谁时，后者表示他已经斟酌了三名民主党候选人关于民权的立场，并决定一直支持汉弗莱。9

然而，对于保守派政治领袖而言，种族骚乱和暴力抗议明显是国家陷入失控状态的表现，美国的"座右铭"更像是混乱的诱因，而非团结的源泉。1968年初，密歇根州州长、共和党总统候选人乔治·罗姆尼（George Romney）曾说道，"无论是国内的'美国梦'还是美国在全世界的使命，如今我们所面对的完全是一场危机。"罗姆尼将他眼中所谓"无视法律的猎獗行径"看成是一种竞选策略。他指责约翰逊政府脱离群众，因为许多持不同政见者已经"放弃了美国梦，拿起了利斧"。另外一位主要的共和党总统候选人理查德·尼克松，在竞选策略中引入了一个危在旦夕的"美国梦"概念。这一次他的主题与1960年参选时以自己为例的"梦想"故事相去甚远。罗姆尼发声仅仅一个月之后，尼克松这位前副总统便在一次广播演讲中提到，如果政府当局能够采取措施，"以怜悯和信念将'美国梦'带进贫民窟，"那么对于那些"出麻烦"的美国城市而言，1968年夏天的"热度"会低一些。尼克松预言道，当"私营企业进入贫民区，当贫民区的居民进入私营企业工作"，美国的城市问题就能得到解决。然而，从短期来看，并不反对通过以暴制暴的方式来制止暴力行为。他补充道，"若想实现这一切，那么目前最基本的需要就是恢复秩序。"毫无疑问，这迎合了更多保守派选民的心理。[10]

然而尼克松的此番言论发表之后不到一个月,马丁·路德·金便遇刺身亡了。这意味着对于某些美国城市而言,即将到来的1968年夏天"热度"绝不会低。辞世前一夜,马丁·路德·金曾在孟菲斯提到"我看到了人间乐土"。无疑,即便他有生之年无法看到"美国梦"得以实现,他的同胞们也会理解这一概念。随着两个月后罗伯特·肯尼迪被杀,美利坚民族陷入了更深的悲痛之中。跟马丁·路德·金一样,他也是"美国梦"旗手和象征。

《纽约时报》的威廉·香农在罗伯特·肯尼迪遇刺案发生次日写道,"罗伯特·肯尼迪对'美国梦'如此笃信,"无论是他还是他的兄长约翰·肯尼迪,都把一生奉献给了"美国梦"的原则——即"个人主义、自力更生、自我约束和不断自我进步"。接下来那个周末,在全美的基督教堂和犹太会堂,罗伯特·肯尼迪都被人们颂为"美国梦"的代表,他的辞世被视作"美国梦"在实现过程中遭遇到的重大打击。在一场于康涅狄格州新英格兰市南公理会教堂举行的聚会上,阿兰·麦克莱恩教士(Reverend J. Alan McLean)面对六百名与会者表示,随着罗伯特·肯尼迪遇刺,美利坚民族"正面临着'美国梦'就此破产的险峻局面"。在场听众分属不同教派。六个星期前,也是在这座教堂,这些人曾经参与过一场为哀悼马丁·路德·金而举办的教会合一聚会。因为一个明显"不伟大"的开端,"伟大社会"理想就这么夭折了。[11]

★ 前卫时代

虽然"美国梦"并未像许多人所想的那样,在二十世纪六十年代末消亡，但当年的文化乱象的的确确对其形态和气质造成了深远影响。《纽约时报》的弗雷德里克·莫顿（Frederic Morton）曾于1967年写道，"'美国梦'出现了一些可笑的现象。"他总结道，大多数他所认识的人，都非常惊讶地发现自己并未成功实现"出人头地、过好日子"的梦想。更重要的是，即便对那些已经"出人头地"的人而言，或许财富也并未带来幸福感。这导致人们对于"美国梦"的理解发生了显著变化。莫顿指出，"我们不再梦想发财，而是开始追寻时尚，"主流人群业已摒弃了"以财物取人"的老式思维，开始接受"反主流文化"中的"发现自我"和"做好自己"等理念。他感觉大胡子嬉皮士成了"美国梦"追寻者的经典形象，谁要是发现自己是资产阶级的一员，心中定会非常不爽。莫顿认为，"现在我们想要释放自己的野性，从掺水的虚假繁荣中摆脱出来，展现先锋前卫的自我，"一夜暴富的时代正在造就追求前卫的一代人。[12]

然而具有讽刺意味的是，想要从暴富者变身前卫客的人们发现，这一过程要比他们所预想的难得多。莫顿指出，雄心勃勃的先锋派们"对于前卫个性的追求，就像对于财富的追求一样，只是'美国梦'的另一种表现罢了——只能让他们更加沮丧，"某些循规蹈矩的人并不确定该如何成为一名嬉皮士。他提出，"每十个霍雷肖·阿尔杰之中，只能有一个艾伦·金斯堡（Allen Ginsberg），"写出传世诗作或是享受诗意人生要比白手起家从贫到富更富挑战性。但许多暴富者却在"放手一搏"，把自己的《时尚》杂志（Vogue）和英式猎装换成《东村他者》（East Village Other，纽约城的另外一份报纸）和迷幻海报。莫顿评论道，就在不久之前，来自郊区的富裕的年轻男女们还开着大轿车，到乡村俱乐部与同样富裕的朋友们推杯换盏，然而此刻"他们却开着'叛逆者'肌肉跑车（Rebel，由美国汽车公司AMC出产），到'电子舞厅'（Electric Circus）跟时髦伙伴们一起寻刺激",那家曼哈顿的迪斯科舞厅成了人们的相聚寻欢之所。由于大量年轻人和至少一部分成年人选择了这种生活方式,从前追求"出人头地"的无纸化的"美国梦"已完全退出历史舞台,取而代之的是一个更加强调享乐、更注重精神感受的版本。[13]

莫顿这些"扭曲"的言论,引出了整整三年之后的一部里程碑般的著作——查尔斯·莱克(Charles A. Reich)的《美国的重生:富有变革精神的年轻一代如何尝试改善美国》(The Greening of America: How the Youth Revolution Is Trying to Make America Livable)。与莫顿一样,莱克也认为,虽然很多人觉得这些青年男女已经参透了"美国梦"的真谛,却很少有人能透过那光鲜亮丽的外表看到他们郁郁不快的内心——他们的心中充满愤恨、无聊、以及对于自己每日生活的厌恶。莱克写道,这些青年男女"都是残酷骗局的受害者",他们"一直被告知,充实感,满足感,以及生命的快乐,都包含在权力、成功、认同度、名气、成就、回报、美德以及理性的思维之中。"莱克所谓的"第二意识"剥夺了人们寻找自我的权利,造就了一个疏远而贫穷的社会,而这正为其所谓"第三意识"的形成奠定了基础。某期《纽约客》曾经大篇幅引用书中内容,发行之后被抢购一空,使得该书与约翰·赫塞(John Hersey)的《广岛》(Hiroshima)、雷切尔·卡尔森(Rachel Carson)的《寂静的春天》(Silent Spring)以及詹姆斯·鲍德温的《奇想书简》(Letters from a Region in My Mind)等齐名。[14]

《美国的重生》之所以引起如此轰动,原因并不仅仅在于它批判了资产阶级价值观和传统的"美国梦"概念(如十年前帕卡德的《追求上位者》那样),更在于它展示了一副未来的图景。莱克指出,"第三意识"的出现,无外乎代表着一场酝酿中的变革,一场对世界认知与观察方式的巨大转折。以新政的自由主义与改革精神以及"伟大社会"理念对于逻辑、理性和技术的推崇为基础的"第二意识",很快就变得陈腐了,而它对于效率、增长和前进的排序也不再恰当了。是什么让这一体系崩溃了呢?在莱克看来,越南战争显然是罪魁祸首。他将这场战争描述为"公司之国(指美国)的滞销产品"。莱克相信,对战争这一"产品"而言,年轻一代是"错误的市场",年轻人对于战争拒不买账,导致"公司之国"的所有"产品"以及对"美国梦"死板狭隘的解读都没了市场。正如百老汇人气音乐剧《头发》(Hair)中一首歌所唱到的,这是"大同时代"(Age of Aquarius,即"和平自由天下大同的太空时代")的黎明,那些踏上这段令人兴奋之旅的人们,都将把世界看做一个包容所有人的大家庭。[15]

和平与爱主宰宇宙星辰——这一愿景实现的可能性很小,但1971年一份以民意测验将结果为基础的报告却指出,莱克的"第二意识"及其对"美国梦"的解读,也许真的在顺其自然地发展着。按照阿尔伯特·坎特里尔(Albert H. Cantril)和小查尔斯·洛尔(Charles W. Roll Jr.)在《美国人的希望与恐惧》(Hope and Fears of the American People)中的说法,莱克的理论对于成功(即"出人头地")的主张正日渐式微,因为在当时大多数美国公民看来,美利坚民族本身的"健康"才是他们首要关注的。调查指出,美国人已经对示威游行、犯罪、毒品等等感到厌倦和疲惫了,而这其中最让他们生厌的便是越南战争。美国人对这些问题的厌恶如此之深,以至于超越了他们对个人目标的关注。两位作者写道,"公众面临着持续的挫折和焦虑,在我们这信息饱和、无论国内国外都充斥着各种问题、而普通人却无能为力的社会中饱受摧残。"这些对美国提出了严重警告——一场大危机正迫在眉睫。简言之,坎特里尔和洛尔的意思就是,"美国梦"正在褪色:个人目标的缺失,是这一概念所无法承受的。[16]

随着人们对"美国梦"丧失信心这一状况如病毒般扩散蔓延,"美国梦"最热忱的鼓吹者之一理查德·尼克松,因美利坚民族座右铭显而易见的"破产"倾向而受到指责。1971年,《洛杉矶时报》的詹姆斯·基尔帕特里克(James J. Kilpatrick)曾写道,"尼克松总统所拉开的帷幕,或许属于'伟大美国梦'这部大戏的最后一幕。"他进一步指出,"过去二百年间,从来没有哪一项战略主张比'使用资本主义制度本身在竞争激烈的市场中冒险'更令人揪心了。"基尔帕特里克明显很吃惊,因为破坏美国自由经济体制的居然是一名共和党总统。然而尼克松却宣布了对物价、工资和租金等冻结九十天,对完税进口产品征收附加费,并且暂停美元黄金相互兑换(所有这一切努力都是为了稳定摇摇欲坠的美国经济)等举措——他当真是这么做的。有计划的政府干预对于"美国梦"本身而言尤其不是什么好事,但这的确是百年间自由企业制度走向衰落以及基尔帕特里克所谓"社团主义"逐渐兴起的最后一步。在大多数行业,私人决策都已几近绝迹,而与商品期货有关的国际条约使得这些市场更具合作性而非竞争性。基尔帕特里克表示,"就像是虔诚的基督徒祈求三位一体一样,我们或许仍然可以赞美自由企业体制,但我们并不明白它的内涵。"在他看来,这一体制的衰落即是对"美国梦"的挽歌。[17]

看到"美国梦"变得如此千疮百孔,感到困扰的并非只有美国人,还有许多外国人。身在德国波恩、1972年曾为《纽约时报》撰稿的彼得·彼得森(Peter Petersen),便确定无意地对美国所面临的一连串问题(失业、暴力、毒品、商业困境等)表示担忧。他认为美国正在逃避自身所承担的国际责任,因为其必须全力应对国内的纷扰。"二十年前,美国人常常撩动我们的神经,因为他们对自己的实力自信满满,"彼得森解释道,"而现在我们之所以紧张,是因为美国人似乎已经对他们自身的命运失去信心了。"彼得森曾经遇到一些对身为美国人心生怨念的家伙，并对这些人感到愤怒，因为他们并未意识到自己代表着世界大多数人的希望。"我曾经听到过不少来自共产党国家的言论，说那里的人们明白，基本自由是不可剥夺的，他们也梦想着能实现'美国梦'——他们想要获得的，并不是"能喝上可口可乐"或是"每家车库里有两辆汽车"，而是于1776年诞生在美国大地之上的自由。"彼得森相信，如果美利坚合众国崩溃了，世界也将崩溃，而这也正是他最大的担忧所在。[18]

"美国梦"已然不再，或者说从来都未曾存在过——由二十五位来自欧洲的作者共同完成的《破碎的意象：外国人评美国》（Broken Image: Foreign Critiques of America）一书，大概是该观点最强烈的一次表达。塞西尔·艾比（Cecil Eby）在为《芝加哥每日论坛报》撰写该书评论时曾经这样写道，"曾几何时，提起美国，总会给人充满希望的'天堂'或是'乐土'的印象，"而"美国梦"则是诸多单凭自身即可让人产生"如神话般美好感觉"的词汇之一。但到了二十世纪七十年代，随着美国社会、经济和政治的衰退，这些美好印象——希望之地、世界花园、最后的庇护所、伊甸园般的纯真、当然还有"美国梦"——尽皆褪色。正如艾比用诗一般的语言所表达的，《破碎的意向》"就像是浇在干燥漆面上的强碱一般，剥去了美国矫揉造作的光鲜外衣，"书中的每篇文章都将美国打回原形。该书指出，美国并不像世界上许多人所想的是一座人间天堂，而是一处"充斥着虚伪、偷盗、势利、暴力、粗鲁的彻头彻尾的丑陋之地"；1909年访问过美国的弗洛伊德，于三十年后将其称之为"反乐园"，真是恰如其分。（"罹患食物中毒"是对弗洛伊德那唯一一次、也是令他后悔不已的美国之行的最佳诠释。）[19]

按照亨特·汤姆森（Hunter S. Thompson）于同年出版的《拉斯维加

斯的恐惧与厌恶：深入"美国梦"灵魂的狂野之旅》（Fear and Loathing in Las Vegas: A Savage Journey to the heart of the American Dream）一书中的说法，美国更像是一个地狱般的"反乌托邦"，而非美好的理想国。汤普森（以"拉乌尔·杜克"这一角色为化身）与他的律师、萨摩亚人"刚左博士"一起前去拉斯维加斯，为《体育画报》（Sports Illustrated）报道一场摩托车比赛，然而这并非是故事本应有的脉络情节。现实中的确代表《体育画报》杂志社去过赌城采访该项赛事的汤姆森写道，"没人屑于开口说话，所以我们只得去自己争取。自由企业。美国梦。在拉斯维加斯，就连霍雷肖·阿尔杰也会因为嗑药而失去理智。"随着汤姆森（他将自己称作"霍雷肖·阿尔杰的妖怪版转世"）和他的同伴在毒品和酒精的作用下经历了一系列历险，这就是整个故事。如同克劳福德·伍兹（Crawford Woods）在为《纽约时报》撰写的书评中所指出的，汤姆森的"美国梦"是"一系列巴洛克式幻想的集合"；对汤姆森而言，无论是现实生活和自己虚构出来的故事，都并不清晰。[20]

少数想法奇特的新闻工作者抱有类似的观点，甚至更加激进。几个月后，《纽约时报》的弗雷德·海金格（Fred M. Hechinger）表示，"如今美国貌似缺少的，是自身利益与曾经维系美国梦的原则相一致的、实力强大且拥有话语权的集团。"他认为美国正经历一场大规模的"精神麻痹"。海金格指出，物质享受已经将美利坚变成一个自鸣得意而"自命不凡"的民族，而"追求霸主地位"成了美国人的主要关切。（尼克松总统常常将美国比作"老大"，或许这并非偶然。）正如海金格的观点，用尽浑身解数分得一块"蛋糕"成了人们心中最重要的事，尽管政治腐败和严重师资不足之类问题层出不穷，越南战争也依然在继续，却很少有人愿意出来对体制提出挑战。这位《纽约时报》编辑部成员警告道，"（'美国梦'）这

—美式经验的动态优化体制"正面临危机,逐渐被广泛的信仰破灭和理想主义的丧失取代。[21]

甚至连美国的土地好像也要濒临枯竭了,这似乎不可能发生的情景也对"美国梦"产生了威胁。为建造新的住房,房地产开发商们在现有的郊区地带大量购置土地,导致了一场限制进一步扩展的"土地危机"。"随着土地逐渐枯竭,关于建造并拥有新居的'美国梦'也破灭了,"《哈特福德新闻报》曾经于1972年表达了这样的不安。该报担心,有些人将被剥夺最基本的天赋权利之一。郊区地带的过度拥挤,加之反主流文化的回归自然运动,迫使一些人不得不另选生活方式。就像上一代有许多人涌入城市追寻美国梦一样,此刻更多郊区居民开始前往乡村,谋求更为宁静、更负担得起的生活方式。同年,玛莎·巴顿(Martha Patton)在给《芝加哥论坛报》的文稿中写道,"到乡村找个地方,或许还能有口池塘,当然还有几棵树。"在杰斐逊的愿景被提出二百年后,他那充满乡土气息的"美国梦"重新成为流行概念;对于那些用栅栏圈地的人们而言,理想中的乐土仿佛就在眼前。[22]

除了在农牧场上安家落户之外,二十世纪七十年代初人们唯一能找寻到"美国梦"的地方大概就是广告了。1972年,《洛杉矶时报》的理查德·克里斯琴森(Richard Christiansen)指出,"'美国梦'并未消失,"因为它"在电视广告中还时常可见"。例如,在当年一则可口可乐广告中,朋友和邻居们正在粉刷一位老妇人的房子;而在一则麦当劳广告中,一名可爱的小姑娘和她的祖父通过购买干酪汉堡包增进了感情。这些广告都表达了一个观点——美国并非一个复杂而充满分歧的国家,而是一处简单、和谐的乐土,是适合"美国梦"蓬勃发展的理想环境。美国联合航空公司(United Airlines)的一则广告堪称此类商业宣传中的巅峰之作。在这则广告中，一对年轻情侣手牵手行走在一片田野上，来到一棵美丽的树旁停下脚步休息。然后人们便会听到伯吉斯·梅雷迪斯（Burgess Meredith）——或者说至少是他那种让人舒服的嗓音——对观众娓娓道来，告诉他们乘坐美联航班机也可以尽览美国的大好河山。接着，画面上令人难以置信地出现了自由女神像，同时伴着众人合唱伍迪·盖瑟瑞（Woody Guthrie）《这片土地是你的国土》（This Land Is Your Land），将航空旅行上升到爱国行为的高度。克里斯琴森解释道，"在美国这样一个城市化且人口众多的、时常为纷乱不和所累的国度，这些广告提醒着美国人，我们依然渴望着美国有朝一日能成为一个幸福团结的祥和之国。"在虚拟的广告世界里，"美国梦"依然保持着生机和活力。[23]

★ 第二种美国梦

有些人并未放弃对于"幸福团结祥和的美国"的追求，认为下一代人终将将其变为现实。更多开明的老一辈人们相信，一个崭新的、更好的"美国梦"很可能正在形成之中，这梦想中包含着某些非常远大的目标，并不会被年轻人的古怪法式和奇装异服所阻。归根结底，难道与邻居亲友攀比——最好比他们更胜一筹——真的是"美国梦"的内涵吗？不少出生于二战之后的美国人（以及部分战前出生的）总结道，二战刚刚结束的那段岁月，人们对于"成功"那种人云亦云的衡量标准，已经使"美国梦"产生了扭曲。在后来被称作"最伟大的一代人"的大量美国人看来，这一趋势是令人不悦的。"老一辈或许已经实现了他们的'美国梦'，但他们依然感到压抑、烦躁和不满，缺少自我满足所带来的真实感，" 1972年，德尔·伊利斯曼（Del Earisman）在为《哈特福德新闻报》撰稿时如是写道。

这位新泽西州厄普萨拉学院（Upsala College）英文教授告诫道，许多年轻人非常明智地选择了另外一条路，对于经济和物质条件的关注少了许多。"做自己的事"或是尝试创造一个更好的世界，是对"美国梦"最完美、最恰当的解读。事实上，这一解读甚至要比亚当斯最初的"出人头地"的定义更为合理。在适当的前提下，为了个人价值和社会福利而努力奋斗，要比追逐收入或者地位更接近"美国梦"的本质；那些不停指责年青一代缺乏奋斗目标的人，似乎在理解上也有所偏差。有人或许会问，究竟哪一种才是更纯正的"美国梦"呢：参加"为美国服务志愿队"（VISTA），去贫民窟的学校支教？还是成为一名在股市里赚大钱的高新律师？[24]

正当许多美国家庭的父母和子女们在餐桌前就此类问题反复争执不休之时，关于"平权行动"（即在就业或教育中对妇女、黑人和少数民族成员等受歧视人群提供均等机会）的争议话题又使得事情更加复杂化了。二十世纪七十年代初"平权运动"运动的兴起，与"美国梦"的复兴迎面相交。该运动的支持者坚定认为，这一政策可以让那些长久以来被排除在"美国梦"范围之外的群体实现梦想。然而另一些人则将其视作"美国梦"的抑制因素，而非实现途径。1972年，马文·罗文（Marvin D. Rowen）在为《洛杉矶时报》撰稿时写道，"根据我对'美国梦'的理解，它的含义很简单，即达成目标的机遇。"这位居住在比弗利山庄的律师代表着一类观点——平权行动破坏了"美国梦"所包含的理想。为了对过去的不公正（许多人认为，还包括当下的不公平）状况加以弥补，在某些情况下，作为"美国梦"的两大基石，公平机遇与个人成就显然要为肤色问题或是其他一些前提属性让位——然而在罗文看来，这是有悖于美国立国原则的（或许也是非法的）。他主张，虽然定额分配制度（规定在教育和就业方面必须依固定额度吸收或者雇佣黑人或妇女）的本意是好的，但对"美国梦"而言却是破坏性的；奋斗动机与主动精神方面出现任何形式的萎靡，都会给整个国家造成不利。罗文总结道，"'美国梦'的构成，决定了人们在追寻它的过程中需要以真诚态度面对困扰这个国家的问题，并充分意识到所有美国公民都有自己的希望、抱负和目标。"他呼吁政府出台政策，以鼓励人们"在自己所选择的的领域尽可能取得成就"。[25]

即便是作为"美国梦"的基石之一的、似乎无可置疑的平等概念，也在二十世纪七十年代的争论中遭受抨击。毫无疑问，"美国的平等化"正在重塑美国人的价值观和体制，这一瓶性运动几乎改变了社会与经济生活的各个方面。例如，意在为保障妇女和少数族裔工作权与受教育权而设置的定额分配制度，在体育和军队领域也促成了巨大变革。然而"平权行动"则不完全相同，因为并不是所有人都乐于尝试让以白人和男性为主导的领域平等化。1975年《美国新闻与世界报道》（U.S. News and World Report）的乔治·琼斯（George E. Jones）做出了如下阐释："许多人将'追求平等'视为'美国梦'的必要组成部分，然而有些人却将它看作官僚主义统治即将面临的梦魇，逐步加深了人们的麻木感，并认为它终将导致'国家破产'，"即便是（退休的）卫生教育及福利部长也对"平等主义暴政"心存不安。卡斯帕·温伯格（Caspar Weinberger）警告道，"我们正冒险将命运交到一个冷漠的平等主义政府的阴冷且毫无生机的控制之下。这种政府唯一的目标就是确保所有人都过上同样平庸的生活——而这是要以牺牲个人自由为代价的，"我们真正的（同时也是未完成的）社会目标应该是"发现各个领域的佼佼者，并使其得到应有的回报"。所谓的"新平等"，其实是强化了"美国梦"相互重叠却又差异明显的两大基础（自由和公平）之间的矛盾，这场历史悠久的"战役"正逐渐达到一个新的高潮。[26]

古老的美国式企业主义创新精神，是避免"平权行动"与"新平等"

局限性的途径之一。当然，创造发明一直都是"美国梦"的一大主题，随着二十世纪七十年代更多传统途径走入死胡同，创造发明的欲望得到了迅速膨胀。在《洛杉矶时报》的朱迪斯·马丁（Judith Martin）看来，"第二种美国梦"正伴着"前人未曾想到过的一个发明好点子"一同到来，而这项新发明自然会带来数百万的销售利润。（按照马丁的观点，"第一种美国梦"是被星探发现、从而成为电影明星，但这样的情节已成明日黄花。）许多人的确正尝试着让"第二种美国梦"成为现实。1971年，美国国内共注册了七万项专利，或许每一个发明者都希望自己成为下一个切斯特·卡尔逊（Chester Carlson，静电复印机的发明者）或是艾尔文·兰德（Edwin Land，宝丽来相机的发明者）。（美国有些开国元勋，尤其是杰斐逊和本杰明·富兰克林，也都是狂热的发明家，他们在发明新设备或新工艺的过程中，也倾注了一腔爱国热情。）当时一些专利申请项目——三百六十度苍蝇拍、婴儿奶瓶收纳篮、内置上菜盘的餐桌等等——虽然看上去并不像卡尔逊或是兰德的发明一样堪称技术突破，可是谁又敢下定论呢？不少大公司已经对卡尔逊和他的复印机感到厌倦了，这意味着"新式玩意儿"随时可能横空出世。[27]

对于那些不愿为了变成"下一个爱迪生"而在地下室或是车库里敲敲打打的人来说，还可以通过另外一种创新方式实现"美国梦"，即到别人家里去卖东西。1975年，全世界共有二十万人为最大的直销公司之一安利（Amway）工作。他们所推销的产品有一百五十种，从维生素到清洁用具再到连裤袜等无所不有，而推销对象包括朋友和邻居、以及后者的朋友和邻居等。按照等级逐步爬升，是人们在安利、雅芳（Avon）、特百惠（Tupperware）和莎拉考文垂（Sarah Coventry）等直销业务体系中取得成功的关键，任何有能力攀上阶梯的人都能获得大量财富。直销业务的铁杆信徒们（其中许多是女性）在表达自己对于该行业的感受时，并不会表现出羞怯。，"在我看来，在自由企业体制下自我表现的最佳机遇，便是拥有自己的生意，"说这话的是来自俄亥俄州亚克朗市的贝尼斯·汉森（Bernice Hansen）。这位六十三岁、已为人祖母的女性当年完成了数百万美元的销售额，在华盛顿特区举行的、散发着"爱国气息"、犹如教会布道般的安利公司年会上赢得了众人的欢呼。会上，一万八千五百名安利（"安利"Amway本身就是American Way即"美国之路"或是"美国方式"的缩写）分销商一起合唱公司社歌《伟大的美国梦》（The Great American Dream）。歌词中出现了"我们都能分享"、"感谢安利，它真的存在"之类的词句——所谓的"它"，指的就是那些想要凭双手创造美好未来的人们所追寻的"美国梦"。[28]

虽然算是个好的现象，但二十世纪七十年代的企业主义浪潮，也可以被解读为某些曾经颠扑不破的实现个人目标的"正道"已经走不通了。随着战后的"美国梦"渐渐破灭，有些人感到，是时候用更激烈的手法重塑一个不太宏伟但更加真实可信的"梦想"了。莱昂纳德·费恩（Leonard J. Fein）认为，"无论过去十年间一切枯燥而有损尊严的事件……意味着什么，或者说将要被怎样解读，它们都肯定意味着曾经那曾经被赋予我们的'美国梦'走到了尽头。"费恩确信，"我们从前人那里继承的东西，将无法传授给后辈。"这位布兰迪斯大学（Brandeis University）政治与社会政策学教授于1973年指出，美利坚民族的连续性在过去十年间已有一次断档经历，而1968年民主党全国代表大会期间爆发的城市骚乱、刺杀和暴力事件（当然还包括越南战争），证明了美利坚民族已经不再是居住在天堂之国的上帝选民。尤其是曾经打着"守护梦想"旗号的越南战争，更将美国引入了迷失方向、丧失自信的深渊。费恩认为，"我们被那些留恋旧日好时光、甚至向往旧时代'美国梦'的家伙们误导了，因为正是旧日好时光导致了我们所亲见的糟糕岁月，而旧时代'美国梦'亦造就了今日的苦果。"费恩不禁问道，难道一个仁爱公平的社会不能保证足够的仁爱公平吗？美国在其形成发展期表现得傲慢自大，而美国人认为自己的国家大概已经达到了完美境界——如今的美国所需要的，是"一种能将国民团结起来的，更为谦逊、成熟的新的信仰"。[29]

或许没有什么能比卡迪拉克轿车尺寸上的缩小更能象征比过往更务实、更容易实现的"美国梦"了。作为"美国梦"在社会等级界限方面的实物标杆，很少有什么东西能像卡迪拉克一般毅然做出如此牺牲。卡迪拉克轿车，几乎被公认为"车轮上的美国梦"。诚然，许多腰缠万贯的企业高管偏爱卡迪拉克轿车，有些人还专门雇佣司机为自己开车，但城市中心区也有着大量不同行业的成功的商界人士。无论是财富五百强企业的首席执行官，还是一个当地的皮条客，任何美国造的东西都不及一辆卡迪拉克更能表现成功者身份。这种汽车的庞大外形尺寸（超过六米的车身长度，使得某些停车场都无法容纳）足以立刻显示出拥有者的不凡气度和崇高地位。事实上，自从第二次世界大战结束开始，卡迪拉克一直被公认为最具声望的美国汽车品牌。然而到了七十年代初期，事情发生了变化。处在事业上升期或是已经事业有成的年轻驾驶者们，并不希望与上一代人所追捧的"地位象征"有过多瓜葛，而是越来越倾向于购买梅赛德斯等外国豪华轿车。其他人则认为，卡迪拉克这种有时被称作"车中之船"的轿车更重体量而不重质量，而且其高耗油率也是一大问题——尤其是在能源危机时期。[30]

充分意识到自家最顶级的（同时也是最能盈利的）品牌很可能成为无用之物、而不再是人们所追寻的"美国梦"后，通用汽车公司的高管们决定采取行动了。卡迪拉克轿车的广告中不再谈论产品的档次、尺寸和奢华程度，而是开始注重宣传车辆的性能和燃油经济性——只是人们在驾驶这种重达五千磅的巨兽时几乎感觉不到什么"路感"（因为它更像是一艘大船）。与此同时，通用汽车也开始研制个头较小的新款卡迪拉克，以便与梅赛德斯等看上去不像是装了轮子的房屋的高端汽车竞争。然而，至少在一段时间内，售价为七千四百美元的卡迪拉克"帝威"（DeVille，其价格相当于梅赛德斯最大型号轿车的一半）销售势头依然强劲——也就是说，作为人们追寻"美国梦"平等概念的一大目标，庸俗的"油老虎"汽车依然持续流行了一段时间。[31]

尽管卡迪拉克品牌或已默认"美国梦"在走下坡路的现实，但作为梦想的另外一个象征，约翰·韦恩（John Wayne）却拒绝做出任何让步。1972年，这位被《纽约时报》的杰克·西蒙斯（Jack Hiemenz）称为"爱国动作片教父"和"电影界保守派中如父亲般的超级巨星"的演员，录制了一张名曰《我为什么深爱着美利坚》（America, Why I Love Her）的唱片专辑——这是一封献给"星条旗之国"的毫不掩饰的"情书"。虽然很多人指出其密纹唱片版本几十年后才得以出版实在是太晚了，但这张唱片依然卖得不错，这表明并非所有人都对美国失去了信心。这位主演了《大地惊雷》（True Grit，又译《真实的勇气》）、《牛仔》（The Cowboys）和《绿色贝雷帽》（The Green Berets）的影星，依然吸引着众多影迷；很明显，他在影片中对于美国式体验的独特表现，对于十余年来饱受越南战争梦魇困扰的美国人来说，堪比令人心感宽慰的甘露。（《洛杉矶时报》的查尔斯·钱普林Charles Champlin认为，约翰·韦恩1969年拍摄的《大地惊雷》依然是一部"正直"的西部片，一如既往地歌颂着西部精神和美国西部本身，以及由自力更生、足智多谋、积极进取、一往无前……以及刚毅勇气组成的"美国梦"）然而西蒙斯并非约翰·韦恩的影迷，他认为"爵爷"(约翰·韦恩的绰号)对于美国一切值得商榷的行为(如所谓的"捍卫自由")的解释,都没能达到预期的效果。他曾经在评论《我为什么深爱着美利坚》专辑时写道,"或许没有人能比一个仍然抱有梦想的人更能让'美国梦'显得死气沉沉了。"在他看来,约翰·韦恩是此类人群之中"最大的受害者"。[32]

毫无疑问,二十世纪六十年代末至七十年代一些最伟大的影片,与约翰·韦恩在"美国梦"的理解上相去甚远。与三十年代黑帮电影通过让罪犯以反英雄形象出现、从而完全颠覆了"美国梦"概念的情况非常相似,反主流文化盛行时的"反乐园"概念亦是电影中的"大反派"们攫取财富和权势的理想背景。在《雌雄大盗》(Bonnie And Clyde,1967年)、《金牌制作人》(The Producers,1968年)、《虎豹小霸王》(Butch Cassidy and the Sundance Kid,1969年)、《骗中骗》(The Sting,1973年)、《纸月亮》(Paper Moon,1973年)以及《教父》(The Godfather)三部曲中,反派被塑造成了好人,他们为了实现"梦想"挑战或是打破规则的举动,博得了观众们的共鸣。而《毕业生》(The Graduates,1967年)和《逍遥骑士》(Easy Rider,1969年)等影片,则赞颂了那些勇于拒绝"既有体制"的人物——实际上,他们"为了自由不惜付出任何代价"的生活态度,恰恰体现了最纯粹的"美国梦"那特立独行的气质。其他电影,如《纳什维尔》(Nashville,1975年)和《电视台风云》(Network,1976年)等,则将"美国梦"描绘成了"摆脱控制"——在腐败的社会体制之下,个人和公司机构为了追求成功,难免会无所不用其极。马丁·斯科塞斯(Martin Scorcese)的《穷街陋巷》(Mean Streets,1973年)和《出租车司机》(Taxi Driver)则更进一步——在这两部影片中,任何在"追梦者"们看来压制过自己的人,都成了他们报复的对象。不过,有一部名为《洛奇》

（Rocky，1976）的影片，却似乎弥补了上述所有电影的不足：片中主角以弱敌强并最终取胜，整部片子都贯穿着对于传统"美国梦"价值观的肯定与赞颂。

丹尼尔·里伯（Daniel J. Leab）在其论文《美国两百年的蓝领伦理观：论影片"洛奇"》（The Blue Collar Ethic in Bicentennial America: Rocky）中提到，对于"严重动摇的美国梦"而言，这部影片堪称一股"稳定力量"。经历了七十年代初那些令人不安的事件——越南战争、水门事件、阿拉伯石油禁运、经济滞胀、渐行渐弱但依然余韵绕梁的反主流文化运动、犯罪率和国内骚乱率的上升、少数族群要求发声等等——对于那些重新肯定自身对国家理想的信仰的故事情节，美国人已经做好接受的准备了。因此，庆祝建国二百周年成了一个恰当的时机，因为这一时间节点似乎代表着美国历史上极其黑暗一页的终结。《洛奇》是里伯所谓"二百周年狂欢"的一部分，这部电影提醒人们，"美国梦"依然能够实现。"即便所表现的是当代美国的黑暗面，《洛奇》依然是一首'美国梦'的颂歌，"里伯如是写道，因为影片主人公的蓝领出身和民族根源，让他几乎不可能在弱肉强食的拳击世界登上巅峰。[33]

有幸在美国建国二百年庆典仅仅五个月之后便得以上映的《洛奇》（如果没有那五部糟糕的续集），在文化层面引起的轰动更胜一筹。抛开当时美国逐渐破碎的外在形象不提（或者说恰恰是拜其所赐），美国人对于"老大"情结独有的追捧在二十世纪七十年代似乎更加明显了。按照《洛杉矶时报》史蒂夫·哈维（Steve Harvey）的说法，对于"第一名"地位的追求是"所有美国人的梦想"。1973年秋天汉克·阿伦（即亨利·路易斯·汉克·阿伦Henry Louis Hank Aaron）追平贝比·鲁斯全垒打记录（1974年，阿伦终于打破了后者的记录），便是美国这个国度依然尊崇

"最佳者"和"极致者"的完美例证。不幸的是，虽然阿伦已经做到极致，但在那些不希望黑人打破记录的人看来，全垒打王头衔依然属于贝比·鲁斯。对"最佳"和"极致"的追捧在美国体育界尤为突出。在美国运动员眼中，比赛屈居第二并非没能获得成功，而是遭遇了失败，这与欧洲人的观念不同。但美国人对"第一名"的痴迷并不仅限于此，从畅销书单到尼尔森收视排行榜再到政治投票尽皆如此，这表明"上位"和"成功"依然是将美国社会各方面"捆扎"在一起的"绳索"。事实上，无论是政治选战还是普通人聊天，"美国是世界强国"皆是经常被提及的话题。无论采用哪种衡量标准，任何关于美国不是"世界第一"的提法，常常都会被视为"诅咒"。二十世纪六十年代的太空竞赛——尤其是哪国率先成功登月——自然不仅仅是个科学问题，因为"美国人必须首先踏上月面"关乎整个国家的安全。历史学家们指出，美国的太空先驱们留下的精神遗产，与这种"'追求第一'主义"密切相关，而这种勇于发现的精神和征服蛮荒的冲动，是我们希望在任何领域都争先的原动力。然而，心理学教授布鲁斯·奥格尔维（Bruce Ogilvie）提出了另外一种观点。他认为，"现在我们都处于相同的阶段状态，像是十六岁少年一般，"我们之所以想要做到"最棒"，是由所谓的"操场心态效应"造成的。但无论是何缘由，对于特定领域"第一名"地位的追求，依然是许多人的主要目标。一个人若能实现这一目标，则证明其在经历了若干及其艰苦的阶段之后实现了"美国梦"。[34]

★ "跟上普罗特金先生的步伐"

美利坚民族对于"第一名"地位的持续痴迷，掩盖了二十世纪七十年代"美国梦"的明显衰落。与过去几十年相比,"美国梦"的"绝对值"已然降低,美国人对于"平等机会"的标榜以及让所有人"享受更富裕、更好、更充实人生"的主张,相对都弱化成了"低声耳语"。1973年,《芝加哥论坛报》的鲍勃·沃尔顿(Bob Walton)评论道,"人们几乎已经再也听不到有关'美国梦'的声音。"生活成本的增加、能源危机、以及家庭生活的恶化等等,只不过是让美国公民更专注于生存问题、无瑕顾忌伟大梦想的一部分原因而已。著名人类学家玛格丽特·米德(Margaret Mead)对于美国的前景更加悲观,曾经对当年的一个参议院小组委员会表示,对于千百万公民而言,"美国梦"已经变成了一场梦魇。美国公共广播公司(PBS)一档公共事务节目的主持人比尔·莫耶斯(Bill Moyers),亦对"美国梦"当时的状态提出了警告。1973年,他在一次演讲中提到,"当我1956年从大学毕业之时,全国各地校园中的演讲者们都很喜欢谈论伟大的'美国梦'。"那时候,毫不夸张地说,"前途无量"、"未来尽可大展宏图"等等理念曾经深入人心。然而,那种乐观主义与"不可战胜"的感觉已经一去不复返,一种"精神瘟疫"正在整个美国蔓延。普通美国民众也感到"梦想"已离他们而去。当时的一项调查显示,大多数美国人认为国家正"身陷严重困局",近一半人相信美利坚民族将走向"真正的崩溃",甚至一向乐观的大学生们也对国家和自身的前途感到心灰意冷。人们心中充满疑惑:"美国梦"还能恢复活力吗?如果可以,该怎么做呢?[35]

有些人相信,复兴"美国梦"的途径之一,就是以一个更"小"的梦想取而代之。七十年代初便有许多批评家总结道,追求无限增长和繁荣的理念是不具备可持续性的。这就意味着,我们应当对自己的希望和期待加以节制。这些专家们(其中有不少人都属于"节制增长"派)指出,人口过剩和过度消费正冲击着美国的体制,而每日生活的压力也需要美国式生活方式做出根本变革。[36]例如,《芝加哥论坛报》撰稿人弗农·贾雷特（Vernon Jarrett）认为美国"正处于险峻的梦想危机之中","美国梦"已注定不再适用于时代现实,或者说不再有效了。贾雷特认为,"我相信,我们必须严肃起来、有意识地为自己重新构建一套新的梦想了——即是要以舍弃我们多年来真爱的信条为代价,"否则美利坚民族很可能走上"自毁"的道路。以幽默著称的著名专栏作家阿特·布赫瓦尔德（Art Buchwald）,被公认为"因'美国梦'而愤怒不已"。他曾经气恼地表示,与"邻居亲友"们攀比已经不再像昔日那样、是美国式生活方式的核心驱动力。布赫瓦尔德的邻居之中有一位名叫普罗特金的男子,过去数年间一直开着一辆丰田车,这足以被人们当做蔑视的对象和笑柄。然而普罗特金的日本小汽车每百英里只需四加仑汽油,如此低油耗在能源危机期间却非常令人羡慕。现在轮到那些开卡迪拉克和林肯"大陆"等大号油老虎的"邻居亲友"们开车回家时被人讥讽了。布赫瓦尔德承认道,"我们社区的每一个人,如今都在追赶普罗特金先生的步伐。而这正是我们一直以来本应该做的。"[37]

然而,"美国梦"的衰落,却使得某些人对它的笃信更深了一层,当时的一系列"创伤性事件"亦为该理念赢得了更多信任：该现象堪称反常。雪城大学（Syracuse University）英文教授乔治·艾略特（George Elliott）指出,在1968年"美国梦"因马丁·路德·金遇刺而引起各界更多关注之前,他几乎没怎么思考过这个名词。甚至可以说,艾略特将这一概念看作是一种华而不实的自我展现手段,是美国人自我膨胀的符号。1974年,他在为《国家》杂志（The Nation）撰写的文章中评论道,"无论（当时）生在乌干达和中国的人们做些什么,都无法从中享受到所谓'乌干达梦'或者'中国梦'带来的好处。"在他看来,"美国梦"这三个代表着"百分百美国味"和"美国式生活方式"的字让人生厌。然而在接下来的一段时间里,"美国梦"在以"阿尔杰自力更生的自由企业式庸俗成功"和"马丁·路德·金关于团结和谐的高尚愿景"为代表的两个极端之间千变万化的,这启发了艾略特。他决定在其朋友圈中做一番小规模调查,试图更好地理解这一概念的实际含义。在这场相当缺乏科学性的调查完成之后,艾略特表示"大家几乎没有共识",因为"美国梦"的含义非常模糊且自相矛盾:"有些人在叙述时使用了过去时,而大多数人使用了现在时;大家提到了'平等',此外还有成功、过程、边疆、利己主义、资本主义和开国元勋。不过,大家有三点是共通的——没人表示自己对'美国梦'的含义非常确定;所有人都提到了某种形式的自由;大家都赞同'美国梦'非常重要,影响着许多美国人的行为方式。"38

尽管在艾略特的小规模调查中并未有所表现,但还有一点或许也是所有人都赞同的:低迷的经济形势是"美国梦"最大的威胁来源。高度的通货膨胀(1974年,美国的年通胀率为10%)使得中产阶级和工人阶级的生活质量一落千丈,其影响远超一般意义上的经济衰退。当年丹尼尔·杨克洛维奇(Daniel Yankelovitch)所做的一次调查显示,在美国年轻蓝领阶层,爱国主义和传统价值观的地位正在下降,这正如二十世纪六十年代大学生中呈现的情况。《哈特福德新闻报》的凯文·菲利普斯(Kevin P. Phillips)曾写道,"许多美国年轻人面对的,并非一场暂时爆发的不受欢迎的战争,而可能是'美国梦'的终结。"跻身中产阶级的希望正变得越来越遥远。该人群最大的担忧,是无法置下一套独户住宅。对于那些"受到'抢钱夫妻'('迪克与珍')之类故事和清洁剂广告影响、将私宅视作步入中产阶级标志的人而沿,是一大打击"。全新郊区住宅的均价是四万美元,且仍在增长,而通货膨胀下的工资水平却并未提升。根据当时的情势推断，前景更让人不安。如果百分之十的年通胀率再持续二十五年，那么一座1974年卖价为五万美元的房子，到了2000年便会涨到五十万美元。倘若真的如此，那么届时即便是一座普通民宅也只有富人才能买得起。（长远来看，工资水平会随着物价增长而提升，抵消部分通货膨胀作用。）七十年代许多人总结道，通货膨胀（确切的说是"滞涨"）正在"杀死"或者说已经"杀死"了"美国梦"，人们的收入已然赶不上生活成本的增加了。[39]

还有些记者附和道，通货膨胀对于"拥有私宅"的"美国梦"产生了灾难般的影响。《华尔街日报》的罗纳德·沙佛（Ronald G. Shafer）于同年写道，"一场美国梦正在凋零。"他所说的"梦"便是"在城郊拥有一座房子，配备绿草茵茵的宽敞庭院和白色的篱笆"。沙佛指出，这样的房子总是存在的，可惜几乎没有人能入住其中。有一点让大多数人无言以对：假设一个人不打算（依照惯例）以高于自身年收入二点五倍的价格购买一座私宅，那么只有不到一半的美国家庭能买得起房子。不幸的是，实际情况还在继续恶化。土地价格、劳动力成本和物料成本都在飞速增长，这使得许多人认为"拥有私宅"正朝着"富人奢侈品"的方向发展。虽然福特总统签署了一项降低首付款最低额度的法案，并提升了联邦住房管理局（Federal Housing Administration）的贷款上限，但在高贷款利率和不断增长的不动产税的共同压力下，寥寥无几的抵押贷款仍然是杯水车薪。许多已经拥有私宅的幸运儿们，在计划搬家时却发现自己被牢牢捆住了，因为购买更大新房或是入住更高档社区的成本实在太高。由于要在住房方面花去相当于父辈当年购房价格两倍的资金，那些想要实现自己的"美国梦"的年轻夫妻们倍感困惑和沮丧，不知到底是哪里出了问题。[40]

意识到这一不祥之兆，部分开发商决定建造人们更能买得起的房屋，为劳苦大众提供"无需装潢的美国梦"(《商业周刊》,1975年)。通过建造面积较小的房屋,取消车库、车棚、纱窗阳台等配置,并将天花板高度降低办英尺,开发商们试图寻找更多买家。有些开发商选择不搭售洗碗机、电冰箱和其他常见的"内置"设备,而有些甚至连庭院里的草皮都省了,以便降低房价。而选择廉价建筑材料是另外一条路。所有这些控制成本的手段,为消费者们提供了一条"返璞归真"选择家宅的途径。然而正如《今日心理学》杂志(Psychology Today)所指出的,无论如何下定义,二十世纪七十年代的经济现实都是"对'美国梦'的妨碍",如何花钱、该为什么存钱、怎样开源节流……这一系列金钱问题已经明显成为许多家庭的压力所在。[41]

对于那些所谓最注重"美国梦"的人——也就是中产阶级而言,买不起私宅或无法获得自己应得的东西,尤其令他们心生疑惑和挫败感。1976年,帕特里夏·约翰逊(Patricia Johnson)曾在给《洛杉矶时报》的一封信中写道,"私宅所有权一直都是大多数美国人的宏伟梦想——即拥有一座尖桩篱栅环绕的小屋,所在社区安静祥和,周围有不错的学校。"这位洛杉矶的中产阶级女性,感到自己在寻找房子的过程中进退维谷。遍阅报纸的房产板块、却发现最便宜的房子也要十万美元时,约翰逊女士开始相信洛杉矶正成为一座只能容得下富人和穷人的城市。她认为,"或许我们生得太晚,无法分享到'美国梦'。"而这正是诸多美国中产阶级人士的感受。即便是那些率先实现梦想、买上了房子的人,也发现自己正"因房而贫",因为通货膨胀已经影响到了拥有房产的上层中产阶级。拥有并维持一座好房子的成本,消耗了家庭收入的很大一部分,使得人们几乎没钱享受生活。例如,1976年,伊利诺伊州伊凡斯顿的坎特夫妇,决定不让女儿去参加音乐夏令营,因为家中那套八间卧室的维多利亚式住宅花费实在太大。尽管坎特一家的收入比九成美国家庭都高，但全家出游和每隔几年换辆新车等等也已不在他们的考虑范围之内了。坎特夫人总结道，拥有私宅或许是美国人的梦想，"但我不知道这是否值得。"[42]

因为对于大多数美国人而言，拥有独户住宅的成本实在太高，一个相对新颖的概念——共管公寓和连栋房屋——开始逐渐流行起来，尤其受到单身年轻人和青年男女的欢迎。按照专家们的说法，在未来还会出现其他居住模式。1977年，一位房产公司高管曾预言道，"未来的美国式梦想之屋"将由两个无法单独负担其价格的家庭分享。每一个家庭都拥有独立的卧室，但分享厨房浴室等公共区域。尔湾公司（Irvine Company）住宅市场主管肯·阿吉德（Ken Agid）认为，这种共居一屋的情景让人不禁想起1969年那部名叫《两对鸳鸯一张床》（Bob & Carol & Ted & Alice）的下流影片。杰斐逊式的独立而自足的私宅拥有权已经危在旦夕了吗？同样重要的是，美国是否将要变成一个"乱搞男女关系者"的国度？[43]

从美国国内而言，休旅房车（RV）这种"轮子上的家"更有意义。按照《芝加哥论坛报》的娜塔莉·利维的说法，休旅房车是"承载'美国梦'的机器"。1977年，共有七百万辆休旅房车奔驰在全美各地，有些只是人们休假时的交通工具，而其他的则被车主用作永久居所。除了比固定房屋更廉价之外，正如利维所言，休旅房车"结合了自由探索的精神和美国人对于迁徙和舒适的偏爱"，符合那些狂热的流浪旅行爱好者们对于"美国梦"的定义。此外，美国各地还出现了更多拖车式活动房屋，让当地居民懊恼不已——在他们看来，这些玩意跟装修过一番的拖车车厢别无二致。行业内部人士自然乐见更多美国人购买活动房屋，认为他们等待许久的"工厂化制造"廉价房屋时代终于到来了。劳伦斯威尔克乡村房产（Lawrence Welk Country Estate）的销售业务员强尼·沃克利（Johnie

Walkley）表示，"我们这个项目，是许多梦想拥有私宅的人美梦成真的唯一机会。"劳伦斯威尔克乡村房产项目，是加利福尼亚州埃斯孔迪多以北的一处活动房屋开发项目，归属人气电视明星劳伦斯·威尔克（Lawrence Welk）名下。[44]

★ 美梦继续

二十世纪七十年代，拥有私宅的愿望完全被困惑和沮丧所笼罩。1975年由《纽约时报》组织的一次调查显示，美国人对于未来的一切乐观情绪都在显著衰退，美利坚民族的自信心、期望和雄心抱负，皆出现了严重退步。事实上，自1959年以来（当时研究者们刚刚开始关注人们的这些态度），美国人第一次表示他们的生活质量在下降——对于美国这样一个在人们看来理所应当保证生活越过越好的国度而言，这是一次出乎意料之外的冲击。罗伯特·林德赛（Robert Lindsay）记录道，"美利坚民族那传说中与生俱来的不断上升的期望——也就是某些人所说的'美国梦'——已经被不断下降的期望取而代之了。"与许多人一样，罗伯特·林德赛的心中也充满疑惑，不知这到底是暂时现象，还是人们在世界观方面的历史性转折。虽然越南战争、水门事件、以及经济动荡等因素在改变美国人态度方面发挥着重要作用，但"规则已经改变"这一理念才是造成"失望"的最重要原因。辛勤工作和努力储蓄再也无法达成"美国梦"的主要象征——在城郊地区拥有一套不错的私宅，而接受大学教育似乎也无法保证找到好工作，这两大全新现实正在击碎公众对于未来的信心。[45]

美国人对于未来的希望在七十年代碰壁，一场自救运动也随之展开，这并非偶然。诸如《如何做自己的好朋友》（How to Be Your Own Best

Friend）之类的畅销书，在恰当的时间登上了恰当的舞台。这些书籍的作者们正是利用了中产阶级衰微的自尊。天普大学（Temple University）宗教学副教授、《成功的错觉》（Illusion of Success）作者约翰·雷恩斯劝解道，"'美国梦'的确令人难以捉摸，不过放轻松点吧，这不是你的错。"雷恩斯是为数众多劝说人们不要因未能"实现梦想"而自责的专家之一。1975年，全美人口最顶端的百分之二占有着整个国家百分之四十四的财富。鉴于此，许多人即便并不算失败者，却依然觉得自己遭遇了失败，也就不足为奇了。雷恩斯阐述道，"听说自己生在小康社会，福利收入每年都会增长，然而却依然感觉生活水准在原地踏步——这是一种苦恼，而它也解释了我们为什么要想尽一切办法建立自信。"美国梦的破灭，导致了一场大规模的认同危机。[46]

看到这令人恨到咬牙切齿的局面，普利策奖得主、小说家兼诗人罗伯特·佩·华伦（Robert Penn Warren），曾回望一个世纪前美利坚民族诞生一百年时国家的状态，并在这一过程中考量了某些值得深思的时代背景。《哈特福德新闻报》发表过一组以"寻找'美国梦'"为题的系列文章。华伦在其主笔的部分提到，1875年时，美国面临一系列危机，与1975年的问题相比，有过之无不及。首先，南北战争刚刚结束十年，联邦军依然驻扎在南方部分地区以维持法律和秩序。不久之后的总统大选成为了美国历史上竞争意味最浓的一次，三个州的选举人票结果不明，导致无法确定最终获胜者究竟是塞缪尔·蒂尔登（Samuel J. Tilden）还是拉瑟福德·伯查德·海斯（Rutherford Birchard Hayes）。"镀金时代"的敛财大亨们只肯给新兴的中产阶级留下些许牙慧，而劳动与资本之间的苦战却开始走向白热化。与当年的政治贪腐相比，"水门"事件简直是小巫见大巫，而那时的城市生活也并不像人们所想的那样特别文明有礼（沃尔特·惠特曼曾写道，十九世纪七八十年代的美国城市,"充斥着各种荒诞、畸形和幻觉,活像一场毫无意义的滑稽剧。")华伦提醒道,"然而不知为何这些乱象却被掩盖了,无论鸣冤者的哀求还是批评家的声音,皆淹没于歌舞升平之间,华丽的演出仍旧按计划依次上演,"传统的美国式乐观主义很快便会重新回来,挽救局面。历史证明,美好时光在二十世纪初等着,美国梦终于迎来了有一次大规模复兴。[47]

毫无疑问,自1875年至1975年,美利坚民族在"美国梦"的一大重要维度——种族问题上进步明显。当然,歧视依然存在,但国家在平等性上的进步不仅体现在种族方面,更包括性别、民族和宗教等方面;尤其是过去二十年间民权方面的进步,更值得美国人荣耀。抛开依然恶劣的住房条件,有越来越多的黑人正向城郊地带迁徙,如此情景在十年前甚至都是不可想象的。建房者和邻居终于开始接纳黑人家庭,让他们融入曾几何时完全属于白人的社区(虽然有时候不太情愿),而很少有问题暴露出来。"所谓'美国梦',就是拥有一座带后院的私宅,而人与人之间并无不同,"说这话的是艾迪·巴尼(Eddie Barney)。之前,他与妻子维罗妮卡和两个儿子搬进了芝加哥城郊南索科村一处由四十九座房子组成的住宅小区。虽然某些房地产经纪人依然在引导来自城市中心的黑人远离白人聚居社区,但种族融合已成大势所趋,这使得美国与大众心目中的"熔炉"形象更近了一步。[48]

同样显而易见的是,"白人族群"已被占据主导地位的"白人盎格鲁萨克逊新教徒族群"完全同化。安德鲁·格雷利(Andrew Greeley)为了确定其所谓的"少数族群追寻'美国梦'的方式",与全国民意研究中心(National Opinion Research Center)的同仁们一道,就收入和受教育程度这两大重要指标对一万八千人进行了调查。结果非常令人惊讶。包括犹太人、爱尔兰天主教徒、意大利人、波兰人和德国人后裔在内的"白人族群",比最具"贵族风范"的新教圣公会教派信徒收入更高。爱尔兰天主教徒是受教育最高的群体——对于那些认为白人盎格鲁萨克逊新教徒族群最有文化的人们而言,这一点非常出乎意料。格雷利写道,"无论美国式教育存在何种缺陷,它对于来自东欧和南欧的天主教徒而言都是奏效的——然而按照定义,这些人群原本并非其最佳的作用对象。"格雷利的结论是,"'美国梦'是真实的。"[49]

基于一份数年后的盖洛普民意调查结果,《哈特福德新闻报》的斯坦利·卡诺(Stanley Karnow)对此表示赞同,相信"'美国梦'是非常鲜活的"。该项民意测验显示,美国社会在种族和宗教信仰方面的宽容度呈现出上升趋势。卡诺将这一事实解读为"人们广泛支持'美国梦'的机会均等原则"。例如,当时,有百分之三十六的美国人赞成跨种族婚姻,而十年前这一数字仅为百分之二十——这表明,美国的种族壁垒也许终于被打破了。而对于跨宗教婚姻的反对也显著减少了,这也表明美利坚民族正逐渐接受其固有的文化多元主义倾向。卡诺总结道,"虽然面对各种困难,但美国人依然在向他们的目标迈进。美利坚民族的进步,证明了民主制度的一大活力:即便它存在各式各样的缺陷,却依然相当与众不同。"[50]

美国这口大熔炉也许正逐渐沸腾,但一些研究显示,社会阶级之间的藩篱依然是不可逾越的障碍。正如万斯·帕卡德二十年前指出的,新的研究结果显示,所谓"出人头地"从而踏入上层社会的概念纯粹是虚无缥缈的幻梦——这种观点似乎要再一次戳破"'美国梦'与阶级出身无关"的"肥皂泡"了。基于大量调查数据,一个出身贫贱的孩子,成为医生、律师或是商界高管的希望非常渺茫,因为大多数年轻人注定只能达到与其生身父母相当的受教育水平和事业高度。《渺茫的未来：孩子，不平等，以及自由主义改革的局限》（Small Futures: Children, Inequality, and the Limits of Liberal Reform）一书的作者理查德·德龙（Richard H. deLone）曾写道，"出人头地"进入上层社会，是"最虚幻的'美国梦'"。对于那些认为辛勤工作或是找对方向略加助力即可实现真正成功的人们而言，这是一个令其沮丧的现实。社会与教育服务在过去数年间得到显著提升，然而事实证明打破"贫穷循环"的尝试要比想象中困难得多。尽管所有人都在强调机会均等，但学校里的"虐待"，标准偏颇的考试与评级制度，以及"不是白人和富人"（还有"不是男性"）等身份，皆是阻止低收入家庭的子女"出人头地"的障碍。[51]

不过，正如1976年至1977年在洛杉矶市中心加州科学与工业博物馆（California Museum of Science and Industry）举办的"美梦继续"（America Dreams On）展览所明确体现出的，任何研究都无法彻底摧毁"美国梦"的神话。看过美国的标志性形象、听过那些抓住了"美国梦"核心精神的人们的声音之后（这里面不仅有约翰·韦恩，还包括"海滩男孩"Beach Boys、保罗·西蒙Paul Simon和披头四乐队the Beatles），参观这场展览的人们应邀写下了他们自己的"美国梦"——尤其是他们想要生活在一个怎样的世界，以及自己想要些什么。通过这次互动，博物馆的展览组织者们推测，基于美利坚民族的共同价值观和期望值，"美国梦"或许也能"与时俱进、逐步完善"。这一互动相当有趣。仅仅头两个星期，人们便写下了几百种不同版本的"美国梦"。而在"美梦继续"六个月的开展期间，主办方收集到的"美国梦"达到了数千个。展览结束之后，博物馆计划将这些"梦想"集结成表加以分析，并乐观地预测，最终能从中将得到某些共同主题。有一位观展者写道，"我的梦想是，肯尼和我终成眷属，我们能住在一座白色尖桩篱栅环绕的、蓝白相间的房子里。"如此古老而美好的愿望显示，虽然时光流转物是人非，但很多东西是历久不变的。⁵²

美利坚民族显然经受住了过去十年文化乱象的考验，而传统意义上的"美国梦"在美利坚合众国建立的二百年间似乎也呈现上升的总体趋势。凭借七十年代初诸如《全家福》（All in the Family）和《好时光》（Good Times）等体现矛盾冲突的剧集（《杰斐逊一家》The Jeffersons中的"更上一层楼"明显是个例外）表现"美国梦"混乱一面的电视媒体，开始转变调门了。举个例子，在美国广播公司1978年秋季推出的《出租车》（Taxi）中，一群梦想着从事其他事业的人物，一面为谋生而开出租车，一面梦想着有朝一日遇到重大转机。（该剧灵感来源于《纽约时报星期天杂志》曾经刊登过的一则真实的故事。）波比（一位苦苦挣扎的演员）、托尼（一位不太成功的拳手）和伊莱恩（一位梦想进军绘画界的画廊接待员）都曾（徒劳无功地）尝试去实现自己的梦想。毫无疑问，这与许多观众在自身追梦过程中面临的艰苦奋斗历程不谋而合。《芝加哥论坛报》的加利·迪布（Gary Deeb）在给该剧当季首集的评论中写道，"这部戏或许最终要讲述人们的失败命运，但它同时也在讲述希望、信念以及体面生活本身。"在他看来，《出租车》是"对生活阴暗面的一点点令人感动的描绘"。⁵³

随着"美国梦"与美利坚民族开始转危为安，哥伦比亚广播公司推出了一个两部曲特别节目，意在尝试为过去混乱的十年画上句点。这个于二十世纪七十年代最后几天的节目以《美国梦，美国噩梦——七十年代》为题，通过回顾三大重要事件——越南战争、水门事件和美国建国两百周年庆——回望了这十年时光。按照解说员哈利·里森纳（Harry Reasoner）的说法，该特别节目是"对美利坚民族性格的一次'侦察'，也是针对刚刚过去的历史的一次不留情面的'突然袭击'。"自信危机与"美国梦"信仰的衰退,毫不意外地成为了节目的主题。此外,节目中还提到了动荡的经济形势,能源的短缺,以及迷梦的惊醒——原来我们已经不像从前那样(或者说至少是我们自认为的那样)天下无敌了。然而美国破灭的政府形象,才是在美国人丧失理想的过程中最大的"推手"。道理很简单,"美国梦"与人们对于未来愤世嫉俗的观点格格不入。节目指出,美利坚合众国两百周年庆或许拯救了这十年,但伤痕已经留下,经历了"唯我十年"(Me Decade,以自我为中心的十年,指的是过分追求个人幸福和满足的二十世纪七十年代),"美国梦"再也不会是从前的样子了。[54]

迈克尔·波利卡斯特罗(Michael Policastro)是最赞同这一结论的。此人在新泽西拉马波学院(Ramapo College)教授一门名曰"美国梦"的课程。他的课程通常很受学生青睐,然而在1979年秋季学年,波利卡斯特罗却发现选这门课的学生寥寥无几。为了节约能源,学校将该课程安排在一个不太舒服的时段(星期五4点15分),以至于造成这样的局面。其实"美国梦"课程险些遭遇裁撤,原因是校方担心它会白白浪费能源——在波利卡斯特罗看来,这是"一则与美利坚民族的状态密切相关的讽刺寓言"。他认为,"人们应该提出疑问:当原材料已经不复存在时,'美国梦'是否还有能力'烹制'出'机遇'和'乐观主义'之类的'传统菜肴'。"美国自然资源减少所带来的危机感,要远远甚于人们离开房间关灯的紧迫性。[55]

然而没过多久,"美国梦"便又可以烹饪出"机遇"和"乐观主义"这两道菜了,因为新的原材料正孕育而生。由于美国的民族自信和"美国梦"一起,滑落到了最低点,过去的十五年堪称经济大萧条之后美利坚民族信念最艰难的岁月。糟糕的经济、能源危机、政府丑闻、种族对立、两次刺杀事件、以及一场不受欢迎的战争……这些交汇到一起,对于"伟大社会"和"反主流文化"皆造成了沉重打击,"美国梦"的理想也相应遭遇重创。几十年前还很容易购得的独户私宅也变得很难买到,更成为"致命一击",使得许多美国人相信,美利坚民族遭遇了历史上的第一次衰退而非进步。然而,一如以往的经验,历史的车轮即将转回到原来的轨迹,"美国梦"也会再次成为人们坚持执着的理念,为他们提供支撑和引导。

第四章

生在美国

★

美国的未来,在于你们心中的千百万个梦想……而帮助你们实现这些梦想,就是我工作的全部内容。

——1984年,罗纳德·里根总统

★

保守派专栏作家乔治·威尔（George Will）发现，在二十世纪八十年代初参观汽车展厅，是非常令人沮丧的事。1984年，通用汽车旗下产品之中，不仅卡迪拉克"帝威"轿车的尺寸在缩小，就连别克伊勒克特拉（Buick Electra）和奥兹莫比尔98（Oldsmobile 98）也难逃这一命运。通用汽车之所以做出如此决策，是为了更好地与日本厂商竞争。像威尔这样的大轿车爱好者，看到这种被他称作"碾碎'美国梦'"的现象（他拒绝使用更为温和的行业提法——"小型化"），心中不悦油然而生。那一年，威尔提出了这样的疑问："通用汽车把它旗下的大型轿车都'碾碎'了，作为一名美国人还有什么意义呢？"他将这一趋势视作不折不扣的国家耻辱。通用汽车在广告中宣传，这些新上市的产品比前辈们重量更轻，长度短了两英尺，且采用前轮驱动，驾驶起来更加灵活，也更省油，然而威尔对此却并不信服。他认为，"汽车界这些'远洋巨舰'的微型化"是"当今社会最令人憋闷的情形"之一。在威尔看来，新款伊勒克特拉更像是一辆娘娘腔开的车。[1]

二十世纪八十年代初"美国梦"被"碾碎"的现象，并不仅限于底特律汽车产品的"小型化"。尽管即将选出一位有着宏伟梦想的新总统，但承袭自七十年代的失望心理仍在持续，"美国梦"依然令人难以捉摸。尤其是，购买私宅变得更加困难，对于大多数家庭而言购房成本实在太高。通货膨胀和失业仍在继续踩踏美国经济；像往常一样，中产阶级是这一切的直接受害者。二战之后的美好时光似乎已成遥远的回忆，使得许多婴儿潮时代出生的人感觉自己已与"美国梦"失之交臂。美国人的心中充满疑惑，"美国梦"还会回归吗？如果可以，它何时才能回归？

★ 失去

由于七十年代的"压抑"已经发展成为八十年代初的"不确定",所以当美国奥林匹克冰上曲棍球队在普莱西德湖(Lake Placid,又译"静湖")击败强大得多的苏联队时,整个美利坚民族都被这及时雨般的消息震撼了。《洛杉矶时报》宣称,"一项'美国梦'变成了现实,"这场以弱克强的胜利(苏联人在此前十二年间从未丢掉冬奥会冰上曲棍球冠军)被记者泰德·格林(Ted Green)称作"民族精神的宣泄"。这则"劣势一方终获胜利"的故事提醒美国人,辛勤工作、热忱奉献以及团队精神等传统美德并未被彻底扫进历史的垃圾桶,而梦想是真正可以实现的。(那支"冰上奇迹队"将永远成为人们心中的"梦之队",这绝非巧合。)这场堪与北美独立战争和大卫王击败怪物歌利亚媲美的胜利,不仅为美国人带来了某种"好心情",更将被证明是"冷战将在八十年代末结束"的预兆。²

虽然非常激动人心,但一场冰上曲棍球比赛并不足以将"美国梦"从昏睡中彻底唤醒。来自纽约大学、合作写成《统治美国的神话》(Myths That Rule America)一书的赫伯特·伦敦(Herbert I. London)和阿尔伯特·韦克斯(Albert L. Weeks)认为,"当今美国所需要的,是少一些蓝图描绘者,多一些神话制造者。"他们责备的是美利坚民族信念的缺失,以及在人们在梦想消逝时的盲目。"当曾经统治我们国家的'美国梦',随着"矮胖子"(Humpty Dumpty)之类的人物和传说像谎言一样烟消云散而被埋葬之时,人们或许会问,我们该如何复兴或是重塑那些能够有利于鼓舞民族精神的神话呢?"伦敦和韦克斯相信,答案在于回望我们的往昔,以及我们的"工业奇迹、伟大成就和对未来的乐观态度",这些是我们应当再次依靠的源泉。除非我们将美国视作正在形成的伊甸园，视作一个永远在变化中的国度，否则"无力感"将始终贯穿美国的国运。两位作者坚持认为，"美国依然是一个可以弘扬个人自由的地方，在这里，困扰全世界的问题都有可能得到解决，创新精神和奋斗成果亦会得到丰厚回报，"他们通过回顾"我们曾经是谁"为"我们是谁"重新下了定义。[3]

斯特兹·特科尔（Studs Terkel）也相信我们应当对"美国梦"投以更多关注。他的新书《美国梦寻》（American Dreams: Lost and Found），对一百名跨越各年龄段、不同种族、成功程度各不相同的美国人对于"希望"的概念做了一番探究。约翰·拉尔（John Lahr）在为《哈泼斯杂志》（Harper's）撰写的该书评论中指出，"特科尔研究了那些拥有大梦想的小人物，"他认为"在这些由挫折、低谷和偶然的成功组成的故事里，一种与'梦想'策略相关的强烈感受油然而生。"商人、职业橄榄球运动员、前3K党党徒、前美国小姐、伐木工人……大量各色人等将他们的故事告诉了特科尔，每段故事都清晰地折射出理想抱负和美国发展成就的光芒。正如书名所指出的，有一段"神话"尤其引起了作者的兴趣。"你听说过'美国梦'这个名词吗？"这位六十八岁的芝加哥人曾对每一位访谈对象（其实还有两百位没能达到标准的受访者）提出这个问题，想要了解人们对"美国梦"的含义有何想法。尽管偶尔也有人的梦想超越了"名"和"利"，但"比你更出名"、"成为名人"、"拥有一块土地"等等常见的答案还是占到了大多数。"'美国梦'就是真正支配自己的人生，"一名二十五岁的男子如是说道——与历经多年发展、更注重物质状态的观点相比，他的论调更接近詹姆斯·特拉斯洛·亚当斯对于"美国梦"的最初定义。无论这本书的意义何在，特科尔都向读者阐明了他自己的希望与梦想。对于一位畅销书作者和媒体名人而言，这些梦想朴实得出人意料。他对《新闻周刊》（Newsweek）的记者说道，"我的目标就是活过这一天，假装优雅和好奇，带着一种自己已经做了件好事的感觉，度过这一天。"这或许并不像听上去那么容易。[4]

还有些人对"实现人生目标"并不如此乐观。《安息吧，霍雷肖·阿尔杰：美国梦的终结》（Horatio Alger, Farewell: The End of the American Dream）一书作者塞莱斯特·麦克劳德（Celeste MacCleod），就像她这部发表于1980年的作品名称一样，完全不抱乐观态度。麦克劳德相信，通过努力工作和勤俭守德来实现从穷到富出人头地的梦想——也就是她在那位十九世纪作家的启发下所勾勒出的"美国梦"——已经彻底消亡了，其理由很简单，如今已经没有足够的财富或是自然资源来供所有人实现目标。[5]翌年出版的《今日美国：一个不断变化的文明的发展史》（America Now: The Anthropology of a Changing Culture）的作者马文·哈里斯（Marvin Harris），也感觉"美国梦"在于回望美利坚民族的过往。我们到底错在哪里？作为一名来自佛罗里达大学的人类学家，哈里斯的心中并不缺少这个问题的答案，但他认为在过去的二十年间，美国的经济已经发生了重大变革——从过去以生产为基础的模式，转向了一种更加注重服务和信息的模式，生产活动逐渐转向海外转包，大型企业财团的规模和势力不断扩张，而成本却与中小企业相差无几——而这些正是问题的根源所在。哈里斯指出，随着美国劳动力大军中许多人淡出岗位，或者更糟糕些——失去工作，"美国梦"也几乎没有了复兴的机会；人们谋生的方式，是任何一个社会体系能否保持相对健康的关键。[6]

即便是在非常满意自己工作状况的人群当中，也有一些人并不满意他们的生活方式，而且因尚未实现"美国梦"而忿恨不已。一年能赚到三万美元的人——也就是八十年代初的中产阶级——也几乎没什么钱可以零花，因为在沉重的生活成本压力下，这曾几何时人们眼中非常理想的工资也不过是杯水车薪。外出用餐，观看电影戏剧，甚至开立储蓄账户，即便没到无法实现的程度，也已是非常困难。为了赚取工资而拼命，这几乎成了千百万人无法摆脱的宿命。生病染疾往往意味着灾难性的后果，这是人们迫在眉睫的恐惧，因为他们努力奋斗换来的生活可能因此而随时崩溃。罗伯特·伊格尔（Robert C. Yeager）在《失去：中产阶级的经济衰落》（Losing it: The Economic Fall of the Middle Class）中提出，努力想要"实现梦想"却实际上却又在原地踏步，这对于"美国梦"而言是毁灭性的。他的这本书展现了通货膨胀能对人们现实生活造成多么恶劣的影响。《匮乏：美国经济之批判》（Scarcity: A Critique of the American Economy）一书作者格斯·泰勒（Gus Tyler）同意该观点，认为八十年代初中产阶级的生活方式远不及二战之后数年间舒适安逸。伊格尔解释道，"尽管美国的穷人群体数量已大大减少，但'从一个阶级转入另一个阶级'的古老的'美国梦'却常常无法实现，"承载着人们理想的航船终有一天将撞上残酷的经济现实。[7]

流行文化，尤其是摇滚音乐，折射出二十世纪八十年代初许多美国人发现"美国梦"已然消失时理想破灭的状态。"他们（摇滚乐手）依然在歌唱爱情和性，但某些脍炙人口的歌词也开始针砭时弊了——失业、贫穷、以及实现'美国梦'的希望破灭——这些都通过音乐的形式表现了出来，"1982年，洛杉矶时报的雅德纳·阿拉尔（Yardena Arar）如此评论道，她认为"摇滚乐抓住了衰退的脚步"。比利·乔（Billy Joel）的歌曲《艾伦镇》（Allentown）便是"衰退摇滚"的绝佳范例。歌名中提到的那座城镇，是"美国梦"在美国劳苦大众群体中逐渐衰落的象征。乔曾明确表示，《艾伦镇》"是对美国困局的形象比喻"，而这一困局便是"所有保障都已不再"。在艾伦镇以及全美数百座其他工业城市,人们到父辈就职过的工厂找到一份工作,曾经被视为是天经地义的事;这一传统的终结,对于当地社区的结构体制而言,是一大打击。事实上,比利·乔从1973年起就在创作这首歌了——那时美利坚民族正经历着另外一场严酷考验——不过,直到他看到宾夕法尼亚州利哈伊谷(Lehigh Valley)钢铁行业八十年代初遭遇的问题之后,才最终将这首歌写成。他曾经说过,"战后一代人在成长过程中耳濡目染的、属于美国蓝领阶层的美好愿景,已经不复存在了。"不过,在这座于1975年被授予"全美城市"(All-America City)称号的城中,一切还是有希望重新好起来的。8

同样为劳苦大众的"美国梦"唱响悲歌的还有布鲁斯·斯普林斯汀(Bruce Springsteen)。虽然他曾经在1978年的《城镇边缘的黑暗》(Darkness on the Edge of Town)和1980年的《河流》(The River)中涉及过类似内容,但1982年的《内布拉斯加》(Nebraska Columbia)才是他出道以来最郁郁寡欢的专辑,其中的十首歌曲描绘了超出个人控制范围的潜在影响。《洛杉矶时报》的罗伯特·希尔本(Robert Hilburn)认为,"斯普林斯汀并未沿用六十年代激进派流行音乐人的套路,而是专注于那些揭示'美国梦'裂痕的个案。"在他看来,这张专辑的气质,一半来自约翰·斯坦贝克(John Steinbeck)的社会写实主义,一半来自伍迪·盖瑟瑞(Woody Guthrie)的"评论式民谣"。(斯普林斯汀常常在演唱会上唱起盖瑟瑞的《这片土地是你的国土》,这首歌的歌词依然如半个世纪前刚刚诞生时一样,与社会现实息息相关。)若是不了解情况,人们或许会误认为《内布拉斯加》是经济大萧条时期的作品。专辑中的提到的人物,都是在艰难的经济形势下过着安静而绝望的生活。(该专辑是作者在家中用四轨磁带式录音机录制的,大部分是吉他、口琴和人声,听上去甚至像是在飞沙走石的戈壁之中录成的。)⁹虽然里根总统的竞选团队误解了斯普林斯汀1984年那首《生在美国》(Born in the U.S.A.)、并将其当成强有力的宣传武器用在谋求连任的广告之中，但无论是这首单曲还是整张专辑，都讲述了劳苦大众在衰颓的经济形势下生活举步维艰的遭遇。史蒂芬·霍尔登(Stephen Holden)在为纽约时报撰写的充满溢美之词的评论中写道，"《生在美国》是一张有关致富、保障和社群等'美国梦'的悲伤而严肃的专辑，是为美国社会中一个日渐衰微的群体而创作的。"他也认为"老大"(斯普林斯汀的绰号)是摇滚版的伍迪·盖瑟瑞。¹⁰

二十世纪八十年代初的电视节目，对于"艰难岁月"也有表现。在那个《达拉斯》(Dallas)、《华生一家》(The Waltons)和《肥皂》(Soap)等内容空洞的剧集屡见不鲜的时代，一部名曰《美国梦》(The American Dream)、非常注重现实的新剧让人眼前一亮。这部1981年由美国广播公司推出、只拍摄了一季的家庭剧，毫不忌讳地将金钱问题、意外怀孕产子和患病亲属等困扰当时社会的问题拿到台面之上。然而，这部连续剧最有趣的地方在于其中心线索——剧中的诺瓦克一家人从芝加哥郊区的一座新房子搬到了城市中心区一处条件恶劣、人种杂居的社区，住进了一套古老的房子：许多观众无疑会联想到"美国梦"，然而如此剧情完全颠覆了他们的旧有观念。¹¹受够了城郊与城区之间的交通不便、想要节省一点空间，并对乏味而虚伪的城郊地带心生厌恶的丹尼·诺瓦克，带领家人在城市里找寻到了新的、更加真实的"美国梦"——只是事实始终将证明，这样做要比他预想中的更艰辛。¹²有趣的是，这部电视剧至少让芝加哥的一户家庭实现了一个真实的"美国梦"。达基特一家在光秃秃的柳条公园附近拥有一组摇摇欲坠的维多利亚式洋房。当《美国梦》剧组将他们家的房子选作拍摄取景地时，肯·达基特和桑迪·达基特夫妇俩很开心，因为制片人们为修缮这座洋房花掉了超过十五万美元。（影片《福禄双霸天》The Blue Brothers的取景组曾经想用达基特家的房子拍摄片中的孤儿院场景，但在看到破败不堪的内饰之后决定放弃。）感到梦想成真的夫妻二人，开开心心地带着两个孩子、十一只猫狗和一大堆笨重破烂的家具搬了出去，以便木匠、裱糊匠、油漆工和泥瓦匠进来开始修理工作。很快，这座房子被修复到1889年刚建成时的模样——可如此美好的结局，对于剧中的诺瓦克一家而言，只能是个无法实现的梦想。[13]

如果说"美国梦"很难在流行音乐和电视节目中有正面反映，那么电影则会偶尔"出手相救"一番。在二十世纪八十年代最流行、最成功的电影——由史蒂芬·斯皮尔伯格（Steven Spielberg）执导、1982年上映的《外星人ET》（E.T.: The Extra-Terrestrial）中，讲述了一个外星人想要回家的故事，与《绿野仙踪》颇为相似，强化了"美国梦"的家庭化倾向。而在1983年上映的《疤面煞星》（Scarface）中，一位来自古巴的移民实现了自己的"美国梦"，然而其情节却非常类似三十年代的黑帮电影，主人公最终明白了犯罪是得不偿失的。还有两部电影以关于美国人的另外一大全民信仰——棒球为主题的，完美表现了美利坚民族对于失落的美国梦的找寻。根据伯纳德·马拉默德（Bernard Malamud）1952年发表的小说拍摄而成、于1984年上映的《天生好手》（The Natural，又译《天赋奇才》），将故事背景设定在二十世纪三十年代：一位并不算太出众的棒球选手，在追寻其"美国梦"的道路上得到了第二次机遇。这或许比喻了整个美国的希望。（电闪雷鸣下的全垒打慢镜头，伴着由兰迪·纽曼Randy Newman创作的优雅的柯普兰式配乐，主人公神奇的挥棒一击，整部影片本身就跟"美国梦"同样充满神话色彩。）[14]在根据W. P. 金赛拉（W.P. Kinsella）1982年发表的小说《没有鞋子的乔》（Shoeless Joe）改编而成、于1989年上映的

《梦幻成真》(Field of Dreams)中，由凯文·科斯特纳(Kevin Costner)扮演的衣阿华州农民雷·金赛拉听到一个神秘的声音，让他在自己正种着庄稼的田地上建造一处棒球场。"只要你建好场地，那个人就会到来，"那声音说道。金赛拉决定听从这一劝告，然而除了他妻子之外，所有人都觉得他疯了。后来人们知道了，"那个人"就是没有鞋子的乔·杰克逊，那位曾经牵涉"黑袜丑闻案"(Black Sox Scandal，即1919年世界职业棒球大赛"黑袜"贿赂丑闻事件)、如今早已作古的左外野选手。乔带着金赛拉来了一次穿越时空的神奇的往昔之旅。这部电影最终的主题是梦想的能力，而"做梦"正是金赛拉和那位易怒的"幽魂"(由詹姆斯·厄尔·琼斯James Earl Jones扮演的塞林格式的"人物")像六十年代激进主义分子那样所做的事。《新闻周刊》的大卫·安森(David Ansen)认为，《梦幻成真》"是只有在美国才能诞生的故事。"在他看来，该影片"是一场关于幻想之国的白日梦"。电影中的球场是真实存在的，而且总是游人如织络绎不绝，有些人去那里游览纯属为了满足好奇，还有些人则是为了重新寻回属于自己的"美国梦"转程去"朝圣"的。[15]

二十世纪八十年代的这几部影片，是杰罗姆·查林(Jerome Charyn)所谓"银屏之国"的绝佳代表——这一概念，指的是一种"希望"唱主角的年轻（甚至是幼稚）心态。作为纽约城市大学英语教授，杰罗姆·查林曾经在其著作中写道，"美国是一个充满希望和期待的国度，并升华成了某种'在这里一切皆有可能'的田园诗，"而那些与众不同的电影明星，正是广大美国人梦想成为的人物。这些电影让人们相信美好的事物就在不远处，也使得"美国梦"更加深入地扎根于人们的个人思维与社会的整体思维当中。这到底只是一场梦，还是真的有机会梦幻成真？[16]

★ 我的蓝色天堂

尽管这个问题的答案并不明确，但"美国梦"的家庭版本并不会很快湮灭，这一点还是很少有人怀疑的。"一种对拥有私宅近乎'意识形态'般的期望，常常让美国人魂牵梦绕，"1981年，《时代》的朗斯·莫罗（Lance Morrow）曾这样写道。尽管经济形势严峻，但大多数美国人依然坚持着"一个美好夙愿，即拥有一座梦想之屋，那是家的港湾、一处真正属于自己的蓝色天堂。"在二战结束后的数年间，曾几何时的"希望"似乎逐渐成了一项"权利"——拜通货膨胀和高利息税所赐，美国人很难有足够的钱购买房子。"摩洛阐述道，大量婴儿潮时期出生的中产阶级孩子尤其被这一错误观念所诱导。"他完全相信，只要这些人真正做好准备，终将"找到类似父辈曾经拥有过的房子——也许还是更棒一些的房子——在其中舒适生活，并继续追寻'美国梦'。"拥有一套位于新城区的花园公寓并非"唯我一代"（Me Generation）的心中理想，因为他们大体上都是消费资本主义思潮的信徒。[17]

还有一些人认为，经济状况并不是造成婴儿潮一代"美国梦"破灭的唯一原因，这代人期望值也是部分原因所在。费尔菲尔德大学社会学家亚瑟·安德森（Arthur Anderson）在接受《福布斯》（Forbes）杂志采访时说道，"对于年轻人而言，问题在于传统的'美国梦'概念，"他们父母定下的目标被证明是很难达成的，很少人能越过"龙门"。劳动力市场的低迷，本科学位和研究生学位的贬值，加上艰难的住房条件，（至少在一段时期内）使得七千六百万出生于婴儿潮时期的人成了一个牢骚满腹、性情乖戾的群体。所以，曾经最乐观的美利坚民族在当时的资本主义国家民众乐观度排名中仅列第十七位，也不足为奇了。[18]

当然，美国人对于拥有私宅的深切渴望，也是流行文化中经常出现的比喻。例如，在1984年上映的讲述二战期间美国大后方故事的《小迷糊的情泪》（Swing Swift）中，两名士兵兴奋地谈论着未来。战场归来的美国大兵，彼此热情地交流着想要拥有私宅的梦想——毫无疑问，现实生活中真正的退役军人一定也有过这样的对话。为多家报社撰稿的专栏作家艾伦·古德曼（Ellen Goodman），颇为这一幕所动。那一年她曾写道，"这就是美国人，这就是我们所生活的这个国度当初得以建立的动因。"她认为，影片中两名士兵的对话"如同精神层面的化学反应，将朝生暮死、无比脆弱的'美国梦'，转化成了凭借抵押按揭可以得到的如房屋般坚实的东西。"然而四十年间，物是人非，沧桑巨变，（像那两名老兵那样的）人们所购买的房子与八十年代美国人实际的生活方式之间，已经产生了巨大的差异。古德曼相信，"所谓'美国梦'，是为普普通通的老百姓们预备的，"梦想的力量仍如往常一样强大，但人们却再也买不起房子了。她感觉，在工作单位和住处之间来回奔波，孩子的日托，以及打两份工以便偿还按揭抵押贷款，皆是与"美国梦"相冲突的，而房子越来越大、家庭人口却越来越少，同样让事情与二战结束之初相比复杂了许多。[19]

与古德曼类似，《重新设计美国梦》（Redesigning the American Dream）一书的作者多洛蕾丝·海登（Dolores Hayden），也认为"美国梦"与美国家庭当时的实际生活方式之间的差距太大。尽管郊区私宅已经不再适应很多美国人的需求，但大多数人还是想要一套，与此类房屋的高价相比，这一现实似乎才是真正的问题。海登在她这本出版于1984年的书中写到，"一个文明社会基于房屋——而不是城市或国家——创造了一个乌托邦式的理想，这是有史以来的第一次。"尽管现实充满艰辛困苦，但事实证明，这一理想得到延续。海登指出，二战结束伊始。美国人的梦想之屋是围绕"丈夫赚钱+老婆持家"模式设计的,而到了八十年代,只有百分之十二的家庭还在选择这种生活方式。海登认为,临近工作单位和日托机构的集成化居民社区更为可行,但由于城郊独户私宅在美国人心目中依然占据着牢固地位,重新设计"美国梦"将(非常)任重而道远。[20]

然而,考虑到拥有那种房子所要付出的代价,重新设计"美国梦"依然是更加靠谱的选择。"被人们称作'美国梦'的目标,已经跨越了一个历史性的临界点,"1984年,《纽约时报》的彼得·吉尔伯恩(Peter T. Kilborn)在报道全新独户私宅均价达十万美元的新闻时如是写道。随着房价攀升,买房的人越来越少,这与战后之初超过半数美国家庭都拥有房产(这一数字也具有深刻的历史意义)的情况截然不同。利息税的增长同样是导致购房愈发困难的重要原因之一。二十世纪五六十年代,针对常见的三十年定期按揭抵押的利息税只有百分之四,而七十年代这一数字攀升到百分之十。1976年,购房家庭平均每月用于偿还房贷的支出占收入的四分之一,仅仅八年之后,这一比率已经变成了三分之一,而且依然在增长,这已去世令人不安。[21]

无论是为了让自己感觉"安定"还是作为投资,拥有一份私产都是美利坚民族的基本愿望之一。随着独户私宅越来越被人们视作无法负担的奢侈品、不切实际的目标、或者干脆是两者的共同化身,不少美国人开始选择别的方式。虽然合作公寓和分契式公寓在过去十年左右进入了美国的房地产市场,但很明显直到二十世纪八十年代中期它们才正式开始改变美国人的思维方式。1984年,《纽约时报》记者马修·瓦尔德(Matthew L. Wald)写道,"'美国梦'很大程度上左右着人们的思维方式。"他认为房屋共享的兴起将重塑社会形态,或许还会对美利坚民族的特性产生深远影响。根据美国人口统计局的数据,自1973年到1981年,合作公寓和分契式公寓的数量增长了两倍，从五十万套增加到了一百七十万套。虽然当时只有百分之八的购房者考虑购买合作公寓和分契式公寓，但新的楼盘依然如雨后春笋般迅速建成，许多旧有公寓也从租赁房变成了私有产权房。瓦尔德怀疑，房屋共享的社会接受度终将与独栋房屋相当，甚至超越后者。他大胆指出，"对于一个房子被视为个人城堡、而人们的梦想是名义上获得一块私有土地的社会，这一改变是极富象征意义的，"这一相对新颖的居住体制有可能会影响到社会互动的本质。例如，这是否会对社区概念有所弱化或是加强呢？人们是否会觉得这只是追求城郊私宅过程中的临时跳板，让美国变成一个"过客之国"？这种居住模式会否成为那些不想做家务的单身女性的最爱，从而使美国社会更加被性别和婚姻状况所分化？没人能给出确切答案，"美国梦"的未来或许依然安危未定。[22]

之前便已经业绩甚佳的拖车型活动房屋销售商们，也开始开足马力将他们的产品宣传成为那些昂贵的郊区宅院的极富魅力的替代品了。拖车型活动房屋传统的营销方式跟二手汽车差不多：大嗓门的推销员们身穿花里胡哨的衣衫，占据着后半夜的电视广告时段。然而到了八十年代，活动房屋的广告已更上一层楼，将自己标榜成了"美国梦"实至名归的承载者。一位业内人士曾经坦承，"我们在别人眼中的形象，就是给新婚夫妇和新死之人造房子的工匠。"然而此刻，按照另外一个人的说法，"我们正试着拜托从前那种穿着绿色休闲装、系着白腰带的推销员形象。"有些"流水线房屋"的制造商（他们喜欢被别人如此称呼）将壁炉、落地玻璃门、大教堂式天花板装进了拖车型活动房屋；还有的制造商利用老道的营销策略，意在房获高收入、高文化水平的客户群。大概相当于同样面积固定式房屋一半价格的活动房屋，自然适合一部分买不起配备了庭院和白色尖桩篱栅的标准"美国梦想之屋"的人。[23]

然而，那位几乎单枪匹马创造了"郊区居住模式"的人物，是不会让分契式公寓和活动房屋毁掉他的"美国梦"风潮的。1985年已经七十七岁的威廉·李维特，依然在按照1947年的思路行事。当年他曾经建造房屋（全都是统一样式、面积为八百平方英尺的科德角式洋楼，地基长一百英尺宽六十英尺，全部配备家具家电，而且无需一次付清全款）并销售给一万七千户家庭，在长岛建起了最早的"李维顿"社区（Levittown）。从那之后，李维特很快被人们奉为"郊区居住模式之父"，并于1950年以"待售：一种全新的生活方式"为题，登上了《时代》杂志的封面。三十多年过去了，已经卖掉了二十万套房子的李维特，在奥兰多附近为两万六千户家庭启动了一项耗资二十亿美元、工期七年的项目，计划建造十三座村镇，每一座都配备专属的购物中心、娱乐场所、学校和教堂。（时光荏苒，世界变迁，李维特此时提供的房子共有十一种建筑风格，价格在四万至六万美元之间，购买需支付百分之五的首付。）据报道，在1968年以九千六百万美元价格卖掉了最初那家公司的李维特非常需要资金，但很显然他仍旧喜欢玩这种把戏。他曾经回忆道，"（1947年时）人们压抑已久的欲望、需求和期待如此强烈，以至于有人露宿三天，就为等待我们开放样板间后来参观一番。"如此场景正代表了《小迷糊的清泪》故事情节背后的现实。充分认识到八十年代百分之七十五的美国人买不起普通家宅这一现实，李维特又玩起了老把戏，开始为普通百姓建造房屋，而且不打算收手。[24]

与多洛蕾丝·海登一样，马克·鲍德萨瑞（Mark Baldassare）无疑也相信，李维特复兴"郊区美国梦"的尝试算不上什么好主意（尽管有利可图）。作为加州大学尔湾分校的城市社会学家，鲍德萨瑞在其著作《天堂里的烦恼》（Troubles in Paradise）中提出，与城市相比，城郊已经不再是美丽田园,亦不再如二战结束之初时的情形、是(或者被认为是)中产阶级的"美国梦"的核心。鲍德萨瑞特别点出了发生在1970年的变革——当时城郊地区的经济发展和工业化水平正开始加速。(无独有偶,1970年亦是居住在城郊地带的美国人口超越其他任何地方的一年。)1986年,他对《洛杉矶时报》的记者表示,许多美国人"仍对所谓的'城郊梦想'抱有希望……却忽略了一个现实:'郊区居住模式'只属于过去,不会再一次(照以前的样子)出现了。"在这些人看来,天堂之梦比现实更加激动人心。[25]

然而,对于某些人群而言,到城郊居住的"美国梦"几乎是一个崭新的概念。二十世纪八十年代,新的黑人中产阶级开始崛起(大多数历史学家认为,这是自奴隶制废除以来的第三批此类群体),其中有许多人像白人们几十年来所做的那样,直接搬到了城郊地带。与二战刚刚结束之后那段岁月不同,此时许多公司企业已经在城郊开设了办公机构,较短的通勤距离也吸引着大量非裔美国人(还有白人)。例如朱丽叶·麦克尼尔和她的丈夫詹姆斯·麦克尼尔,两人都来自阿拉巴马州,非常舒适地居住在一座拥有四间卧室、面积达三千平方英尺的殖民地时代风格大宅中。他们的房子,位于华盛顿特区郊外费尔法克斯县一处名曰德福罗湖的社区,当地居民多数为白人。夫妻俩的工作都不错,家中有一辆沃尔沃轿车,还有一个名叫阿什利的四岁女儿。很明显,麦克尼尔夫妇的梦想已经实现了。即便是在十年前,这也是不可能发生的事。类似的事情同样发生在洛杉矶、长岛、亚特兰大、芝加哥和底特律,因为黑人中产阶级已经在收入和受教育程度两方面取得了长足进步。尽管不平等现象依然存在,但在过去的二十年间,黑人民权运动播下的种子似乎已经开花结果了,更多非裔美国人正享受到传统的"美国梦"带来的红利。《华盛顿邮报》的乔尔·格瑞奥在报导这一故事时曾经如此评价,"黑人中产阶级的成员们可不单单是一些一步登天的暴发户,"他总结道,"他们是一个庞大的群体,信奉基督,拥有私宅,养育孩子,既在后院享受生活,也在路上忍受塞车,只是因为这些普通人也开始追寻经典的'郊区美国梦',才显得如此不平常。"换句话说,1987年时,城郊住宅对于某些非裔美国人的意义,与四十年前它们对白人中产阶级的意义颇为相似。[26]

★ 暴富

然而,拥有一套城郊地带的私宅,并非二十世纪八十年代人们追寻的唯一"美国梦"。对于某些人而言,"赚大钱"即是他们的梦想,如果能尽快达成目标、且不用朝九晚五地去工作,那简直是再好不过了。如同智力测验节目被视作少数暴富途径之一的五十年代一样,八十年代那些缺乏耐心的人对于任何实现"美国梦"的捷径都很感兴趣。赌赛或赌马便是捷径之一,此类活动的参与者所追求的,便是只有极少数人才能得到的特等巨奖。这些常自称为"专业赌客"的人,花费大把时间手写地址、粘贴邮票,将购买凭证和三英寸宽五英寸长的赌券塞进信封,而他们的家中早已堆满了赌赛赢来的"成果"——家用电器、家具、皮草、度假奖券、汽车、以及用来在赌赛中开销的成捆钞票——他们决心全凭长期坚持而成为最终的赢家。按照专家的建议,常常参与并坚持选择冷门,是赌赛成功的关键,而许多专业赌客都参加了赌赛俱乐部,且订阅详述赌赛规则和奖项设置的报纸。然而,正如在智力测验节目中获胜一样,对于赌客们而言,各种无用之物和高额税款也是沉重的负担,他们这种快速实现"美国梦"的方法也并非是无本生意。[27]

对于那些不愿坐在餐桌前花上几个小时甚至几天时间粘信封的人来说，还有许多其他瞅准冷门一举成功的机会。八十年代，各式各样的赌博活动在美国盛行一时，有四十六个州宣布赌博合法，仿佛是在鼓励其公民参与这类活动。"随着赌博风潮从大西洋城的百家乐牌局发展到华盛顿州的新式彩票，一种通过赌博投机一夜暴富的新的'美国梦'—正将数十亿美元送进国库、将数百万美元塞进赌徒的腰包，"1984年，美联社的斯科特·克拉夫特（Scott Kraft）如是写道，这些数字本身就已经说明问题了。之前一年，美国人在合法博彩活动中押下了四百四十亿美元（这已经超越了购置汽车资金的一半），其中有十七个州的彩票销售总额达到了五十亿美元。有趣的是，人们在赌场中花掉的金钱相对较少，拉斯维加斯和大西洋城各自都有不到二十亿美元进账。虽然原因不仅相同，但在美国的许多地区，反对博彩的势力依然强大，然而各州政府却乐于将这部分盈利投入社会服务领域；而且美国人似乎明显愿意在任何有利可图的东西上投下赌注。例如，在阿拉斯加州，人们打赌塔纳纳河和契纳河上的结冰何时开裂消融；而佛罗里达人则将赌注下在赛马、赛狗和回力球上。老虎机和牌桌游戏在受欢迎程度上同样前所未有，这使得美国其他地区也想要琢磨出一套手法以赶上这股热潮。宾戈游戏（Bingo）也成了人们趋之若鹜的生意，部分"大局"甚至设到了印第安人保留地中。不少此类游戏有着高额回馈，"美国梦"正等着运气够好、能首先喊出"宾戈"的人。[28]

尽管与赌赛和博彩相比，通过特许经营获得财富的道路要长得多，但它依然是另外一条适合那些更富开拓精神的人们实现"美国梦"的捷径。正如《芝加哥论坛报》的萨利·萨维尔·霍奇（Sally Saville Hodge）所指出的，与安利之类的直销组织类似，特许经营也"为小人物们带来了暴富的机遇"。该领域之所以为人所知，在于其对"伟大的美国造梦机"理论的支持。任何一个人，只要敢于以自身接受过的业务培训和广告支持为基础换取一定数额的投资，并抓住汽车修理店、日光浴沙龙或是冰淇淋店等等加盟特许经营的机会，都能闯出一条新路。1985年，常见的麦当劳加盟店一年能赚到十万美元，这使其成为人们最崇敬的特许经营项目，而此类几乎稳赚不赔的项目还有米达斯汽车消声器（Midas Mufflers）。[29]按照美国商务部的统计，与全部小企业领域百分之六十五的倒闭率相比，特许经营行业的这一比例仅为百分之四，这给了那些能够负担得起加盟费的人更多入伙理由。特许经营方式在二十世纪五六十年代便已出现，随着加盟门槛、政府规章和道德准则等条件的引入，这曾经让人生疑的行业已经发生了巨变。（尽管联邦贸易委员会在监管方面出现纰漏，但诈骗情况依然并不常见。）诸如牙科口腔护理和女佣服务等新式特许经营项目持续涌现，这对于那些想要自己当老板的人而言是个好消息。（根据美国商务部出版的《特许经营项目手册》，此类项目至少有1265种。）[30]女性和少数族裔群体对特许经营尤为感兴趣，这是可以理解的，因为他们相信，在白人和男性占主导地位的公司化的美国社会，若想发大财，加盟特许经营机会更好。[31]

对于那些能够拥有一家（甚至数家）特许加盟店的幸运儿而言，有着神话般传奇历史的麦当劳更像是一台"印钞机"。与安利的大聚会类似，麦当劳每两年一届的业主-经营者聚会，也近似于一场让加盟商和会员保持上进心、最终"赚到大钱"的精神体验。无独有偶，1987年在华盛顿举行、为期三天、与会者达七千人之多的麦当劳业主——经营者聚会的主题是"分享梦想"，将公司的发展经历（从极富革命性的理念到艰难的创业，从快速发展到最终形成一个"快餐帝国"）与整个美国的历史轨迹并联到了一起。看到丈夫在这场仪式般的盛典上摘得令许多人垂涎欲滴的"金拱门奖"（Golden Arch Award），一位女士说道，"哦，是的！他就是'美国梦'的化身！"（店中安装了自动冲洗小便池，是该名业主获此殊荣的原因之一。）不断有新人"麦当劳化"，或成为"麦当劳的伙伴"，这家公司与其他任何"亚文化群"一样，也拥有属于自己的"麦当劳式语言"。通过全体参演的特别节目（如"这是麦当劳的世界"It's a Mac World和"看看那些拱门吧"See Those Arches等）、小品短剧、一部保罗·纽曼（Paul Newman）出演的电影、公司高管的演讲、仪仗游行、以及其他许多途径，再加上如福音派集会般的业主-经营者聚会，该公司向人们传达了一种所谓的"麦当劳的信息"。专业歌手和舞者演出"分享梦想"这一主题时，是整场聚会最激动人心的时刻；他们唱出的歌词（我们是真正的信徒，我们一直在赢得成功！我们在分享我们的梦！）无疑让所有与会者都产生一种奔出场外卖汉堡的冲动。[32]

对于女性和有色人种而言，加盟特许经营项目是以小本钱博取大财富的不错方式；不过，其他少数族裔却在以更为传统的方式追寻梦想。1985年，《华尔街时报》的一则标题宣称，"'美国梦'在韩国城呈现勃勃生机，"洛杉矶城中那片曾经破败不堪的区域，此时已经成了小本生意蓬勃发展的中心。作为美国密度最高的韩裔人口聚居区，面积仅为五平方英里的韩国城，吸引着那些想要通过努力取得成功的创业家，其中有很多人是来自全美各地、几十年前迁来美国的犹太和日本移民。《华尔街时报》的小厄尔·C·古茨查尔克指出，"韩裔在美国的成功表明，通过努力'出人头地'依然是可行的，"他们的成就印证了"辛勤工作、注重细节、以及创业精神仍旧能带来好结果"。在洛杉矶，韩裔通常喜欢开设贩酒店、小型食材市场、加油站、干洗店、餐厅和成衣店；而在美国第二大韩裔社区所在的纽约，他们则在水果和蔬菜行业干得不错。在美韩裔的成功，部分原因在于他们骨子里的创业倾向——这一点或许更胜于美国人。"韩国人明白，靠工资是永远不可能发家致富的，"韩国城韩美银行（Hanmi Bank）行长郑元洪（Won H. Chung）曾经这样说道，其言外之意是"靠工资生活的人在这里什么都不是"。[33]

除了对靠工资生活的人嗤之以鼻，韩裔经营小本生意的模式也与美国人依靠高额负债的模式存在重大区别。只能从祖国带来一万美金的韩国移民们，通常都会在美国工作数年，以存下更多的金钱，然后再自行创业。大多数韩裔不会去银行贷款，除非是要扩展业务，或者收购第二份产业，因为他们认为最好首先证明自己的能力。几乎所有贷了款的韩裔都能还完本利，而且常常能在贷款到期之前完成偿还，这是因为在韩裔社群中破产是非常丢脸的行为。（事实上，破产在韩裔族群中间是最为罕见的，因为宣布自己破产并不能暂时摆脱债主的追缴，正如郑元洪所说，那样反而才是"真正的末日"。）有趣的是，除了他们作为小本生意创业者那令人印象深刻的业绩之外，三分之二的韩国移民都拥有大学文凭，且大多数人在他们自己国家都曾经是中产阶级"专业人士"。然而到达美国之后，许多韩国移民决定走上小本生意创业之路，语言障碍和更快致富的愿望都是促使这些人脱掉西装，开始追寻"美国梦"的原因。[34]

在某些将韩裔以及其他亚州移民视作潜在目标人群的市场营销者看来，这部分人并未丧失"出人头地"的能力。许多公司已经将拉丁裔移民纳入了自己的客户范围，但正如智威汤逊广告公司（J. Walter Thompson USA）副总裁彼得·金所描述的，亚裔美国人这一市场依然是一片"处女地"。所有人都赞同，五百万亚裔美国人中的语言区别和文化差异皆是不利因素，但他们的平均家庭收入水平却高于整个美国的平均家庭收入水平，如此强大的经济实力让市场营销人员们"垂涎三尺"。而按照人口计算，亚裔美国人的大学毕业率是白人的两倍，这更有助于营销者们尝试提升他们的品牌忠实度。大都会人寿保险公司（Metropolitan Life Insurance）是这方面的开路先锋之一。该公司曾在中国农历新年的报纸上发布广告，表示其"愿意在实现'美国梦'方面与华裔美国人社群携手"。大都会保险还将超过三百名亚裔美国人雇佣为产品销售员，认为该目标人群的受教育水平和家庭主义取向将是其成为金融保险业理想的潜在客户。美国人口资料局（Population Reference Bereau）曾经预测，到2000年，美国的亚裔人群数量将翻一番；于是，包括美国电话电报公司（AT&T）、美联航（United Airlines）和麦当劳在内，更多市场营销者开始针对亚裔人群展开广告宣传，意在将其产品塑造成为"美国梦"不可或缺的部分。[35]

考虑到亚裔美国人中许多年轻人的学业表现，赢得该群体对于品牌的忠诚，就显得更有意义了。在过去的十年间，如果以进入美国各大顶级学府的人数衡量，年轻亚裔美国人的成功堪称卓越。以哈佛大学为例，1987至1988学年入学的新生中，亚裔美国人占了百分之十四，而该群体占美国总人口的比例仅为百分之一点五。纽约市堪称最棒的高中——施托伊弗桑特中学（Stuyvesant），有百分之四十一的学生是亚裔美国人，而在布朗克斯科学中学（Bronx Science），这一比例是百分之三十，仅次于前者。1988年，《纽约》杂志的托尼·施瓦茨（Tony Schwartz）曾写道，"这些移民中的年轻人所取得的成功表明，无论有多少艰难困苦，纽约城仍然还是一个有可能实现'美国梦'的地方。"努力奋斗，不屈不挠的精神，正是年轻亚裔美国人在求学路上取得这些成就的原因，因为他们中的大多数都毫不犹豫地接受了父母对于他们极高的期望值。"我的父母似乎对我的要求并不高，而我很渴望能取悦他们，"说这话的是一位名叫崔黛西（Daisy Tsui）的亚裔学生，她已经被哈佛大学提前录取，下一年秋天就要去报到了。与一两代人之前的犹太裔美国人非常相似，亚裔美国人正以一种"笨鸟先飞"的传统方式踏上追寻"美国梦"的道路，因其家庭对于"读书求学"的传统价值观而获利——尽管常常会遭遇经济上的困境。36

★ 美国还存在吗？

尽管年轻一代亚裔美国人在求学路上取得了惊人的成绩，但许多人依然对美国下一代的未来表示担忧，这也是有情可原的。《老爷》（Esquire）杂志主编菲利普·墨菲特（Philip Moffitt）很想知道，过去数年间出生的美国人将来会遇到些什么状况。这一代人后来被称作"被遗忘的一代"（Generation X）。"他们的梦想，还有这个国家的梦想，将会是怎样的？"墨菲特问道。他确信，这代人的梦想，将大大区别于婴儿潮时代出生的父辈们的理想抱负。在墨菲特看来，美国的人口老龄化，无疑将会与生物科技和电脑技术领域的重大突破一样，深刻影响"被遗忘的一代"的人生体验。无论他们的未来如何，墨菲特都认为美利坚民族应当从此刻开始未雨绸缪。他表示，"'美国梦'将会得到重新解读，以今日的各种可能性为基础，整个民族优先考虑的东西也将被重新定义，"等到这一代长大成人之时，昔日的"美国梦"将不再可行。墨菲特指出，"就像从前一样，将会出现一系列后现代的承诺与愿景，这里面既包含我们的传统价值观，又与我们全新的自我形象相适应——那是一种对于未来的展望，同时反映着过去五十年的经验教训。"他的这番话，为新一代提出了一个与时俱进的新"美国梦"。37

墨菲特关于革新"美国梦"的呼吁令人眼前一亮，挑战着那些意在寻回旧时"美国梦"的寻常主张。显然，二十年的经济困境、政治乱象和社会变迁，在民族精神上留下了擦不去的印记，所有这一切似乎都让旧有的"美国梦"无法在未来立足。毋庸置疑，二战之后美国人的共识（如果存在这样一个共识的话）到了八十年代，或许已经变成了数不清的碎片，而这对"美国梦"产生了直接影响。1984年，《哈泼斯》杂志的编辑们评论道，"如此众多理想抱负相互叠加，造成了许多人的困惑，不知那些'美国梦'的追寻者们是否抱着相同的梦想。"在他们看来，是时候冷静地提出这个非常重要的问题了："美国还存在吗？"《哈泼斯》的编辑们承认，"对于外国人而言，这个问题似乎是相当荒谬的，"无论是美国的金钱、产品还是武器，在整个世界范围内都是难以被忽视的。然而，在美国国内，这个问题却显得并不那么荒唐，如果没有"一个能保证所有公民都能自由选择信仰、生活、机遇和命运的宪法般的契约"，也就是人们常说的"美国梦"，那么我们到底还拥有些什么？[38]

《哈泼斯》杂志将这一简单而精辟的问题交给十位权威专家（值得注意的是，这些人皆为男性），希望他们给出的答案能够在某种程度上拨云见日，对二十世纪八十年代美利坚民族的特质加以阐释。（乔治·奥威尔George Orwell的小说《1984》，似乎也是八十年代人们如此关注"美国梦"的原因之一。）首先是弗吉尼亚理工学院历史学教授、《美国制造：美国经济的塑造者们》（American Made: Men Who Shaped the American Economy）一书的作者哈罗德·李福塞（Harold Livesay）。他接到这一问题之后大吃一惊，并脱口说道，"这简直太对了。"他还列出了常年参选却屡战屡败的哈罗德·斯塔森（Harold Stassen）、边境巡逻队（Border Patrol）、移民归化局（Immigration and Naturalization Service）以及美国各大高等学府的招生负责人等等，认为这些人一定会支持他的观点。李福塞认为，是美国的辽阔疆域支撑了美利坚民族关于"无限可能"的信念，而这也正是美国人与他们贪婪而因循守旧的欧洲"亲戚"之间的区别所在。他主张,美国人内心的年轻情怀,是"美国梦"赖以保持生机的另一大基础,他并不同意那些认为美国已"步入中年",一切问题皆由此而生的观点。李福塞曾写道,"在我看来,美国更像是一个被宠坏的孩子,缺乏耐心,习惯于诉诸暴力,坚持让别人以他为中心,总是吵着要当孩子头,否则就不跟别人玩耍,获得一点点成绩就盼着别人报以掌声,傲慢而狂暴,但很容易哭鼻子,并且常为自我怀疑所困。"最后,李福塞列举了一些他所欣赏的东西(福特的V型八缸汽车引擎、有线电视、二十四小时营业超市等位列其中)。这些东西不仅证明了美国的"存在",而且被李福塞称作是"极乐天堂"的象征。[39]

反战活动家、天主教神父菲利普·伯利根(Philip Berrigan)也赞同美国是"存在"的。但伯利根眼中的美国与李福塞所说的区别颇大。他认为,与性能强大的汽车、有趣的娱乐节目、以及凌晨三点去逛超市的便利相比,美国的"存在"更多在于军事力量。"美国曾经是一个建立在自由、民主、平等与和平等洛克文化基础上的国度,"他写道,"但第二次世界大战结束之后,这一切都以令人惊愕的速度消失了,取而代之的是权威、层级、顺从、强迫和战争等军事原则。"正如伯利根所指出的,由于政府当局相信战争是"有效手段",以国家安全为名对抗共产主义便成了美国"存在"的要务,而这也被人们当成了美国曾经"存在"的证据。伯利根坚信,由他这样的人士所组成的、与该体制作斗争的另外一个"美国",同样也是存在的——这两派本身即在进行着某种"战争"。[40]

哥伦比亚大学教授、曾经创作过一系列著作的罗伯特·尼斯比(Robert Nisbet),同样并不怀疑美国的"存在",但他感觉美国人关于"民族共同体"的观念已经达到了南北内战以来的最低点。尼斯比相信,"我们就像是某个教会的成员,在这个教会里,人们对于教义的信仰已经衰退,而教会本身的结构也正在严重弱化。"他认为,作为伍德罗·威尔逊(Woodrow Wilson)"百分百美国精神"竞选宣传的"遗产"之一,曾经在第一次世界大战期间达到顶峰的美利坚民族的全民信仰,于1920年代开始崩溃,而想要分崩离析的美国社会重新拼凑起来的希望已经微乎其微。路易斯·拉莫尔(Louis L'Amour,西方小说代表人物之一,至1984年已经创作了八十八本书,其中大多数都是在讲述美国边疆地带的生活)跟李福塞一样,确信美国和美国梦都依然"存在"。拉莫尔坚称,美国人身边依然充满了机遇,在美国得到认可和回报的人才比任何地方都多。美国人的生活水准、医疗水平、教育体制、以及所有一切,都比以往任何时候更好。而美国依然在增长的现实,也足以证明美利坚民族依然非常具有活力。[41]

所以,正如理查德·罗德里格兹(Richard Rodriguez)在其发表于《哈泼斯》杂志上的文章中所明确指出的,对于迁徙至此的移民、甚至是移民的后代而言,美国无疑是"存在"的。罗德里格兹本人的父母便是一对来自墨西哥的夫妇。花花绿绿的广告牌、炸薯条和爆米花的香气以及生活的节奏……身为一名作家的理查德·罗德里格兹,发现这个国家"存在"的痕迹无处不在。他感觉,虽然美国人总是在公开场合讲述差异和多样化,然而"同化"才是美利坚民族的驱动力所在,从各地而来的人们汇聚在一起,这是美利坚民族能够形成一个国家的最重要、最有力的证明。"美利坚的故事,是移民子子孙孙的故事,"他如是总结道,这一不断循环的过程,是美国持续立于世界的保证。[42]

二十年后,纽约州州长马里奥·库莫(Mario Cuomo)在其发表于《今日心理学》杂志(有些莫名其妙)的文章《美国梦与政治包容》(The American Dream and the Politics of Inclusion)中,恰恰提到了美国这扇曾经长期开放却逐渐走向封闭的大门。当时，里根总统正在考虑签署"移民改革与控制法案"（Immigration Reform and Control Act），以便使故意雇佣非法移民成为一种非法行为。这或许是库莫提笔撰写那篇文章的动因。作为移民的后代，库莫认为美国历史的主题是"一场争取包容的斗争"，也就是说，任何人都可以分享平等、生活和自由，并追寻《独立宣言》中所描述的幸福。提倡包容的政策，可以"时刻提醒那些已经在某种程度上实现了梦想的人们，'美国梦'尚未完全成真，开国元勋们当年的愿景尚未达成，除非每个人都能得到包容，"库莫如是写道。他作为"第一代美国人"（即移民在美国所生的第一代子女）的人生经历（以及所取得的成功），明显塑造了他的世界观。库莫呼吁道，"美国社会必须抵制那些想要对未来的移民关上大门的人。"在他看来，开放而自由的边境是美国梦保持活力的基础。[43]

★ 黎明重临美利坚

如果说一个人对"美国梦"依然存在疑惑，那么他只需看看电视节目即可。正如二十世纪七十年代早期，人们似乎只能在电视广告中看到充满生机的"美国梦"——八十年代中期的广告宣传充满了"美国梦"的案例与参照。尽管1984年在洛杉矶举办的夏季奥运会对美国的爱国主义宣传起到了推动作用，真正激发美国人爱国情怀的却是里根谋求竞选连任的口号。"黎明重临美利坚"，是里根如佛蒙特州枫树般令人动容的竞选主题；每一则广告，都通过描绘紫色的山林和金黄的麦浪，以大篇幅传达着希望和传统价值。广告制作人们很快都采取了这一套路，歌颂着包括创业开拓精神、保护主义、经济自由和工会制度在内一切可以歌颂的东西。"美国，干杯!"观众在家中的摇椅上就能听到安海斯布希（Anheuser-Busch，美国饮料厂商）的宣传；米勒啤酒（Miller Beer）更宣称其产品是"以美国方式酿造而成"的。《华尔街日报》成了"'美国梦'的每日记录"，而柯达的"美国"系列广告与道奇牌汽车（Dodge）的"美国革命"宣传亦深入挖掘了强烈的美利坚民族主义的特质。克拉姆福斯特保险公司（Crum & Forster）在一条广告标题中提到"为美国梦保驾护航是一项大工程"，而派瑞·艾利斯服装公司（Perry Ellis）则表示要为人们提供"穿起来像个美国人"的服饰。与此同时，可口可乐公司和克莱斯勒汽车在向观众展示，它们正努力重塑"美国梦"伟大象征——自由女神像。这一切都体现了商业广告在某种程度上的妥协。在看到一则以"美丽美利坚"为主题的冰淇淋广告之后，广告顾问拉里·洛温塔尔（Larry Lowenthal）冲进浴室、拧开了水龙头，希望哗哗流水能奏出一曲旋律。他认为"这则广告属于东施效颦，"而其他业内人士也都认同美国的广告业滥用了美利坚民族的神圣符号。[44]

  黎明或许已经重临美利坚，但许多人醒来所见的却是他们不愿看到的场面。1985年，理查德·古德温（Richard N. Goodwin）写道，"'美国梦'正走向破灭。"他认为，美国的贫富收入差距正对中产阶级和民主本身造成严重破坏。曾经为肯尼迪总统和约翰逊总统效过力的古德温，首先阐述了他对于"美国梦"的理解，那是一种与亚当斯最初理念非常接近的观点："一个所有人都能大量分享福利的社会，一片没有巨大财富不均或是固定阶级差异的土地，一个能够保证每个人都不局限于固定收入水平、而是有机会发挥自身最大能力的国家。"然而当时，在亚当斯提出这一概念半个世纪之后，"美国梦"却陷入了深深的危机当中，为"滴升式经济"和其他有利于富裕阶层的国家政策所累。古德温指出，降低大财团大企业的税率，同时提高穷人和中产阶级家庭的税率，并引入海外劳动力，仅仅是里根政府允许"大鱼吃小鱼"的部分举措，"美国式生活方式的这一巨大改变……是对机会均等原则的背弃。"45

尽管古德温等自由派人士可以毫无阻碍地表达他们对于罗纳德·里根及其政策的看法，然而对于本杰明·巴伯（Benjamin Barber）这样的政治学者而言，里根总统更像是一个参不透的谜。在罗格斯大学（Rutgers University）任教、著有《强大的民主：参与新时代的政治》（Strong Democracy: Participating Politics for a New Age）一书的巴伯，认为里根是一名"乐观的保守派"，而这种提法貌似有些自相矛盾。巴伯认为，"真正的保守派抗拒梦想，因为他们知道梦想与现实之间背道而驰，"但里根总统却是一个梦想的坚定笃信者，甚至以帮助美国人实现梦想为己任。里根曾经在第二次总统就职演说中提到，"无论过去还是现在，我们都相信，如果这人世间的男男女女都可以自由追寻自己的梦想，那么人类的发展与进步是没有极限的。"这使得巴伯心生疑惑——里根独特的政治见解究竟是何时何处形成的。当然，这个问题并不难回答，吉佩尔（Gipper，里根的昵称）作为一名演员以及美国影视演员工会（Screen Actors Guild）负责人的经历，与政治家这份"第二职业"紧密难分。巴伯断定，好莱坞为里根独特的"乐观保守主义"（或许也可称其为"保守乐观主义"）奠定了基础，银屏人物的抱负和欲望，与里根眼中美国人民的梦想非常相似。他指出，里根总统的梦想属于"电影胶片式的愿景"，充斥着凭借天赐神力打败强者取得胜利的孤胆英雄——这是对"美国梦"的完美诠释。46

虽然古德温等一些评论者有着迥然不同的观点，但巴伯还是认为，对于美国这个建立在梦想之上的国度而言，里根是当时最理想的总统人选。他曾经写道，"选举一位好莱坞梦想者入主污浊不堪的白宫，对于饱受困扰的美国精神而言，是一剂良药，"正如当时的民意调查所显示的，这也是希望与自信的复兴。巴伯表示，"对于民主而言，希望是不可或缺的珍贵之物，"所以"如果需要一位好莱坞梦想者来为我们复兴希望，那么就随他去吧。"不过，即便是巴伯也担心，里根总统的"美国梦"，与约翰·韦恩和霍雷肖·阿尔杰的并无二致，纯粹是其个人理想的体现。巴伯指出，"事实上，伟大的美国梦一直都是属于大众的，"因为实现机会均等与追求个人自由和财富一样重要。他感到，里根单纯关注个人的奋斗与成功，却忽略了"美国梦"的另外一半内容，因为公民地位与社会和睦也是构成梦想的重要元素。巴伯总结道，"为了成为一个包容个人梦想的国度，美国必须将自身打造成一个属于公众的梦想之地。"他提醒着他的读者们，《美国宪法》开头便是这样几个字——"我们合众国人民"[47]

　　与第一任期相比，里根在第二任期运用了更多与"美国梦"相关的华丽辞藻，以深入推进共和党的政策。比如说，1986年，为了保住共和党在参议院的多数地位，里根号召大家通力合作，并与很少陪在他身边的夫人南希一起，成功游说并改变了十三个州的立场。类似他自己两年之前参与宣战时的情况，这些体现团结一致的集会也堪称典型的爱国行动，充满以"美国梦"为主题的情感语言。在巡回游说的最后一站——加利福尼亚州的科斯塔梅萨，里根鼓足了干劲，摒弃了平常那种徧袒一党之私的口吻，将这一事件上升到了颂扬国家荣耀的高度。他在面对一群几乎由年轻人组成、大概八千五百人的听众时说道，"每一代人，都必须重新复兴并赢得属于他们自己的珍贵的独立和神圣的自由。"他想让这些人明白，若要守护"美国梦"，全赖他们自己（当然，许多未成年听众尚不拥有选举权，这略显怪异）。除了必不可少的摇旗呐喊之外，这场集会上人们还施放了焰火，表演了极限跳伞。最后堪称亮点的是，集会者居然牵来了一头活生生的大象,彰显了共和党的荣光(共和党的党徽图案即大象)。[48]

不过,即便是将一头活生生的大象塞进房间,也无法与里根相比,因为他是在利用这一事件呼唤冷战的终结。在帮助那位试图罢免民主党候选人参议员艾伦·克兰斯顿的众议员埃德温·绍做过宣传之后,里根曾致信米哈伊尔·戈尔巴乔夫(Mikhail Gorbachev)——仅仅几周之前,两人刚刚在冰岛的"雷克雅未克峰会"上见过面。"戈尔巴乔夫先生,这不是威胁,"里根总统如是宣称道,他表示美国的愿望是整个世界共享"自由之光",而这在苏联领导人戈氏眼中是令人生畏的。"这只是一个梦想,我们称之为'美国梦',"里根接着写道,"这是人类最古老的梦想,关于和平和自由的梦想,这一梦想终有一天将属于这人世间的每一个男人、女人和孩子。"人们高喊着"USA! USA!",声音在空中久久回荡,参与集会的年轻人们兴奋地接受了里根向他们提出的挑战。[49]一年多之后,里根在参众两院联席会议(外加全国电视观众)面前做了最后一次工作报告,而"美国梦"恰如其分地成为他那篇国情咨文的"压顶石"。里根总统骄傲地宣布,他的这届政府"面对着世界历史上的一大关键时期,寻回并复兴了'美国梦'。"他以其惯用的口吻,形容美国依然是:"一座在山顶上闪耀出灿烂光芒的城市"。[50]

然而在其与寻常美国民众的交流中,斯特兹·特科尔却并未看到所谓"在山顶上闪耀出灿烂光芒的城市",这位普利策奖得主在七十六岁时,对自己研究了数十年的领域进行了一番总结。他的口述历史体现了各个时期美国人生活的重要方面。在其1988年的著作《大分裂:对'美国梦'的重新思索》(The Great Divide: Second Thoughts on the American Dream)中,特科尔探讨了"富人、中等阶层和穷人之间逐渐深化的鸿沟",而这正是该书书名的来历。与古德温的观点相呼应,特科尔认为"里根经济学"和大型企业财团是造成这种分裂隔阂局面的罪魁祸首，而那些努力拯救维护"美国梦"的普通民众才是真正的时代英雄。"有些跨越鸿沟的现象正逐渐出现，而它们常常出现在意料之外的领域，"特科尔如是写道，赞颂了那些试图获得平等竞争机会的草根运动领导者。[51]

★ 如果你有能力，你就能行

尽管对于二十世纪八十年代的许多人而言，实现"美国梦"是相当困难的，但事实上仍有一些人决定踏上追梦的征程。查尔斯·柯瑞尔特（Charles Kuralt）自1967年其便在哥伦比亚广播公司的晚间新闻开始了"追梦之旅"，他偶尔对于美国各种"犄角旮旯"的深入报道深受许多观众喜爱。1985年，这位遍游天下的记者将一部分经历写成了一本名曰《与查尔斯·柯瑞尔特在路上》（On the Road with Charles Kuralt）的书，其中有许多故事从某些角度谈及了普通美国民众对于"美国梦"的追寻。同年出版的另外一本书——鲍勃·多特森（Bob Dotson）的《追寻美国梦》（…InPursuit of the American Dream）则更为直接。多特森是美国全国广播公司的通讯记者，他认为可以通过观察日常生活中的特别之处来寻找"美国梦"。杰·雷诺（Jay Leno）是另外一位尝试理清"美国梦"概念的人，"映时"频道的一档一小时特别节目记录了他追寻"美国梦"的过程。在这档以"杰·雷诺与美国梦"为题的节目中，这位笑星（后来接手了"今夜秀"The Tonight Show节目）驾驶着一辆1955年产的别克路霸，在芝加哥游逛，停车地点包括一所学校、一家宾戈游戏厅、一所法式饭店、"牛肉先生"三明治餐厅（凭借意式牛肉三明治在当地声名远播）、以及当地的移民归化局。其间，雷诺还在城中的皇家咖啡馆（Café Royal）表演了喜剧。从通用汽车（"嘿，'古德伦奇'这个品牌属于哪个国家？"）到欧洲美食都是他在节目中的话题。然而，与之前所有探寻"美国梦"的人们一样，雷诺并未能真正搞清它的内涵，这一神话依然令人难以捉摸。[52]

凭借成功、名望和财富等共同特征，"美国梦"偶尔会与二十世纪八十年代兴起的名人崇拜彼此融汇。举个例子，1986年，《妇女家庭杂志》（Ladies' Home Journal）曾向部分名人问起，"美国梦"对他们而言意味着什么，得到的答案乐观程度异乎寻常，但这并不令人惊讶。抛弃"美国梦"对他们的公众形象而言并非好事——毕竟在当时的现实之下，知名人物（或他们的宣传团队）"被迫"要比大多数社会评论家承担更多与"美国梦"有关的责任（尽管程度有所不同）。尽管没有常见的华丽辞藻，有时甚至显得非常直率坦诚，但公众人物的回答依然有些趣味。"对我而言，'美国梦'就是有机会将我的幽默感和对人们的爱充分转化为能够为他人带来笑声和快乐的作品，"时年七十五岁的露西尔·鲍尔（Lucille Ball）这样写道，她的"遗产"得到了保障，这令她很开心。（仅仅三年之后她就去世了。）"我对'美国梦'的理解，就是能生活在一个不需要别人来劝说我们放弃理想的国度，"说这话的是曾经出演了电视剧《豪门恩怨》琳达·埃文斯（Linda Evans）。有人说她年龄太大，已经不适合干这一行了，而她却因当初没听这些人的话而感到庆幸。（其实琳达·埃文斯是在电影《奥兹和哈里特的冒险》The Adventures of Ozzie and Harriet中正式出道的，当年她十八岁，并不算是大器晚成。）玛丽·奥斯蒙（Marie Osmond）认为孩子（"我们今天正在打造的未来的希望"）是"美国梦"的核心关键，而多丽丝·戴则感觉"美国梦"意味着"对于一切动物而言更美好的世界"——如果所有人都能像她一样成为素食主义者就更好了。她指出，"如果它们全都能自由自在地生活，那将是一个多么美好的世界啊！"她所说的"它们",指的是"小羊、小猪、小牛、以及其他美丽的生灵。"[53]

正如人们所预料的,对于那些已经在自身领域取得巨大成功的人们来说,"美国梦"通常关乎辛勤工作及其回报。安·兰德斯(Ann Landers)曾经写道,"无论你省在何处,无论你是何种肤色,何种出身,只要足够努力,都能实现伟大的目标。"她是一位著名的"建议者",相信"(美国)是一个努力、精力、辛勤、奉献、正直、诚实和成绩皆有所值的国度"。网球选手玛蒂娜·纳芙拉蒂洛娃(Martina Navratilova,五年前成为美国公民)也有相同感受("如果你有能力,你就能行"是她观点的精髓),而乡村歌手洛丽塔·琳(Loretta Lynn)认为,"(美国)是一个不论人们是否受过教育,只要有足够的意愿,都能实现任何目标的国度。"肯尼·罗杰斯(Kenny Rogers)亦将"梦想"视作需要跨越的障碍。这位未来成为炸鸡餐厅老板的创作型歌手曾经表示,"我常常将'美国梦'看做登山。"在他看来,美国是少数"山顶风光清晰可见且所有人都能攀登上去"的国度之一。艾斯蒂·劳德尔(Estee Lauder,雅诗兰黛品牌创始人)以女权主义者的视角,提出了与"胜利者得战利品"式的"美国梦"不同的观点。这位化妆品女王曾对女性同胞们说道,"在我看来,'美国梦'意味着,如果一名女性尽可能去挑战自身的极限,那么她就能得到一切——家庭里的幸福,生意场的成功,以及快乐的生活。"而这或许正是《妇女家庭杂志》诸多读者想要听到的答案。[54]

总之,当名流们讲述自己心中的美国梦时,时常会谈及自由和平等机会这两大主题。这些妙趣横生的解读,与亚当斯当初的论述最为接近。汤姆·布罗考(Tom Brokaw)提出,"我认为,所谓'美国梦',就是可以自由选择人生目标、以及在何处实现这一目标。"他的这一观点,与当时越来越倾向于经济成功的"美国梦"拉开了一定距离。这位新闻记者还表示,"在我看来,更具内涵的'美国梦',应该是选择一种能在精神、政治和文化等层面带来更多愉悦的生活。"查克·伊戈尔(Chuck Yeager)也抱有相同观点,认为"这是一个人们可以在一生中利用各种机会的国度。"此外,这位杰出的试飞员补充道,"美国是一个鼓励冒险的国家。"这真是一条非常不错的广告语——美国一直都需要从那些相对无趣的地方吸引人才。著名牧师萧律柏(Robert Schuller)也有类似的论调,他曾经说过,"所谓'美国梦'的含义,就是我能有机会做出选择。"而茱莉亚·柴尔德(Julia Child)坚持认为,"'美国梦'说的是,在这里任何事情都可能发生。"李·艾柯卡(Lee Iacocca)认为,自由女神像是"美国梦"的体现,"完美象征着它的自由含义,"是对"美国梦"价值观的最佳表述。然而这中间也有一个"陷阱"。这位克莱斯勒汽车公司的首席执行官指出,"自由只是一张入场券,如果你想生存下来并获得成功,还是需要付出代价的。"在这家苦苦支撑的汽车公司工作的经验,使得李·艾柯卡对这一点有着充分的第一手认识。[55]

很少有名人了解,想要比艾尔维斯·普莱斯利(Elvis Presley,即"猫王")混得更好,需要付出多么高昂的代价。猫王位于孟菲斯的豪宅,向人们证明着,一个来自密西西比州图珀洛的穷小子究竟能取得多么伟大的成就。按照《华盛顿邮报》马蒂·扎德(Martie Zad)的说法,猫王故居"雅园"(Graceland)已经逐渐成为一座"美国梦的丰碑"。1977年猫王逝世十周年纪念日,是重访这座豪宅的最佳时机。(后来,电影《公民凯恩》中虚构人物报业大亨查尔斯·福斯特·凯恩的"仙乐都",大部分便是以猫王故居为原型加以设定的。)1982年,猫王故居开放之后,仅仅一年时间便有超过五十万人来此朝圣。在某些人眼中,这套宅院已经超越了博物馆范畴,甚至成了一处神殿。占地十四英亩的"雅园",简直可以被视为美利坚民族核心信条的象征，体现着"成功"、"财富"、以及人们时常追求的"无度享乐"等元素对于"美国梦"的羁绊。"雅园"中"丛林室"、台球室、电视厅（整个豪宅共有十四台电视机）、餐厅与起居室、"金色大厅"（盛满唱片而非财宝）和壁球场，曾经有力地证明了（现在也依然证明着）这样一个道理：如果追梦者太过富裕、闲适，那么他对于"美国梦"的追寻也可能误入歧途。虽然马厩依然矗立于斯，但普莱斯利的十七匹骏马和专门定制的马鞍却已然不在了。同样保存至今的，还有他1973年产的斯图兹汽车，法拉利跑车，三辆"超级摩托"，在电影《蓝色夏威夷》中出现过的粉色吉普车，以及他送给母亲的那辆粉色凯迪拉克。猫王那架巨大的私人喷气飞机也停在"雅园"的庭院之中，飞机周围的阶梯如今已融入了美国人的民间"信仰"。（猫王曾经为享用花生酱三明治，专程从孟菲斯飞到丹佛。飞机降落之后，专门有一辆大型豪华轿车开到机场跑道上，为他和他的宾客们运来银盘盛装的三明治。）扎德评论道，"猫王享受了人生。"他那难称优雅的生活描述了这样一个道理：人们是可以实现"梦想"的，但按照某些人的说法，"梦想"也会误入歧途。[56]

★ 造就"美国梦"的原材料

有能力"为了一顿花生酱三明治乘坐私人飞机穿越大半个国家"，只体现了猫王本人对"美国梦"的理解。与之相比，了解普通民众对"美国梦"的看法显得更有意义。1987年10月，美国股市崩盘。几个月之后，《妇女家庭杂志》便做了这样一番调查。此次调查的关注对象，是四个来自不同收入阶层的家庭；而调查的目的是，观察这些家庭及其梦想如何度过前景难料的经济困境。迈克尔·韦斯（Michael J. Weiss）想要搞清楚，

"美国梦"是否已经具备实现的可能。他在杂志中这样写道,"拥有私宅,供子女们上学,经济上有所保障,相信将来生活更加美好——这便是造就'美国梦'的原材料。"这些似乎正是新奥尔良的艾略特一家希望实现的目标,因为这家人拼命工作也只够维持生活。艾略特一家(与其他三个家庭一样,夫妻二人带着两个孩子),全家毛收入大概为两万八千六百美元,仅能勉强度日,每一份支出都要精打细算,方能维持介于"贫困群体"和"中产阶级"之间的生活方式。对于这家人而言,所谓"美国梦"就是在经济上有所保障。艾略特一家的目标很简单,即他们时常挂在嘴边的"改善生存状况"。[57]

韦斯在文章中提到的第二户家庭,是来自明尼阿波利斯、年收入四万三千美元的格拉夫一家。对于他们来说,"美国梦"意味着"尽管买不起任何想要的东西,却有能力负担任何需要的东西"。格拉夫一家认为,只要每年能收入六万美元,他们就不必再像现在这样做妥协——比如说,以重新装修的房子替换新房子,推迟去夏威夷度假,穿过时的服装,总是拿着优惠折扣券去购物等等。六万美元,正是第三户家庭的收入水平。来自弗吉尼亚费尔法克斯的爱德华森一家,有足够的金钱支撑"上中产阶级"生活方式。他们不仅在华盛顿特区最棒的城郊地带之一拥有一座四间卧室的私宅,还有一艘长二十五英尺的游艇。和格拉夫一家一样,爱德华森一家也觉得,要是收入再多一点,他们的美国梦即可实现。这家人认为,若是年收入能达到十万美元,就能让他们得到足够的余地,不用再为承担更多经济压力而发愁。文章提到的最后一个家庭,来自硅谷的肯普一家,年收入已经超越了前者的目标,大约为十五万美元(属于美国最富裕的百分之一)。这使得他们过着非常惬意的生活。他们可以去约塞米蒂国家公园附近度假,还拥有一辆梅赛德斯高级轿车和一辆保时捷跑车。肯普一家表示,

"对于我们而言,'美国梦'就是可以去做自己想做的事情,争取赚到自己想赚的钱。"这家人对于他们奢华的生活方式感到幸福,但依然想争取更多。在对调查结果进行总结时,韦斯写道,"随着我们达成之前为自己定下的目标,我们的野心会再一次膨胀,从而保持一颗上进之心,朝着更高的境界买进,改善自身的生活品质。"对于"更多更好"的永恒追求(或是对于已有条件渐生不满),是"美国梦"的关键属性之一。[58]

"对于已有条件渐生不满",是对当时的热播电视剧《三十而立》(thirtysomething)主题论调的最佳诠释。该剧讲述了费城七个三十多岁的人平凡而又复杂的生活(其中有两对带着孩子的夫妻,还有三个单身人士),是美国广播公司在二十世纪八十年代末至九十年代初的主要杰作。虽然《三十而立》的情节非常枯燥,常常让人感觉像是在傻看着油漆边干(而翻修房屋的确是剧情之一),但该剧依然触动了观众的神经,尤其是引起了那些对剧中人物的"雅皮士焦虑"感同身受的年轻一代城市专业人士的思考。我们要不要生第二个孩子?生完孩子之后我还要不要回去上班?这场婚姻还能挽救吗?我该如何挤出时间来跟朋友们吃顿午饭?这些沉重(而且愚蠢)的问题在剧中展露无遗,而这正是现实生活中婴儿潮一代在试图处理人际关系和工作职业的过程中所面对的。《今日心理学》杂志的帕特里夏·赫尔希(Patricia Hersch)评论道,"该剧以明确的、有时甚至略显痛苦的口吻,与那些在追寻'美国梦'的过程中因不安和冷漠而苦苦挣扎的'三十而立'的一代人之间产生了共鸣,"以至于心理治疗师在与患者交流之前,会先让他们看看这部电视剧。尽管《三十而立》的剧情常常显得陈腐老套、索然乏味(笔者在三十多岁的时候就感觉该剧很难看下去),但剧中所列举的问题——如何平衡事业、朋友和家庭之间的关系,一个人是不是在"出卖自己",长大成人要付出何种代价，以及最为重要的，一个三十多岁的人真的有可能把这一切都处理好吗——却一针见血、正中要害，这些正是一代"美国梦"的追梦人们努力尝试实现梦想的具体细节。[59]

与"美国梦"背道而驰的恰恰是"雅皮士焦虑"——至少《纽约时报》的托马斯·康葛洛西（Thomas Cangelosi）这个"三十而立"的人是持这种观点的。康葛洛西痛陈，当时的他差点就入手了一套分契式公寓。房产商拒绝了他的报价，这让他很开心，因为他藉此成功逃避了拥有私宅带来的压力。没有老婆孩子，也不用偿还房屋抵押贷款，康葛洛西感到，与婴儿潮一代其他过着《三十而立》所呈现的那种生活的同龄人相比，自己正享受着更为真实的"美国梦"式的人生。康葛洛西写道，他可以"自由发挥潜能，不断提升自我"，这与亚当斯最初对"美国梦"的定义非常统一。而他的大多数友人，则"扎堆走上了一条阻力最小的人生道路"，将城郊地带的私宅用作逃避不安和风险的避风港。康葛洛西认为，这是与"美国梦"相悖的。在他看来，就连婚姻都被那些同龄人当成了寻求满足、以避免情感受挫的手段。他感到，婴儿潮一代在许多方面已经回归了父母辈的生活方式，或许他们是在悔悟自己六十年代激烈反对传统价值观的行为。了解到理想主义不切实际，知性主义空洞乏味，而感情主义等于自毁之后，这一代人决定吞下一剂由保守主义而朴素态度组成的猛药。正如康葛洛西开出的药方："每天服用这种'药剂'，直到离经叛道的症状全部治愈，不安情绪统统消散，可能选项尽皆祛除，人生归于一条轨迹——于是'美国梦'也走向了终结。"在他看来，与其说这是"为制造幸福立下保障"，倒不如说是压抑人们追求幸福生活的热情。[60]

考虑到美利坚合众国或许已经不再是"美国梦"唯一的家园，一切有关"谁的梦想更真实"的高谈阔论或许都是严重离题的空谈。令人颇感讽刺的是，至二十世纪八十年代末，"美国梦"在欧洲的部分地区渐渐盛行起来。事实上，当时"美国梦"在欧洲的兴盛程度，甚至远超其"老家"美国。战后欧洲的公众形象——贫穷、处处废墟、严重缺乏消费品等——已经彻底改变了，部分欧洲国家的中产阶级，生活水平已经明显超越了美国佬。举个例子，与大多数美国人不同，像是来自法国第戎的盖伊·若阿尼（一位销售主管）和他的妻子科莱特（一位体操教练）这样的欧洲人，并不担心教育成本、健康支出和退休问题，因为他们知道，国家的社会事业可以解决大多数问题。若阿尼一家每年都有六周以上的度假时间（依照法国的法律规定，公民一年至少要有五周假日），对于美国的普通老百姓而言这完全是不可想象的。诚然，法国人的税负较高，但跟美国一样，法国政府也会为退休者支付养老金，许多人会在六十岁时宣布退休。有些人由此心生疑惑，"美国梦"是不是应该改名叫"欧洲梦"了？[61]

当许多欧洲人几乎已经实现了"美国梦"式的生活方式时，许多美国公民却不知何年何月才能梦想成真。尽管华尔街的报业巨头们歌颂着贪婪的价值观，并将八十年代视作资本主义辉煌发展的十年，但对于绝大多数美国人而言，"美国梦"依然是遥不可及的。在一个精通幻想艺术的总统的领导下，"美国梦"在八十年代变得越发私人化了，而这也折射出了财富的集中，以及"富人"（梦圆者）与"穷人"之间日渐增大的的差距。作为一个神话，"美国梦"强大的诱惑力一如往昔，但现实已然物是人非、沧海桑田了——对于那些及其看重"美国梦"的中产阶级而言，这一落差尤为强烈。不过，美国就要再次转危为安了，在有着绝佳机遇的崭新世纪里，找到新思路的美国人将再次创造属于他们的"美国梦"。

第五章

焦虑社会

★

空气中弥漫着什么味道?是美国梦的味道。莫非诞生了一位新的百万富豪,这是美国梦的味道。

——百老汇戏剧《西贡小姐》(Miss Saigon),"美国梦"

★

1999年2月10日，亚瑟·米勒的名剧《推销员之死》重登百老汇舞台。截至当时，这部戏已经上演过二百七十四次，并多次赢得托尼奖。（此前，百老汇曾经分别于1975年和1984年重演该剧，主演分别是乔治·斯科特George C. Scott和达斯汀·霍夫曼Dustin Hoffman。）此次重演，由布莱恩·丹内利（Brian Dennehy）担纲主演。在半个世纪前李·杰·科布首次主演该剧之后，丹内利再一次完美诠释了威利·洛曼这一角色。尽管五十年间沧海桑田，但这部出自米勒之手的经典剧目却似乎依然能触动人们的心弦——当看到舞台上的洛曼绝望地追寻着成功和名声时，许多观众无疑也是坐立不安的。"美国梦"是《推销员之死》的真正主角——在二十世纪末经济快速增长造就的文化氛围之中，"取得成功"给人们带来的压力，堪与美国历史上任何一个时期相比，甚至有过之无不及。尽管"美国梦"是一个虚幻的概念，是美利坚民族集体想象的产物，但它依然指引着美国人的日常生活。[1]

二十世纪九十年代末，"美国梦"似乎无处不在，无论是地产大亨唐纳德·特朗普（Donald Trump）还是嘻哈说唱大师吹牛老爹（Sean "Puffy" Combs），几乎所有美国人都为自己的生活方式感到自豪——只要你足够努力，并且把握住一两次良机，那么任何事情都可能发生。最棒的是，凭借看似取之不尽的锦衣珠宝和随时随处拔地而起的"麦克豪宅"，实现"美国梦"的潜力仿佛是无限的——它就像是一只不断膨胀的气球，为实现梦想的胜利者们提供无穷的"战利品"。然而，"美国梦"直到近二十年间才开始得到复兴，况且在二十世纪九十年代初，它依然给人一种看不见摸不着的感觉。与以往一样，"美国梦"保持着难以捉摸、不够明确的特性，如同黑夜里来无影去无踪的侠盗。

★ 创造力、同情心与连贯性

事实上，随着人类步入二十世纪九十年代，空气中便开始弥漫变化的气息了。尽管所谓的"八十年代"实际上已经随着1987年10月的股市大崩盘而画上了句点，但美国文化的一场巨变更能代表九十年代的到来。"给我的年代"（Gimme Decade）与"人人皆为己"的社会潮流皆已成往事，以正面形象（或负面形象）展现了这一思潮的人们——比如里奥娜·荷姆斯利（Leona Helmsley）、伊凡·波斯基（Ivan Boesky）和杰弗里·莱维特（Jeffrey Levitt）等——都为他们离经叛道的行为付出了代价。1988年的共和党代表大会上，后来当选总统的老乔治·沃克·布什，在接受总统候选提名的演说中，展望了一个"更加宽容、更加温和的国度"。按照社会评论家们的说法，利他主义和实现自我等价值观，开始取代贪婪索取和物欲放纵等价值观。如果他们的判断是真的，那么这便体现了"美国梦"的源动力，并与老布什的展望不谋而合。华盛顿特区精神分析学家道格拉斯·拉比尔（LaBier），曾经在接受华盛顿邮报采访时表示，"创造力、同情心与连贯性，将会成为二十世纪九十年代的标志。"拉比尔认为，由"雅皮士"一代领衔的激烈竞争正渐行渐慢。他的论点是，当婴儿潮一代人近中年，会最终"长大成人"，这会使得他们遭遇越来越多的与生存切实相关的烦恼。许多事业成功的婴儿潮一代人，都会抽出时间去看心理医生，抱怨他们的人生除了让别人艳羡不已的豪车和精致的咖啡滤壶之外再无别的乐趣。[2]

其实，认为美利坚民族和"美国梦"都在改变的，并非只有拉比尔一人。资本主义的强大宣传者《财富》杂志，曾用"贪婪已死？"作为当时一篇文章的标题。文章作者注意到，诸如储蓄、培养和分享等词汇，正越来越多地出现在老百姓的日常谈话之中。作者评论道,"如今八十年代的炫耀性消费、冷酷的名利心和以自我为中心的精神状态一如往昔,说好听点是有些媚俗,说难听点简直是毁灭性的的,"而所有这一切的走向都还不明。另一部讲述文化转变的专注《发自内心的工作》(Working from the Heart)的作者杰奎琳·麦克梅金(Jacqueline McMakin)表示,"人们正在找寻一种途径,以便深入自省、找出自身真正的价值。"有些人心存疑惑,是某种类似千禧年主义的精神复兴运动即将把人类引入一个启蒙的新纪元吗?也许不是(毕竟电视上依然在宣传富豪名流们的生活方式),但美利坚民族及其梦想无疑正在转向与不久之前大相径庭的形态。[3]

有些美国人希望新的十年(二十世纪九十年代)能够呈现繁荣盛世,然而当他们看到九十年代初彻头彻尾的经济衰退之后,皆感到无比失望。其实从经济角度来看,九十年代早期跟八十年代末并无太大区别;受到延续下来的经济衰退的影响,"美国梦"充其量也只能说是在"蛰伏冬眠"——如果说得夸张一点,"美国梦"已经完全"死掉"了。然而,如此境况之所以能够昭然若揭,原因并不在于经济数据,而是要归功于一部电影。事实上,之前从未有哪部电影能像由迈克尔·摩尔(Michael Moore)执导、1990年上映的《罗杰和我》(Roger and Me)一样,如此令人信服地把握住"美国梦"的内向崩溃。正如《华盛顿邮报》的亨利·阿伦(Henry Allen)所指出的,这部纪录片深刻揭示了一个现实,"铁锈地带(即发达国家某些繁盛一时后来走向衰落废弃的地区)令人黯然神伤,而资本主义背叛了工人阶级。"摩尔总能以某种方式,通过幽默诙谐的手段,揭示了他的故乡(亦是通用汽车公司的发源地)密歇根州弗林特市所面临的严重的失业问题。他试图借助虚幻的电影与通用汽车首席执行官罗杰·史密斯交流一番。(摩尔继承了"蛊惑人心"的家族传统。1937年弗林特爆发了一场青史留名的罢工,并最终促成了"全美汽车工人联合会"的成立。摩尔的叔叔便是罢工参与者之一。)"我们所谈论的,并不是所谓的"文明人"对讽刺对象的嘲笑,而是罗杰·史密斯所主张的、'美国梦'不断兴起而又破灭的持续不断的闹剧,"阿伦如是写道,相较于纪录片概念,这部电影更像是一部社会评论。[4]

当然,《罗杰和我》的诙谐中暗含着一条严肃的信息(摩尔曾经调侃这部电影,将之称作"泰坦尼克号上的伴舞乐队")——美国并不是不分阶级的乐土,而是一个千百万工人(无论是弗林特的汽车工人还是其他行业有着相同遭遇的工人)受尽艰辛的国度。摩尔在谈到该影片时曾经表示,"这是一部关于梦想的电影,"尤其是对那些被灌输要相信梦想的人们而言,这部作品从某种程度上击碎了他们的梦想:

> 梦想本身不足取信,因为它只是一场梦,而非现实。有能力购置私宅和汽车,并不代表能够真正掌控人生,因为这些东西终会离你而去。我并不是要你们因为梦想破灭而恼怒,我想让大家看清梦想中蕴含的谎言,以及它所营造出的幻象——历尽千辛万苦获得财富、并用余生去守护的幻象。[5]

"美国梦"只是一场梦,是美国人为自己编制出的一场幻梦——这一点变得愈发清晰了。"婴儿潮一代会是第一代揭穿'美国梦'谎言的人吗?"《纽约时报》的彼得·帕赛尔(Peter Passell)读完一片名为"美国家庭的经济前景"的报告之后,提出了这样的疑问。该报告的作者弗兰克·列维(Frank Levy)和理查德·米歇尔(Richard Michel)都是来自马里兰大学的经济学家。两人对婴儿潮一代的前景并不乐观,他们预测道，在接下来的几十年间，商业生产的增长会被通货膨胀抵消。报告指出，二十世纪九十年代初"三十而立"的美国人，将来拿到的退休金会比他们的父辈少得多。而这一情况便是在帕赛尔看来隐约可见的"'美国梦'的谎言"。列维和米歇尔的报告发布仅仅一个月之后，《纽约时报》又报道了另外一个研究项目，表明大多数美国人本身"认为拥有美好人生的'美国梦'正渐渐遥不可及"。该项目由葛瑞广告公司运作，参与调查者中有四分之三担心自身对于未来的希望和梦想将永远无法实现，与之前数年相比，美国人的信心明显呈现下降趋势。葛瑞公司的芭芭拉·费金（Barbara Feigin）在总结调查结果时表示，"美国人已经不再相信'生活会越过越好'这种话了，他们对于未来正越发谨慎，越发感到不确定。"除了对未来的信心大打折扣之外，消费者的乐观程度也比欣欣向荣的八十年代大大降低。[6]

毋庸讳言——"出人头地"对大多数美国人而言几乎是不可能的——这一真相是对"美国梦"信仰的沉重打击。大量美国蓝领阶层人士，眼睁睁看着自己在工厂里的岗位化为泡影，选择回到学校，学习新的本领，以更好适应"知识经济时代"。（成为电脑技术人员是个不错的选择。）经济学家们预测，衰退局面将在不久之后结束，但对于那些吃饭都成问题的人们而言，这样的预期起不到任何安慰作用。当知识分子和文化名流们似乎已经度过难关之时（他们常常因全球市场的开放而获益），美国的劳苦大众（假如还有工作的话）至少有一半在职场遭遇了瓶颈。依照大多数衡量标准，被美国人视作天赋权利的"更美好的未来"已然不复存在，而"社会地位下降"成了他们必须咽下的苦果。[7]

虽然美国人在过去也曾经遭遇过"社会地位下降"，尤其是在经济大萧条和二十世纪七十年代初的严重衰退时期，然而直到九十年代初的社会经济大滑坡,他们才真正如梦初醒。1991年底,芭芭拉·沃蓓达(Barbara Vobejda)在《华盛顿邮报》上写道,"每一代美国人都有着一种强烈而坚定的信心,认为自己应该在社会地位和经济状况上超越先辈,"她指出,"近年来,'出人头地'的观念遭遇了严重的冲击。"如果说一种新的悲观主义情绪正在整个美国蔓延是一个坏消息,那么更坏的消息便是,糟糕的社会现实已经完美证明了这一悲观预期。即便不去分析变化万端的统计数据,也足以看出美国人的挫败感与压抑感——比如说,年轻人与父母一同居住的时间比从前更长,结婚生子被推迟,已经组成家庭的男女需要打两份工才能维持现有生活方式,新妈妈们也需要回去上班,等等——这一切都证明了美国式生活方式正处于衰退危局之中。"总而言之,"沃蓓达总结道,"这些改变反映了一种根本性的反思——在美国,家庭究竟能提供些什么?人们究竟能攀登到何种位置?父母们能为子女守护怎样的梦想?"艰难岁月再一次打破了人们的如意算盘。[8]

1992年,罗伯特·塞缪尔森(Robert J. Samuelson)为《新闻周刊》撰写了一篇题为"我们的美国梦如何破灭"的封面文章,其中提到,从更高层次上看,作为一个国家,美国本身的如意算盘也被打破了。塞缪尔森提出,二十世纪五十年代的"美好社会",不知何时已经演变成为"授权时代"(The Age of Entitlement),对于成功繁荣的(错误)盲信,不可避免地将美国人引向了脚下的崎岖之路。他在文中写道,尽管在过去几十年间,人们的"生活质量"在很多方面实际得到了长足进步,但如此演变的结果"却是一场深刻的精神危机,导致美国人在心理上产生自我怀疑,政治上走向犬儒主义,并对自身的国际角色感到困惑"。萨缪尔森解释道,随着"授权时代"带来的伤痕在美国对抗共产主义阵营的过程中变得越来越深,美国已经搞不清自己曾经的角色,也不知道未来要往哪儿走,这种身份上的迷失是当时最亟待解决的问题。他总结道,"我们的新时代尚未被命名,但其所蕴含的核心挑战是显而易见的,即重建'美国梦'。"而调和理想与现实之间的关系,则是开启这一进程的一条不错的途径。[9]

萨缪尔森眼中正席卷全美国的"深刻的精神危机",其根源似乎来自过去的十年。在里根当政之初的民调中,三分之二美国人表示他们相信自己的生活水平会比父母辈更高。而1992年的一次洛普民意测验却显示,几乎四分之三的美国人认为,与上一代人相比,自己的"美国梦"更加"难以企及"。此种对等比较,是衡量这一历史性变化的不错标杆,或许也预示着未来的情势走向。[10]《华尔街日报》曾于1992年哀叹道,"在许多美国人看来,未来似乎与蒲公英的花朵一般脆弱,"因为在这个属于"社会地位下降的专业人士"的新时代,传统的"铁饭碗"概念已经像旧式录像带一样被淘汰了。[11]

★ 美国最不为人知的秘密

随着美国选出了一位新总统——许诺为美国人带来"希望"和"改变"的威廉·杰斐逊·克林顿(William Jefferson Clinton),大量文人墨客加入了有关"美国梦"走向衰落及其应对方式的讨论。提升生活水平,始终都是美国历史的一大主题,但这一趋势在过去二十年间遭到逆转,似乎没有哪个美国人做好了处理或是接受"负增长"这一陌生现实的准备。随着美国的脚步放缓,甚至走向倒退,其他国家正在生活水平方面逐渐追上美国;由"梦想"而生的福利,似乎在法国和瑞典有更多体现。[12]正如凯瑟琳·纽曼(Katherine Newman)的著作《衰退:"美国梦"的枯萎》(Declining Fortunes: The Withering of the American Dream)那意味深长的标题所指出的，过去的二十年间，日渐萎缩的劳动力市场，不断上涨的房价，沉重的税负，以及高昂的生活成本，都像老虎钳一样紧紧束缚着美国的中产阶级。[13]埃德蒙德·鲁特瓦克（Edmund N. Luttwak）的《濒危的"美国梦"》（Endangered American Dream）则关注美国庞大的国家财政赤字，里根与老布什当政期间，政府明目张胆地违背了"花费不可超越收入额度"的基本经济学原理。[14]而华莱士·彼得森（Wallace C. Peterson）在《沉默的压抑："美国梦"的命运》（Silent Depression: The Fate of the American Dream）中提出，即便是相对健康的经济体，也会掩盖低收入人群所面临的艰辛。[15]人们难免要心生疑惑，"美国梦"还有重获新生的机会吗？

《复兴美国梦》（Reviving the American Dream）一书作者爱丽丝·李福林（Alice M. Rivlin）认为，只要美国人自己相信这一点，那么"美国梦"就有机会复兴。她曾在1992年撰文写道，"长久以来因'乐观进取'精神和时常近乎骄傲狂妄的自信心态著称的美国人，已经陷入了悲观之中，"看衰美国的经济前景似乎已经成为一种"时髦"。身为布鲁金斯经济研究项目高级研究员 的李福林，对民众的这种失败主义情绪感到困惑和不安；如果从大局考虑，美国的经济前景实际上是非常鼓舞人心的。毕竟，美国在自然和人力方面取之不尽的资源并未消失，美国依然拥有世界上最高的生产力和生活水平。事实上，美国过去在经济方面曾经面临比这严峻得多的挑战，而且许多其他国家也曾度过更为艰难的困境。李福林提出的"美国梦"复兴方案，便是让政府像许多美国企业那样，改善产品和服务，提供最佳客户服务，最大限度利用雇员的能力，以求提高自身的竞争力。换句话说，用过集中力量发展"核心竞争力"，联邦政府可以为美国人民提供帮助，让他们重建对于国家未来前景及其核心理念的信心。[16]

还有一些保守派人士提出,"美国梦"已死这一提法是言过其实了,它更像是媒体的炒作,而非理性的思索。"新闻媒体为那些绝望的投机者提供了一只'准备已久'的大喇叭,通过新闻报道这支放大镜夸大当前的经济困局,同时残酷地表现黑暗面,不断向'美国梦'发起抨击,使得人们心中出现幻觉,认为事情要比现实糟糕得多,"1992年,美林证券公司(Merrill Lynch)首席执行官威廉·史莱尔(William A. Schreyer)在华盛顿经济俱乐部(Economic Club of Washington)发表演说时曾经这样说道。与李福林的观点类似,在史莱尔看来,问题并不在于"美国梦"已死,而是许多人认为它已破灭,由此引发的绝望和沮丧为美国带来了实实在在的破坏。史莱尔明确指出,"美国梦"比从前更富活力了,消费资本主义的盛行便是其证明。史莱尔坚称,"它造就了美利坚,如今又吸引着全世界的目光。"他还补充道,"美国所总结出的这一道路,完全可以被称作'美国梦的世纪'。"[17]

史莱尔的美林证券公司对于"美国梦"目前的状况和未来的前景如此兴味盎然,以至于启动了对这一话题最深入的研究项目之一。通过将经济分析数据。公众民意调查结果和专题小组的发现相结合,这个于1994年开启的研究项目揭示了"美国梦"("主张每一代人都要比前一代做到更好的典型的美国式理想")所面临的两大主要挑战,而它们皆与婴儿潮一代有关。挑战之一,包括政府计划在未来投入的大笔资金——等到婴儿潮一代退休时,这些社会保障福利、医疗保健费用、退休金和其他各类支出将对经济体系产生冲击。挑战之二,指的是婴儿潮一代人通常没有足够的储蓄,退休之后他们的生活水平将出现严重下降,甚至即便政府兑现所有诺言也于事无补。该研究警告道,若想拯救"美国梦",无论是婴儿潮一代还是政府,都需要做出重大改变,而某些改变将难免影响到美林证券公司这类机构提供的投资和金融理财服务。[18]

毫无疑问，无论此时还是未来，大多数美国人都严重依赖政府帮助自己实现"美国梦"。1994年，《华尔街时报》和美国全国广播公司进行了一次调查，当被问及"哪个机构对创造就业岗位、提振经济负有最主要责任"时，大约有半数受访者选择的答案是"政府"。这样的结果对于保守派人士而言是一次震撼。"太多美国人渐渐相信'美国梦'已死，只有华盛顿才能让其复活，"发出这番抱怨的是一位来自洛杉矶的广播脱口秀节目主持人，艾洛尔·史密斯（Errol Smith），他批评"自由派政客"是传播这一"错误观念"的罪魁祸首。他认为，过去几十年间政府的巨大膨胀造就了"温室中的一代"，美国传统的自强自立和自由开拓精神已经越发成为明日黄花。在史密斯和其他抱有同样政治观点的人们看来，这一调查的正确答案应该是"个人"——个人通过创业或是拓展事业从而赚取更多金钱的欲望，才是拯救"美国梦"的关键。史密斯指出，"'美国梦'依然存在——这或许是美国最不为人知的秘密——但它需要'追梦者'。"在他眼中，与其说政府是问题的解决方案，倒不如说政府本身便是问题所在。[19]

另外一位保守派人士、俄克拉荷马州共和党议员小尤里乌斯·凯撒·瓦茨（Julius Caesar Watts Jr.），曾在1996年民主党全国代表大会上向投票者们讲述了他心目中"美国梦"的真正含义。瓦茨将共和党人对"美国梦"的理解与民主党人的阐释区别开来，认为登上成功阶梯的机会更多在于个人理想，而非"富有同情心"的政府的施舍。这场大会在圣地亚哥举行（鲍勃·杜尔Bob Dole被推举为共和党总统候选人），瓦茨在演讲过程中并未强调社会福利和公共住房补贴之类的权宜之计，而是说道，"所谓'美国梦'，就是让自己做到最好。"瓦茨生于俄克拉荷马州一个穷人家庭，在家中六个孩子里排行老五。相对于财富而言，他尤其注重强调共和党版"美国梦"中机遇的地位。他曾经明确指出，实现"美国梦"并不在于"你的银行存款、你开的汽车、或是穿的衣服"，而是要"充分利用天赋和能力，完全发挥自身的潜能"，他成长为一名国会议员的经历，为其他想要实现梦想的人们树立了榜样。[20]

★ 归乡之路

保守派人士或许认为，抹杀"美国梦"是自由派的目的，但二十世纪九十年代初的某些电视节目却强化了一种观点——想要实现"美国梦"，必须无所不用其极。在两部昙花一现、几乎被人遗忘的电视剧（美国广播公司的《天堂的博德》Byrds of Paradise和哥伦比亚广播公司的《归乡路》The Road Home）中，从水深火热的城市逃到伊甸园般的世外桃源，是实现"美国梦"的唯一途径。在《天堂的博德》（1993-94）中，萨姆·博德（蒂姆西·布斯菲尔德Timothy Busfield饰）的妻子死于纽黑文市的一场抢劫案，而他则带着三个孩子（其中两个孩子的扮演者分别是詹妮弗·洛芙·休伊特Jennifer Love Hewitt和塞斯·格林Seth Green）搬家到了夏威夷。曾在耶鲁大学当教授的萨姆·博德，在一家私营学校找到了一份担任校长的肥差。一些当地人颇为排外，但博德一家却拥有一套漂亮的私宅和两名仆人——他们获得的幸福回报似乎有些过头了。而在仅有五集的《归乡路》中，天堂换成了北卡罗来纳州的海岸。意识到这片海岸的美妙之处后，马特森夫妇和他们的四个孩子决定定居于此。（有些讽刺的是，在北卡罗来纳海岸定居的妙处之一是，孩子们不再沉迷于电视了。）诸如美国广播公司的《罗珊妮》（Roseanne）和哥伦比亚广播公司的《汤姆》

(Tom)之类的"蓝领阶层情景剧"内容更加刻薄,在它们的情节中压根看不到"美国梦"的影子。"还记得当初我们对自己的孩子们心怀希望什么时候的事吗?"1994年播出的一集中,罗珊妮曾经这样问她的丈夫丹(约翰·古德曼John Goodman饰),这句看似轻松的台词中明显带着一丝苦痛。而在《汤姆》的某集里,由汤姆·阿诺德(Tom Arnold,罗珊妮·巴尔Roseanne Barr的丈夫,但不久后两人便离婚了)出演的主人公,对妻子想要去上大学的想法表示怀疑。"就算你再浪费四年时间,出来还是要干同样没前途的工作。"这句颇具挖苦意味的台词,也包含着无数愤懑与苦涩。汤姆梦想中的房屋,居然坐落在与城市垃圾场咫尺之隔的地方,这更相当于在伤口上撒了一把盐——如此故事,或许恰恰反映了观众自己对于现实的失望。[21]

尽管汤姆·阿诺德在电视剧里饰演的角色只是虚构出的特例,但剧中人物希望在尽可能优良的社区里拥有一套私宅的理想,却体现了现实生活中人们的梦。尽管不太实际,甚至常常无钱实现,但在城郊地带拥有一套独户私宅(最好有一间容纳两辆汽车的车库和一个大后院)的"美国梦"却一直是美国人难以忘怀的理想,这令人感到惊讶。1992年房利美公司(Fannie Mae)举行的一次全国调查显示,八成美国人认为这样的住宅是"理想的居住之所",什么也无法动摇房屋在美国人心目中的基础性地位。[22]其他形式的住房通常被视作妥协之选或是权宜之计,房地产本身亦通过"合租公寓"和"简易房"等鼓励着这一思潮。当然,美国人对于独立私宅的偏爱源于欧洲。在欧洲,土地所有权承载着社会地位和经济保障,也是财富的象征。不论是城堡、庄园大宅还是小茅屋,欧洲的乡村住宅都被视作神圣的财产,有些时候甚至独立于教会和世俗政权的掌控范围之外。田园诗般的周围环境自然是这种住房理念的重要一环,没有城市的穷困、犯罪、拥挤和糟糕的卫生状况困扰，乡间的住宅简直是乌托邦一般的存在。城郊住宅区，农场牧场，或是所谓的科德角式建筑，便是这种乌托邦住宅方式在美国的体现——虽然此类住宅的房主无需像在欧洲那样腰缠万贯或是出身皇亲国戚，却依然无法掩盖它们的魅力。[23]

私宅所有权带来的经济利益，使得这一"梦想"更加如梦似幻了。1991年，来自华盛顿地区的律师本尼·卡斯（Benny L. Kass）曾在《华盛顿邮报》上写道，"多年以来，拥有私宅一直都是美国人的梦想，"在税法的鼓励下，任何买得起私宅的人都会成为自己"城堡"中的国王或是女王。不仅房屋本身会随着时间推移而增值，房主本人需要支付的按揭利息和房产税也会降低；实际上，在美国人追寻家庭梦想的过程中，政府起到了有效的支撑作用。同样，当一个人在两年之内出售一套住房、并购入另一套自助房屋，那么他/她可以在不纳税的情况下实现利润滚动翻倍，这是国会鼓励个人拥有私宅的另一项举措。可以这样说，让人们拥有自身所在社区的"股份"，是政府促使美国人为当地、地区以及国家利益投资的一大方式，这是一个大家都感到满意的双赢局面（或许出租房屋为生的人们会有不满）。[24]

然而，二十世纪八十年代末紧随股市崩盘而来的房地产风暴，深刻影响了人们对于住宅的看法，因为住房在"美国梦"的内涵中占据很大比例。"在过去二十年间，拥有私宅只是实现了'美国梦'的一半，"说这话的是奈特李德尔（Knight-Ridder）公司的加利·布龙斯顿（Gary Blonston），他还补充道，"另外一半已经成了卖掉房子，赚取暴利。"许多专家认为，七十年代和八十年代全美房价稳步增长的态势并未延续到九十年代，通过卖方赚取意外之财或许已成旧日传说。当然，从积极的方面看，房价将变得更加平易近人，让许多无法实现"一半美国梦"的人们终得梦想成真。统计数据便可证明这一点：大多数大城市的中位房价增速低于通货膨胀率（约百分之五）的增速，扭转了过去数年的走势。人们的想法同过去相比也有了重大转变，大家都认同住房已不再像从前一样是一种投资品，而仅仅是一种（非常昂贵）的消费品。[25]

然而，除非有其他更好的东西取代住房的地位，否则，在自家城堡中充当国王或女王的冲动，依然会在一代又一代美国人中间传递。随着九十年代初步入中年的婴儿潮一代为自己更换更大的住宅，婴儿潮克星一代（Baby Busters，即美国生育低谷期出生的一代人）开始疯狂买入那些简易房——在后者看来，正如他们父母辈曾经历过的，这些简易房非常适宜小型家庭。以长远眼光来看，这是一项重大进展，标志着几十年来中产阶级无法拥有私宅、甚至（更确切地说）无法实现美国梦的局面就此终结。1993年，《美国人口统计》（American Demographics）表示，"如今，随着二十世纪接近尾声，新一代美国购房者正追寻着新的梦想，"当时出现的房地产泡沫大爆发，使得"被遗忘的一代"也得以分享"美国梦"，并同时获得随之而来的经济与精神上的安全感。"美国梦"在家庭层面的体现，还拥有一个更为字面的引申含义。1989年，全新独户私宅的平均面积达到了两千平方英尺，且仍在持续增长。每套独户私宅都是上下两层结构，车库、多间浴室、中央空调系统和壁炉都被视作标准配置。媒体室和孩子们的娱乐室在新建私宅中也屡见不鲜（尽管当时美国家庭的人口规模比起二战结束初期要小），而城郊地带面积超大的"麦克豪宅"也越来越多了。[26]与二十世纪七十年代相比，1995年典型的美国私宅要大出百分之四十，且充斥着更多家用电器。"美国梦"或许曾经濒临破灭边缘，但它绝对不会越变越"小"的。[27]

★ 机遇

人们对于实现"美国梦"并获得所有回报孜孜不倦的追求，在崭新的企业主义取代消费主义的过程中有所体现。总部设在犹他州普洛佛的如新国际企业（Nu Skin International）堪称绝佳范例——该公司声称，自己是当代世界上实现"美国梦"的重量级翘楚。与安利、玫琳凯、嘉康利、康宝莱等成功的直销公司或是"多层次"营销企业类似，如新也是通过个体分销商来招募其他分销商，每一级领导者都从"下线"分销商那里抽取利润。但与上述诸家企业不同的是，典型的如新销售网络伴随着大量的积极思考元素，它至少会在宣传靓丽肌肤和美妙秀发的同时，为购买者的个人发展做出承诺。除了六十种化妆品、美发用品和营养品，如新的十万名分销商大概还要推销某些更有意义的"东西"；换句话说，在如新的每一笔交易中，都能看到该公司"福音派哲学"的影子。可以说这样做有些古怪。，但是，考虑到如新1990年度高达2.3亿美元的销售额，人们很难将这家公司贬为一群疯子，更不必说连比尔·寇斯比（Bill Cosby）和罗纳德·里根这样的大人物都会参与该公司的年会，以激励其销售队伍了。[28]

然而，这家有些时候被人称作"新时代安利"的企业，吸引了越来越多不必要的关注。至少有六个州的首席检察官在调查该公司，据信连联邦贸易委员会都被惊动了。某些政府官员指出，如新的营销方式与金字塔式非法传销并无二致，因为相对于产品本身而言，它更注重销售"分销权"。美国广播公司的"夜线"（Nightline）节目、《今日美国》报（USA Today）和《新闻周刊》等都对如新加以揭露，而该公司则强调自身经营活动严格守法。（针对安利的类似攻击层取得一定成果。）与此同时，如新的分销商们依然在追寻他们所谓的"机遇",一面接受公司类似"十二步疗法"的运作机制,一面谋求发家致富。(每周一次的"机遇大会"和对"更高力量"的笃信,都是如新企业哲学的基础内容。)但是,许多如新分销商尚未实现经济上或是精神上的满足,机遇在纸面上看起来如此美妙,却很少带来实际回报,因为招募其他分销商是有难度的。[29]

和过去一样,相较于钻营取巧或是对自身行业的迷信而言,似乎还是通过传统的"努力奋斗"更能实现"美国梦"。居住在华盛顿的夏巴兹·侯赛因(Shahbaz Hussain)便是这样做的。作为一名来自巴基斯坦的移民(拥有经济学硕士学位),侯赛因曾是一名出租车司机,如今却已成为拥有五家出租车公司、年收入超过五百万美元的富商。《华盛顿邮报》的穆罕默德·哈尼夫(Mohammed Hanif)认为,"这便是组成美国梦的元素,"侯赛因"从贫到富"的经典传奇,恰是人们从五湖四海聚集到美国来的原因所在。虽然夏巴兹·侯赛因的故事是一个奇迹,但其脉络却是清晰可寻的,这类故事可以被分四个不同阶段。第一个阶段自然是梦想本身,一个外国人来到美国,怀揣远大理想,愿意付出一切实现自己的梦。接下来是一段艰难时期,每天工作十八个小时,每周工作七天,同时还要面对极端凄苦的生活条件,需要一直攒钱,以备不时之需。接着,忽然有一天,移民意识到自己实际上已经"梦想成真"了。然而,侯赛因之所以取得成功,并不仅仅是辛勤奋斗的结果,受教育水平也起到了很大作用——将他与千百万抱有相同梦想的出租车司机区分开来的,正是他的受教育水平。[30]

夏巴兹·侯赛因的美国梦,只是《第一个全球之国》(The First Universal Nation)中提到的成功故事之一。这部纪录片于1992年在美国公共广播公司(PBS)电视台上映。作者本杰明·瓦滕伯格(Benjamin J.

Wattenberg)是保守派智库美国企业研究所（American Enterprise Institute）的高级研究员。该片着眼于被瓦滕伯格形容为"充满活力、欣欣向荣、不断扩展"的美国"大熔炉"。一方面，有一百万新移民正在进入这一"熔炉"，这与十九世纪末二十世纪初的移民数量相当，但如今来自欧洲却只占总数的百分之十五。瓦滕伯格在马里兰州发现，当地有所学校的学生来自四十一个不同的国家——事实上，他们似乎都证明了媒体舆论时常提出的一个观点，即美国的多元文化"熔炉"并未沸腾满溢。该片还强调，尽管有关种族对立的敏感报道依然偶有报道，但跨越不同种族和宗教信仰的婚姻却呈现增长趋势，这是美国实际上成为"第一个全球之国"的又一个标志。但是，与"熔炉"效应相比，美国的流行文化输出对于"美国梦"活力的维持作用更大。瓦滕伯格自豪地表示，借助好莱坞电影、美剧和迪士尼乐园，诸如"个人主义"和"出人头地"等价值观已被传播到世界各地，而这些价值观中暗含的信息正是"在美国一切皆有可能"。[31]

无论是外来移民还是土生土长的美国人，只要是沿着霍雷肖·阿尔杰式的步骤追寻"美国梦"，他/她的成功故事都常常会被用作榜样范例，以证明美国的伟大之处和它与其他国家的区别。对于这一点，最好的例证或许莫过于"霍雷肖·阿尔杰奖"了。这一颇具名望的奖项由霍雷肖·阿尔杰协会（Horatio Alger Association）颁发；后者是一家创立于1947年的非营利性机构，目的在于鼓励那些身处逆境的美国年轻人渡过难关。（该协会每年还会拿出三十万美元来奖励优秀的高中毕业班学生。）1992年的十名获奖者中，包括克拉伦斯·托马斯（Clarence Thomas）、亨利·基辛格（Henry Kissinger）和玛雅·安杰洛（Maya Angelou）。正如颁奖宴会主席詹姆斯·墨菲特（James Moffett）所表达的，他们每个人的经历"都活生生地证明了我们的自由企业体制依然在为所有人提供机遇"。要想再找三位比他们更名副其实的候选者，实在是有些困难。克拉伦斯·托马斯贫穷的童年是在美国南方农村度过的，后来却进入了美国最高法院；基辛格十五岁时跟随家人逃离纳粹德国，凭借在修面刷工厂打工赚来的学费去夜校就读，最终成为历经尼克松和福特两朝的国务卿；而七岁便丧失了说话能力的安杰洛，则是努力克服自身的残障，十五岁从高中毕业，一面设法维持自己和儿子的生活，一面进入高校就读，成为畅销作家。尽管他们的经历更像是特例而非常人常态，但这些真实的故事还是针锋相对地反驳了"美国梦已死"的观点，使芸芸众生相信"美国梦"依然充满活力。[32]

其实，想要实现美国梦，并不一定要经年累月地把零钱塞进储蓄罐，或是历尽千辛万苦。常年有追梦者前往佛罗里达州的布雷登顿，希望自己或是子女可以在尼克·波利泰利（Nick Bollettieri）的帮助下成为下一个阿加西（Andre Agassi）或是塞莱斯（Monica Seles）。波利泰利的网球学院是美国最著名的体育运动学校，是那些想要实现冠军梦的父母们的首选之地。珍妮弗·卡普里亚蒂（Jennifer Capriati）十三岁时的伟大成功，很明显引起了连锁反应，她让许多十三岁以下儿童的父母相信，孩子在网球界决不可过早入门。其他网球学校，比如位于坦帕附近、卡普里亚蒂（已经成为百万富豪）曾经就读过的哈利·霍普曼-塞杜布鲁克网球学院（Harry Hopman/Saddlebrook），也收到了大量入学申请，加入该培训项目的都是来自世界各地的七岁幼童。（网球界的"从娃娃抓起"据说始于1989年，当时两名年仅十七岁的选手——桑切斯（Arantxa Sanchez Vicario）和张德培（Michael Zhang）——在职业巡回赛上获得了冠军。）女子网球尤其注重少儿时代的培养，十六七岁被视作"能否打出名堂"的关键节点。即便在这个级别，取胜的压力依然非常大——波利泰利据此认为，每一万个孩子当中，只有一个有必要考虑来他的学院学习。每个学生每年的网球训练费用加上学费总共要支付两万美元。不过，对于某些优中选优的孩子而言，回报也有可能是惊人的——这种想法足够支撑一个孩子每天连续几个小时用力挥拍击球了。[33]

无论是加入出售洗发香波和维生素片的"伪宗教组织"，一天十八个小时开出租车，还是把孩子送到千里之外求学——几乎任何行为的动因，都体现了"赚取金钱、多多益善"在"美国梦"的内涵中所占的比重。1990年，约翰·斯蒂尔·戈登（John Steele Gordon）明确指出，"享受美好生活，并为子女争取更好的机遇"是"美国梦"的原始理念，但人们对于"无尽财富"的追求在某种程度上喧宾夺主了。迈克尔·本图拉（Michael Ventura）赞同道，"'美国梦'的含义已经逐渐从自由变成了成功，"他认为当时美国人已经将成功摆上了与自由同等的高度。本图拉曾在1995年为《今日心理学》撰稿。在拉斯维加斯待了一阵，对美国的金钱哲学进行了一番深入了解之后，本图拉得出了这一结论。他指出，人们明知金钱终将离自己而去，来到赌城就是为了挑战被金钱掌控的现状，赌博就像是一剂猛药，满足了人们摆脱金钱束缚的情感诉求。完成名义上的"苦修"之后，人们从这座罪恶之城回归正常的生活，重新开始追逐美国梦的主要标志——无论被称作金钱还是钞票——而且他们的欲望会比之前更加强烈。[34]

★ 月亮的距离

除了极少数中得头彩的幸运儿意外，大多数美国人都只能通过其他更像是幻想的途径来感受"美国梦"。以往在美利坚民族面临危机、"美国梦"几近破灭的时刻，会有许多人借着追忆旧时英雄人物来获得安慰和力量，并重温理想。曾经效力于纽约洋基队的传奇棒球选手米奇·曼托（Mickey Mantle）就是这样一位英雄人物。1995年，六十三岁的托接受了肝脏移植手术。在达拉斯的医院病房里，他收到了成千上万的书信、祝福卡片和电报，每一份都承载着人们的祝愿和鼓励，以及感谢他为球迷们留下美好回忆的话语。抛开惊人的数量不谈，寄来这些信件和电报的人们来自各行各业各年龄段，这清晰地说明，人们给托寄送祝福的动机，已经超越了这位击球手在球场上的丰功伟业本身。（除了创纪录的五百三十六次全垒打，曼托似乎从未在比赛中受过伤，这无疑为他的光辉形象增添了浓墨重彩。）曼托从俄克拉荷马乡村初到纽约之时，曾有一些辉煌的记录——乔·狄马乔（Joe DiMaggio，洋基队传奇明星）的记录——等着他去打破。他做到了，并赢得了新一代球迷的拥戴。私生活混乱而复杂的曼托，在某些方面与跟普通民众并无二致，这将他与同时代其他伟大选手区别开来。那些战胜困难实现"美国梦"的人们，尤其被曼托的公众形象所吸引，他咬紧牙关的精神和坚定的意志，都已成为别人不断深入研究的绝佳典范。有一封信上这样写道，"得知您的健康问题，希拉里和我都很遗憾，"写信者告诉曼托，他"在全美国人民的心中占据着特殊的地位"。信的落款是"比尔·克林顿"。即便是美利坚合众国总统，也将"米克"视为美国梦的一大"象征"。接受肝脏移植手术仅仅几个月后，曼托便与世长辞了，但他为"美国梦"追梦人们留下的遗产将永世长存。（事实上，曼托纪念网站上有一句受版权保护的口号，即"美国梦，梦成真"。）[35]

米奇·曼托与巴比·鲁斯和其他昔日棒球巨星一样被视作"美国梦"的典型榜样，这绝不仅仅是巧合。棒球和"美国梦"常被比作一对亲密伙伴，各界权威人士无时无刻不在寻找前者这项体育运动与后者这一神话般理念之间的共同点。例如，1990年在长岛大学举办了一场为期三天、名为

"杰基·罗宾森：种族、体育与美国梦"（Jackie Robinson: Race, Sports, and the American Dream）的会议。其间，学者、前棒球明星、以及其他各界人士讨论了杰基·罗宾森在成为大联盟第一位黑人选手之后的五十年间留下的"遗产"。而自1988年起，每年六月份，都会有约一百名学者云集美国国家棒球名人堂所在地、纽约州的库珀斯敦（Copperstown，又译"古柏镇"），思索这一运动的内涵，尤其是它与"美国梦"之间的关系。举个例子，在1998年为期三天的座谈会上，一位与会者谈到，棒球运动"反映了少数族裔的崛起以及他们融入主流社会的努力"；这一体育项目完美体现了移民追寻"美国梦"的轨迹（数十年前的爱尔兰移民，以及近年来的拉丁美洲与亚州移民）。另外一位与会者则谈到了棒球与"美国梦"之间在地理意义的相似之处——它们都植根于美丽的自然。"棒球场让人们想起葱郁的绿地，一派田园诗般的农耕美景，甚至一个太平无事的王国；但它也隐含着这样一幅图景——苍翠欲滴的田园或许也是一处积满泪水的河谷，"说这话的是罗彻斯特大学英文教授乔治·格雷拉（George Grella）。无论棒球还是"美国梦"，如画般的美丽图境都有可能转化成为令人神伤的凄景。[36]

"美国梦"与电影之间的情感纽带，甚至要超越它与棒球运动之间的关系。1998年在艺术与娱乐电台（A&E）播出的纪录片《好莱坞主义》（Hollywoodism），精彩地表现了电影与"美国梦"之间的紧密关联，展示了两者的共通元素。该片基于尼尔·贾伯乐（Neal Gabler）1988年出版的著作《一个属于他们自己的帝国：犹太人如何创造了好莱坞》（An Empire of Their Own: How the Jews Invented Hollywood）拍摄而成，着重关注了六位制片人——环球影业（Universal Pictures）的卡尔·拉姆勒（Carl Laemmle）、华纳兄弟电影公司（Warner Brothers）的杰克·华纳（Jack

Warner)、米高梅电影公司（Louis B. Mayer）的路易斯·梅耶（Louis B. Mayer）、福克斯电影公司（Fox Films）的威廉·福克斯（William Fox）、派拉蒙影业公司（Paramount）的阿道夫·朱克尔（Adolph Zukor）、以及独立制片人萨姆·古德温（Sam Goldwyn）——这些人的犹太裔背景，为他们所制作的那种电影提供了第一手素材。所有这些电影界大腕的家族，都是为躲避大屠杀而从东欧迁徙来的——在这一共同经历的作用下，他们将以"好人对决坏人"的西部片为主的美国电影，带进了二十世纪三十年代夸张的音乐剧风潮。作为外来移民，"他们想象出了一个与现实中充斥着排外情绪的美国不同的、欢迎外来移民的美国，并在银幕上表现出了一个以尖桩篱栅拱卫、由稳固的家庭组成的国度，一个人们可以出人头地、充满乐观情绪的国度，一个小人物也能得实惠的国度，"《纽约时报》的卡琳·詹姆斯在评论文章中如是写道，而这一观点的讽刺之处在于，它居然被主流舆论接受了。无论是在黑人白人混居的堪萨斯唱起"飞越彩虹"（Over the Rainbow）的朱迪·嘉兰（Judy Garland），还是一袭白衣的弗雷德·阿斯泰尔（Fred Astaire）伴着欧文·柏林（Irving Berlin，还创作了《天佑美利坚/上帝保佑美国》和《白色圣诞节》），甚至人类社会的终极弃儿弗兰肯斯坦，好莱坞的犹太人们透过这些想要表达的，都是"美国梦"追梦人对于幸福、成功和包容的渴望。[37]

如果说棒球、电影和城郊地带独户私宅，是"美国梦"（继冷冰冰的金钱之后）最清晰的表现，那么紧接着或许就要谈到汽车了。首先，私宅中的两车位车库，是为汽车准备的；其次，驾车在路上高速行驶最能体现"美国梦"的基础维度——自由。詹姆斯·摩根（James Morgan）在其1999年出版的《月亮的距离：追寻"美国梦"的自驾之旅》（The Distance to the Moon: A Road Trip into the American Dream）中抓住了这一要点。该书的书名来源于约翰·厄普代克（John Updike）的一项统计数字——平均每个美国男子每十七年驾驶汽车行驶的里程数，相当于从地球到月球的距离（239000英里）。摩根为了积累创作素材，亲自一辆保时捷跑车，用七周时间跑了一段路程。他的环美国之旅从迈阿密出发，终点是波特兰（途中绕行了其他一些地区）。通过这次自驾行，他研究了美国人对于汽车的爱（与恨）。（当然，这次跨越全国的旅程本身也与美国梦有着千丝万缕的联系，因为摩根驾车驶过的，正是从托克维尔到刘易斯与克拉克再到杰克·凯鲁亚克等诸多传奇人物曾经走过的路线。）美国人对于汽车的痴迷，关乎"我们骨子里对全新突破和全新开始、自我重塑、以及逃离每日碌碌生活的需要，"而这也恰恰代表着人们在追寻"美国梦"过程中的躁动情绪。作为一名狂热的汽车爱好者，布鲁斯·麦考尔（Bruce McCall）在其位《纽约时报》撰写的该书评论中，解释了他认为汽车是美国民俗重要组成部分的原因。他指出，"对于美国人所追寻的既不神圣又不健康的三大目标——性、速度和地位而言，汽车是有史以来最快捷方便的工具，"是"美国梦"难以替代的组成部分。[38]

棒球、电影和汽车所体现出的神话般的力量，与劳苦大众难以实现"美国梦"这一社会现实关系密切。由于美国的就业市场表现低迷，人们或许可以通过去其他国家工作来实现梦想——这一观点于二十世纪八十年代得势，到了九十年代更是影响深远。公司化的美国或许已走上衰退萎缩，而海外诸多公司企业和政府正在扩张升级，非常需要来自其他国家的技术工人。资本主义的传播和全球化的经济，都大大推动了"美国梦"的跨国发展，出国务工人员和猎头公司的纳税申报表格便是佐证。颇显讽刺的是，俄罗斯是一处很受欢迎的目的地；同样是出国务工热点地区的还有东欧、中东和拉丁美洲。在美国国内寻找工作却不断碰壁的失业中年男性，尤其愿意接受出国工作的机会。当然，能讲目标国的语言，并能接受文化差异，可以为此类求职者大大加分。许多人据此认为，成千上万美国人为寻找本国难以得到的机遇而远赴海外的行为，给埋葬"美国梦"的棺材上又钉了一枚钉子。更好的业务环境和更低廉的房价，是吸引这些人的主要因素。冒险也是促使这些人远赴异国他乡的部分原因——两个世纪前，许多躁动的欧洲人之所以来到美国，恰恰也是出于这种心态。[39]

"美国梦"已经走向美国以外、或者说仅仅存在于流行文化之中——这种趋势似乎只会让那些想要在真实的美国式生活中"寻梦"的人更加步履维艰。与其他业界前辈一样，电影制片人琳达·谢弗（Linda Schaffer）也在追寻梦想。1996年，特纳电视台（TNT）播出了一集九十分钟特别节目，记录了她多年来的经历。她这部名为《美国梦》的纪录片中出现了诸多名人——迈克尔·乔丹（Michael Jordan）、梅尔·布鲁克斯（Mel Brooks）、葛洛莉亚·斯坦能（Gloria Steinem）和玛雅·安杰洛皆在其列。单在片中露面捧场的明星大腕的数量上看，人们也许会认为琳达·谢弗实现了"梦想"，或者说至少实现了"梦想"的一个维度。其实，谢弗实现的只是"别人感觉自己未曾实现的目标"，即便是对富人和名流而言，"美国梦"也仍然保持着它的距离。在谢弗采访的普通百姓之中，梦想破灭现象是司空见惯的，不过依然有人坚信——美国是一个机遇之国，人们终究能实现梦想，而且已经有人成就了自己的梦想。正如电影《反斗小宝贝》（Leave It to Beaver，1997年上映）的情节，与过去的情形一样，那些无钱无名的人们、尤其是年轻人，仍旧认为金钱和名望是实现"美国梦"的两大标准。有趣的是，受访者中最乐观的是一位初来乍到的越南流亡者，而最悲观的却是一位土生土长的美国人（"如果这就是所谓的'美国梦'，那我真是生错地方了，"这位科罗拉多州人士这样对谢弗说道）。谢弗还发现，当谈到"美国梦"的时候，部分受访者会表现出一种"贪得无厌"的心态。这些父母辈已经达到小康生活水平的人，想要两套房子，想买豪华进口车而不是雪弗兰或是福特之类的美国车，即便是度假也想要去加勒比海而不是迪士尼乐园。"拥有的东西越多，渴望得到的就越多，"说这话的是谢弗的采访对象之一、前纽约州州长马里奥·库莫。虽然库莫已经卸任，但他对"美国梦"的过去、现在和将来依然有着敏锐的解读。[40]

几年之前，另外一支纪录片拍摄队伍也进行了一番"追梦之旅"，他们最终作品是在探索发现频道（Discovery Channel）播出的。这部名为《美国故事：美国梦》的纪录片分为五段，每段长一个小时（关注点分别是经济大萧条时期、第二次世界大战、黑人民权运动、越南战争和里根当政时期）。制片人花费三年时间，采访了一万七千人，最终选出十个人作为拍摄对象。正如《纽约时报》的凯瑟琳·沙图克（Kathryn Shattuck）在评论中写道的，该纪录片通过讲述这十个人及其家庭前后三代的发展轨迹（执行制片人、英国人安东尼·盖芬Anthony Geffen 曾表示"'美国梦'的含义就是起起落落和不断发展"），努力揭示着"塑造了美利坚民族国民心态的渴望与期待、成就与失落。"讲述故事的受访者中，出身贫困俄国移民家庭的迪克·马诺夫（Dick Manoff）成了一名广告经理人；越南战争时期的反战人士约翰·盖奇（John Gage）成了一位互联网先驱；"黑色风暴"（1930-1936年（个别地区持续至1940年）期间发生在北美的一系列沙尘暴侵袭事件——译者注）期间搬到加州的朱厄尔·布兰肯西普（Jewell Blankenship）与约翰·斯坦贝克（John Steinbeck）《愤怒的葡萄》（Grapes of Wrath）中的乔德一家情况类似；1927年从马耳他移民而来的乔·米夫萨德（Joe Mifsud）成了福特汽车生产线上的工人；来自美国南部、发动了"大迁徙运动"的黑人领袖戈登·贝克（General Gordon Baker），同米夫萨德一样，也在底特律工作，而马萨诸塞州前州长恩迪科特·皮博迪二世（Endicott Peabody II，绰号"Chub"）则是盎格鲁-撒克逊裔白人新教徒的典型代表。讲述者彼得·方达（Peter Fonda）对观众们说道，"这些故事将我们带进了美国梦的核心与灵魂，"尽管片中人物的身份背景各异，但对更美好生活和"出人头地"的诉求，却是他们共同的人生主线。[41]

★ 美好生活与其中令人不悦的元素

在罗伯特·萨缪尔森看来，"美国梦"的核心与灵魂，在现实中大多缺位已久了。在初次为《新闻周刊》撰稿四年之后，萨缪尔森发表了他对"美国梦"的研究结论——自从亚当斯提出"美国梦"以来，这或许是人们对该概念最透彻的一次检视。在这部《美好生活与其中令人不悦的元素：1945-1995授权时代的美国梦》（The Good Life and Its Discontents: The American Dream in the Age of Entitlement, 1945-95）中，萨缪尔森揭晓了"美国梦如何破灭"这一中心议题的答案——即美利坚民族当前的焦虑与过去半个世纪所取得的成就之间的矛盾。他写道，"人们感到某些基础性的东西已经终结，而一个看不见摸不着的未来让他们心生畏惧，"尽管1995年的美国比起1945年时已有巨大进步，但这并不能给人们带来多少安慰。萨缪尔森指出，二十世纪五十年代的"美好社会"和六十年代的"伟大社会"（可以说还包括"反主流文化"运动），均未实现它们那多如牛毛的许诺——如持续增长的收入，稳定的工作，以及贫困、种族主义和犯罪等现象终结等——它们没能治愈国家和民族的伤痛，反而增添了失望情绪，使得"美国梦"成了一场幻梦空想。"它实在太完美了，以至于无法变成现实，"萨缪尔森解释道，一个理想化的如乌托邦般的社会，完全是美国人集体想象的产物——它对美利坚民族的精神造成了毁灭性的打击，更是广泛扩散于美国民间的失望情绪的源头。虽然大多数美国人对自己的个人生活感到满意，但他们依然缺乏对于未来的信心，这种精神上的脱节，正是萨缪尔森作品书名的来源。[42]

由于萨缪尔森在这部著作中以以浓墨重彩谈论了美国的历史，评论者们——尤其是其他经济学家——对该书既敬仰又蔑视。《国家评论》撰稿人、哈德逊研究所（Hudson Institute）高级研究员兼负责人阿兰·雷诺兹（Alan Reynolds）属于前一类评论者。"这是一部由美国思想最深邃、态度最严谨的经济评论家创作的不凡巨作，"雷诺兹如是写道。他并未点破书中的某些"数字游戏"，却强调该书"妙趣横生且富有启发性"。然而另外一位研究领域涵盖经济方面的著名撰稿人，却抨击萨缪尔森的选题过大、超出了他所能阐释的范围。1996年，来自斯坦福大学的经济学家保罗·克鲁格曼（Paul Krugman）以《华盛顿月刊》（Washington Monthly）为平台，表达了他对于萨缪尔森这部著作的担忧。克鲁格曼指出，《美好生活与其中令人不悦的元素》事实上并不是一部经济学专注，而是一篇讨论政治和社会的冗长评论。克鲁格曼还发现，萨缪尔森对于未来的两种展望（建立一个欣欣向荣的"责任时代"，或是依靠更加强力的联邦政府）是靠不住的。克鲁格曼感到很惊讶——萨缪尔森竟然从根本上忽略了美国社会最显而易见的问题所在："实现梦想者"（富人）和"未实现梦想者"（穷人）之间的鸿沟正在逐渐增大。[43]

这一鸿沟，恰是罗珀斯塔奇调查公司（Roper Starch）副总裁W·布拉德福德·费伊（W. Bradford Fay），在其有关"美国梦"在战后破灭的分析中所关注的。费伊在一份名为《销售调研》（Marketing Research）的行业出版物上撰文指出，三个不同的研究项目显示，富人正越来越富，而穷人正越来越穷。费伊并未将美国人分成"实现梦想者"和"未实现梦想者"两类，而是分成了"有能力者"（无需依赖政府、大型公司企业或是公会联盟便能取得成功的人）和"无能力者"（离开外界帮助便无法取得成功的人）。随着这些机构无法继续保障美国人享受曾经拥有过的金融安全（经济安全），个人只能自谋多福了。由于"循规蹈矩"的生活方式不再是人们实现梦想的有效途径，自力更生再一次成了"美国梦"的关键标志。费伊宣称，"个人的主动性、责任感和天赋，是新时期'追梦'的本钱——这并非因为它们是优良品德，而是因为它们是人生道路上的必备之物。"周而复始的循环之后，"美国梦"又一次回到了以个人自由为基础的原点。[44]

不幸的是，想要通过自力更生实现"美国梦"也绝非易事。事实上，许多美国人的目标定得太高，对于"好日子"和消费的期待远超过去几十年的水平。共和党民意调查专家弗兰克·伦茨（Frank Luntz）表示，"人们开始追寻更为远大的梦想，同时感觉自己生活在一个无论在物质上还是精神上都越来越不可能实现这些梦想的社会之中，"许多美国人就在充满渴望的幻想中为自己埋下了失望的种子。有些人的观点甚至更为悲观。1996年，查尔斯·惠伦（Charles J. Whalen）在《人文主义者》（The Humanist）上撰文指出，"'美国梦'正处于危机之中，"二十世纪五、六十年代的"小康社会"已经被九十年代的"焦虑社会"所取代。尽管这并不完全是经济衰退和购买力下降的结果，但许多中产阶级人士的不安情绪已经超越了经济统计所能衡量的范畴。惠伦提出，关键社会机制（也就是就业、福利、预算等等）已与九十年代的经济现状脱节，正是这一点导致了人们普遍缺乏安全感和稳定感。他补充道，两党制度对此也于事无补，因为中产阶级正夹在两派之间，左右为难。[45]

政客们在意识形态上的争论或许是妨碍"美国梦"成真的绊脚石,但这并未影响他们将这一概念用作竞选工具。1996年美国总统选战期间,两党主要的总统候选人都在竞选演说中引述了"美国梦"。毫无疑问,以往在候选人们竞逐总统宝座的过程中,"美国梦"概念都发挥了相当程度的助力作用。民主党候选人、时任美国总统的比尔·克林顿,倾向于"为所有甘愿努力拼搏追梦的人们"保持"美国梦"的活力;而共和党候选人鲍勃·杜尔宣称,美国的(合法)移民"拥有与开国元勋直系子嫡同样多的实现美国梦的权利"。两位候选人明显都利用了马丁·路德·金关于"梦想"的理念,尤其是他1961年在宾夕法尼亚林肯大学的演讲"美国梦",以及1963年在林肯纪念堂台阶上的演讲"我有一个梦想"。作为黑人民权斗争指导理论的基本组成部分,"美国梦"最为人所知的定义——即"个人成功"——被马丁·路德·金拿来与《独立宣言》所主张的那些"不言自明"的真理("人人生而平等,造物主赋予他们若干不可让与的权利,其中包括生存权、自由权和追求幸福的权利")相结合。克林顿和杜尔都学过历史,充分利用了马丁·路德·金对于"梦想"的解读。他们知道,"美国梦"的真正力量蕴于这个国家的立国准则之中。[46]

"美国梦"就像是一枚乒乓球,被记者、政客、经济学家和市场研究者拍来拍去——这个领域是开放的,似乎任何人都能插得上嘴。曾经在那个选举年(1996年)开玩笑说要竞逐大位的科林·鲍威尔(Colin Powell,美国第一个黑人国务卿),完全有资格说他自己将梦想"实现到了极致"。他先是在军中一路升迁,后来成为里根政府的国家安全顾问,之后又成了历经老布什总统和克林顿总统"两朝"的参谋长联席会议主席。作为移民的后代,鲍威尔曾经表示,他的父母在抵达美国之时看到了"一个充满怜悯的国度和一群慈悲为怀的人民"——这进一步(同时也是更加充分地)

表达了他对美国梦的看法:"(建立)一个能够保护国民,教化子孙,并且为有需要的人提供帮助的政府。"其实,"美国梦"潜移默化的影响早已超越了政坛,被当成了流行文化与消费文化的一大卖点。例如,在中国上海附近开设了一家"美国梦公园",项目发起者信心满满,认为这片迪士尼式的乐园会像缅因街、迈阿密海滩和西部荒原一样吸引中国游客。与此同时,美国国内的房地产开发商们计划在马里兰州的银泉建设一处名为"美国梦"的大型购物娱乐中心,以期充分展示购物和消遣的真谛。甚至还有一家名为"美国梦"的公司(American Dream Company)。在一则广告中,该公司向互联网用户提出了这样一个问题:"(美国梦)是财富吗?还是一座属于您自己的房屋?一辆好车?一艘游艇?美丽的服饰?或者是一台57.6kbps速率的调制解调器外加64兆内存?"最后提到的这两样科技产品,体现了二十世纪末人们解读"美国梦"含义时百家争鸣的状态——至少本则广告是这么说的。[47]

如果说"57.6kbps速率的调制解调器和64兆内存"云云无法全面说明问题,那么同年由罗珀斯塔奇公司组织的一项调查足以证明,对于不同的人来说,"美国梦"有着不同的含义。这家研究机构调查了婴儿潮一代人(年龄在三十二岁到五十岁之间),问起"美国梦"对他们而言有无"个人化的意义",如果有,又是何意义。百分五十四的受访对象表示"美国梦"的确对他们有意义,而表示"美国梦"对别人有意义但与自己无关的人占到了受访者总数的百分之十五。值得注意的是,婴儿潮一代中超过四分之一(百分之二十七)的人表示"美国梦"对任何人都没有实际意义,这或许反应了他们中间的一种普遍心态——即认为自己生得太晚,没能赶上"梦想成真"的好时光。正如事先预料,那些表示"美国梦"有意义的人们所给出的答案是多种多样的;按照广告周刊(Adweek)在报道调查结

果时的说法,这是一场"人类在个人主见、精神归属和物质主义方面的大混乱"(这正是导致出现诸多答案的原因):

忠实于内心的追求,不出卖自己	97%
感觉能掌控自己的人生	96%
找寻属于自我的满足感	96%
赚够资本以保证未来生活的惬意舒适	96%
拥有能带来个人满足的工作	96%
拥有私宅	95%
忠实于自己的宗教信仰	93%
拥有幸福的婚姻	91%
拥有孩子	81%
终生保持性感	77%
拥有迷人的外表	65%
自己创业	53%
成为富人	42%
拥有权势和影响力	36%[48]

诸如"忠于"某些事情和为自己寻找满足感等内在主观导向型价值位于前列,而财富、权势和影响力等外在客观导向型价值却在清单中垫底,这颇有些趣味;该结果至少与当今人们对"美国梦"的普遍看法相抵触,尤其与对个人成功的追求相矛盾。莫非时年三四十岁的婴儿潮一代已经触及了"马斯洛需求层次"的顶点,超越了羡慕他人的阶段、开始追求自我实现了?

★ 现在就是美好的旧时光

对于婴儿潮一代来说，幸运的是，自我实现与羡慕他人之间并不是相互排斥的关系。克林顿的第二个任期对美国而言注定是繁荣的四年，"美国梦"重新被提上议事日程，甚至已经有许多人梦想成真了。这段由互联网泡沫和火爆股市造就的繁荣时代，足以在历史上留下浓墨重彩的一笔。马克·鲍德萨瑞曾经指出，二战之后的"美国梦"在二十世纪七十年代偏离了轨道，而《纽约时报》的路易斯·尤奇特（Louis Uchitelle）干脆将1973年认定为美利坚民族发展脚步戛然而止的转折点。那一年发生的一系列事件，包括美元与黄金脱钩、石油禁运、全球粮食减产等，都将美国经济推向了难以逾越的障碍，而通货膨胀、固定工资和势力削弱的工会组织让形势更为雪上加霜。与公认为"镀金时代"元年的1870年和经济大萧条降临的1929年一样，1973年也是美国经济史上一个重要的里程碑式的年份，标志着两个时代的轮换交替。[49]

然而一代人之后，有清晰迹象表明，美国二战后那种欣欣向荣的局面正在回归，虽然不太可能再次出现属于一整代人的"黄金时代"，但最起码会进入一段繁荣期。由低通胀和低失业率结合而组成的经济气候，与二十世纪九十年代末高额的企业利润相结合，使得形势看上去与六十年代的情景极为相似；美国在数字科技方面的领导地位，更是在某些方面堪与五十年代其超强的军事实力相比。"现在就是美好的旧时光，"1997年，《财富》杂志如此宣示道，因为公司化的美国已经在诸多方面摒弃了七十年代初至九十年代中期"迷惘一代"的消极情绪。不过，电视媒体却并未做好准备，寻回当年的美好记忆。世纪之交的美国，已经与二十世纪中叶截然不同，尤其是"职场"方面。除了那些随着公司上市而在名义上成为百万富翁的技术高管，对于普通人而言"出人头地"依然充满困难，因为从某种意义上说，能保住饭碗本身就已经不错了。在经济全球化的作用下，许多产品领域的竞争也变得更加激烈，美国的工人必须延长工作时间，才能与新兴经济体廉价的劳动力竞争。换句话说，虽然经济衰退已成过去，但美国人曾经享受过的繁荣也已一去不复返了；无论美国人手上拥有再多财物，也无法替代最为珍贵的财产——可以拿来享受这些财物的时间。[50]

随着美国走进一个新的世纪、迎来新的千禧年，"美好的旧时光"也在延续，那些想要泼冷水的人很快噤声了。1998年，《商业周刊》曾感叹道，"让经济发展惠及大众、让每一代人都比前一代过得更好、让机遇和争取'出人头地'的努力带来实实在在的回报——这样的'美国梦'正在全面发挥效力。"美联储主席格林斯潘（Alan Greenspan）将当时美国经济称作"良性循环"，这让人倍感振奋。最为可喜的是，收入最低工人的薪金水平增长迅速，在某种程度上缩小了穷人与富人之间的收入差距。许多家庭逐渐恢复了从前的生活水平，"美国梦"重新进入了人们的视线。[51]

事实上，若想确认"美国梦"是否存在，人们只需轻轻敲击电脑键盘即可。对于那些创造了互联网的先驱者们而言，网络提供了所有"追梦人"们梦想得到的一切——自由、成功和繁荣——互联网所带来的兴奋感，与一百五十年前加州淘金者的感觉不同。许多普通互联网用户也发现，这一全新空间充斥着无数机遇，与亚当斯当年的愿景非常相似。1997年，佐藤健二（Kenji Sato）曾写道，"虚拟空间业已成为'美国梦'的终极化身，"人们随心随遇成为任何角色的梦想，在这个无边无际的"平行世界"里得到了实现。作为一名日本公民，佐藤感到，互联网是美国人的一项重大发明，它使得"美国梦"与世界各地人们的关系变得更加密切了，这片崭新的"乐土"最大程度体现了美国的价值观。[52]

互联网先驱们所体验的某些兴奋感，与他们所收获的配股（优先认股权）也有一定关联。第二次世界大战结束之后，配股逐渐成为商业运作的一部分，用来奖励、回报那些对公司前景至关重要的管理人才。二十世纪八十年代，传统的配股在华尔街风暴中被扫荡殆尽，许多企业高管用它们替换薪水，常常攫取巨额意外之财。然而，九十年代末的科技大发展将配股制度推向了一个完全崭新的层次，现如今，它已经被视作除了抢劫银行之外发家致富的最快途径。1998年，爱德华·韦尔斯（Edward O. Welles）在《Inc.》杂志上指出，"配股已经成为'美国梦'的一部分，亦是那些最精明企业在管理过程中的法宝，"它使得新生企业可以笼络并留住优秀雇员，但不必支付高薪。在硅谷不少软件企业里，各级雇员都可以借由配股得到企业股份，从而在名义上成为百万富翁，对于尚未攫取第一桶金的公司而言，这是一件非常神奇的事情。如果在公司上市之前、股价极低的时候得到配股（常常低于一美元一股），那么持股人很可能在未来某一天赚到超越一生工资的巨额财富。韦尔斯写道，"良禽择木而栖，立下成为下一个乔布斯、盖茨或是戴尔的远大志向，终有一天你会发大财的，"这个过程无异于是"有天早晨起来发现自己握着中了大奖的彩票"。[53]

尽管只有企业高管才能享受配股这列通向财富的快车，但普通投资者也可以享受通过股票发家致富的过程。九十年代末的股市走势（1995年至1998年，股市每年都会上涨30%）如此惊人，以至于改变了"美国梦"的轨迹，使得这段时期成为又一个历史性的转折点。"'美国梦'已经转变成为满手的蓝筹绩优股票和某些高增长率的政权，而非过去人们所追求的三卧室加两车位的大宅了，"1998年，《纽约时报》的爱德华·怀特（Edward

Wyatt）如是写道，三十年来，美国家庭在华尔街证券市场上的投资首次超越了他们在住房上的投入。此时，美国人总资产的百分之二十八都投在了股票上，这已经达到了二战结束之后的最高比例。尽管这一表现有些非同寻常，但在过去十年（即二十世纪八十年代）那个属于"证券企业家"的时代，华尔街一直都是"美国梦"的"家园"。所谓"证券企业家"，指的是"公司蓄意收购者"（通过大量收购股票控制某家公司的个人或机构——译者注）、证券交易员、推销员、投资银行家和对冲资金经理——他们是新时代通过资产运作发家致富的好手。但是，没人能比当日投机交易者更了解在股市里快速赚钱的手段，这种全新的"企业家"懂得充分利用委托客户的技术进步和业务变更。在家工作、自我创业的投机者们是此类"极端投资者"中最为极端的，他们常常能以令人瞠目结舌的速度实现"梦想"（当然，他们的梦想也有可能以同样的速度破灭）。[54]

在资本主义制度下，那些被视为领军人物的个人会被委以特殊身份。如果说迈尔康·福布斯（Malcolm Forbes）最能象征二十世纪八十年代自由资本主义的兴起，那么九十年代最有资格充当这一潮流代言人的或许就是唐纳德·特朗普了——事实上，他的名字几乎就是"美国梦"的同义词。九十年代末，特朗普已经完美地摆脱了近乎破产的处境，他那本即将出版的《世界随我所愿》（The World According to...Donald Trump）非常符合他的个性。（后来，该书的书名被改成了不太"狂妄"的《我们应得的美利坚》The America We Deserve。）特朗普这部最新著作的主题是他对"美国梦"的物化，他的达尔文进化论式的观念，孤注一掷的意愿，对未来坚定不变的信念，以及体现美国全部价值观的引人注目的生活方式。1999年，特朗普曾经表示，"我很享受做大买卖的感觉，我实现了美国梦，"为了让这个世界变成一个更适合实现自我的地方，他可以做任何事情。不仅如此，这位世界上最成功的房地产开发商（这是他的目标，或许他已经梦想成真了）还希望，所有美国人的锅里都能炖上一只肥鸡。他曾许下宏愿，"我愿意尽我所能，让美国的平凡大众都能尽可能飞得更高。"人们没有理由怀疑他的这番誓愿。[55]

无论是否能得到特朗普的帮助，随着新千禧年的脚步越来越近，美国的平凡大众事实上已经在展翅飞翔了（尽管人们对"千禧危机"/"千年虫"依然抱有恐惧）。尽管过去数年的低谷期仍在延续，但1999年的美国独立日庆典依然显得充满活力，承受着颇多溢美之词的"美国梦"，成了人们缤纷庆典的歌颂对象。假期结束一周之后，出版业巨头、亿万富翁祖克曼在他旗下的《美国新闻》和《世界报道》中宣称，"美国正在兑现关于'美国梦'的许诺，"这一概念"比以往任何时候……都更像是现实"。祖克曼将追溯"美国梦"的脚步延伸到了开国元勋们所追求的政治自由上——事实证明，这某种程度上成了人们（甚至包括一些有远见的人）梦想的源泉：

> 没人真正意识到了个人自由在经济方面的含义，或许就连我们今天纪念的那位书写了《独立宣言》的开国元勋也没能想到这一点。但是，我们植根于个人自由这一基本点的政治自由，以及我们对于世界的开放态度，释放出了惊人的能量和创造力。无论我们的出身何其卑贱，都有脱颖而出的自由，以及充分发挥天赋能力的自由，我们创造了一种新的社会形式——靠自己的努力取得成功。这就是我们在美国不问出身只问事业的原因。

这一点也不奇怪，祖克曼是在全心关注美利坚民族的未来。全新的技术前沿完美契合了美国人那名满天下的个人主义、开放性和适应力。祖克曼感到，在文化多元、兼容并包和平等精神等前提下，无论是被遗忘的一代还是千禧年一代，都在朝着我们追寻的目标共同前进，并且已经准备好相互交流在这个充满流动性的社会上生存的经验。祖克曼鼓吹道，"随着我们的人口在美国的发展过程中不断细分，'美国梦'终将成为所有人的梦想，"他完全相信"我们并不仅仅是在创造'梦想'，更是在实践'梦想'。"[56]然而，随着美国和整个世界迈进新世纪，一直沿着一条曲折蜿蜒如过山车般的轨迹发展的"美国梦"，即将迎来又一次重大转折。未来充满无穷变数，是祖克曼或者其他任何人都无法预料的。

第六章
美国偶像

★

"因此我们逆流而上,尽管那倒退的潮流不断地把我们推向过去的岁月,但我们仍将继续奋力向前。"

——1925年,弗朗西斯·斯科特·菲茨杰拉德(Francis Scott Fitzgerald)

★

2001年夏天，波士顿学院（Boston College）的一群学生正在上一堂有关"美国梦"的课，深入探讨着这一美利坚民族核心理念的含义。除了阅读约翰·温斯洛普（John Winthrop）、亚伯拉罕·林肯、约翰·洛克（John Locke）和让-雅克·卢梭（Jean-Jacques Rousseau）的名篇之外，这些来听大卫·麦克米纳明（David McMenamin）上课的学生第一次提出了他们对于"美国梦"的定义，每个学生的观点都各有不同。例如，有一名学生相信所谓"美国梦"就是现代版本的"四十亩地加一头骡子"（他将其解读为一辆汽车、一间车库、"两个半"孩子、所有人都能享受到平等机会……还有一座房子），而另一名学生则认为，"美国梦"最起码应该是"被压迫者得解放"。这堂课将"美国梦"概念追溯到了启蒙时期，接着又追溯到柏拉图时代，最终追溯到两河流域（幼发拉底河与底格里斯河）的文明起源（颇具史诗意味）。麦克米纳明告诉学生们，"乐土（应许之地）概念与人类历史同样古老，"而当年从欧洲迁到北美的清教徒们正是承袭了先知摩西当年走过的神圣足迹。[1]

几年之后，在波士顿的芬威高中（Fenway School），学生们在讨论"美国梦"的课堂上，很是兴奋地阅读着弗朗西斯·斯科特·菲茨杰拉德的《了不起的盖茨比》（The Great Gatsby）。（很显然，波士顿堪称世界"美国梦"教育之都。）"我认为这所谓的'美国梦'体现的是白人的梦想，"说这话的是来自多米尼加共和国、时年十七岁的妮可·多内，她认为真正的"美国梦"应该是"为了自己想要的东西而努力奋斗"，而不是追逐金钱。同样时年十七岁的哈基姆·斯蒂德不赞同她的看法，"'美国梦'与金钱关系密切，"在他眼中，杰伊·盖茨比堪与他的偶像杰斯媲美。而在城中的另外一所学校——波士顿拉丁高中（Boston Latin School），高二学生们同样在英文课和美国文学课上阅读着这部1925年的小说（还有

《哈克贝利·弗恩历险记》The Adventures of Huckleberry Finn、《喜福会》The Joy Luck Club、《伊坦·弗洛美》Ethan Frome 和《凝望上帝》Their Eyes Were Watching God），作为他们"美国梦"讨论的一部分；这些学生也根据各自不同的生活经历提出了各种可能性和理想抱负。来自牙买加、时年十六岁的莎乌娜·迪隆认为，"'美国梦'并不属于所有人，"她相信"这里面有特定的路径和门道"。而时年十四岁、两年前从中国到美国求学的王今朝（音）表示，盖茨比在码头尽头看到的绿灯特别具有启发意义。她认为，对于来自北达科他州、凭借自己的努力成为百万富翁的盖茨比而言，那盏绿灯象征着希望。"我的绿灯就是哈佛大学，"王今朝与同学们分享着自己的梦想，她的理解已经超越了许多成年人的认知水平。王今朝说，"追寻梦想的过程是最重要的，"她确信"努力奋斗才是'美国梦'的真谛"。[2]

这些来自年轻一代、尤其是那些初来美国的青少年们的令人惊讶的见识说明，在詹姆斯·特拉斯洛·亚当斯首提"美国梦"七十多年之后，这一概念的力量和关联性依然强大如初。事实上，菲茨杰拉德的《了不起的盖茨比》在美国半数高中都是必读教材，因为老师们发现该书极易引起城市青少年（其中有许多人为第一代或第二代移民）的强烈共鸣。毕竟，与其他人群相比，青少年更容易接受这些概念——诸如为某物努力奋斗、实现超出自身能力范围的目标、或是改头换面超越自我——菲茨杰拉德书中的这些理念，是他们梦想的基石。教师们表示，盖茨比的故事是一部非常有用的警世寓言，可以让人们学会在物质主义文化主导的当今社会中"小心事与愿违"。[3]在二十一世纪头十年，不少美国人将逐渐相信，"美国梦"本身也会演变成一则警世寓言，实现梦想的代价是高昂的。

★ 他人之财

被新世纪晨光惊醒的美国人，意识到所谓的"千年虫"只不过是庸人自扰的多虑，无论是经济前景还是大多数人的生活都在朝着好的方向发展。就业率高，通胀率低，道琼斯指数依然在强劲攀升，互联网泡沫的破灭并未对美国经济造成严重影响。随着2001年小布什精选获胜，情况变得非常明确——这位总统将不仅是自由资本主义的热情鼓吹者，还将在塑造"美国梦"的过程中扮演重要角色。"他的个人经历……以及他的政策都与新世纪之初经过改进的'美国梦'相契合。在这全新的'美国梦'中，人们可以依靠良好的人缘、利用他人的钱财、并获取配股——与传统的靠努力奋斗和开创事业来实现'从贫到富'的霍雷肖·阿尔杰式'美国梦'相比，这些方式更加可靠，"《纽约时报》的弗兰克·李奇（Frank Rich）在总统大选之前如是写道，他认为二十一世纪伊始的"美国梦"更倾向于"做生意"，而不是别的手段。李奇还表示，"那些在2000年依然连轴工作、汗如雨下的人是愚蠢的，"在很大程度上，富有的精英阶层依然是'美国梦'的守护者。[4]

整个美利坚民族都在二十世纪九十年代末的经济繁荣中得了实惠，拥有私宅便是最明确的标志。至2001年底，实现拥有私宅梦想的人比以往任何时候都多（68%的成年人），这是自人口统计局开始收集这一数据以来比例最高的一次。[5]即便在二十一世纪头十年早期的经济风暴期（与二十世纪七十年代初、八十年代初和九十年代初的情况非常类似），美国人依然坚定地守护着自己的梦想。并非只有"麦克豪宅"，而是所有豪华住宅——其中有许多的价格并不高昂——这类住宅几乎在美国人的生活中随处可见。当时这一怪异的消费倾向，在程度上甚至堪与二十世纪八十年代末与九十年代末的衰颓相提并论。轻松可得的房屋抵押，支撑着大量美国民众的持续无节制消费，贷款节省下来的资金很快都被花在了购物上。《纽约时报》的约翰·施瓦茨（John Schwartz）评论道，"二十一世纪初注定将成为另一个'浮华时代'，"美国人不愿看到"美好时光"就此停摆。[6]

其实美好时光已经停滞了，但五年左右的"放纵"还是产生了不少值得观瞻的东西，促使社会学家们将注意力转向了"美国梦"的一大重要维度——阶级。从表面上看，似乎阶级之间的界限已经变得不那么清晰、不那么重要了，而收入水平上的差距也往往被极尽相似的生活方式和消费行为所掩盖。毕竟，无论穷人还是富人，都去星巴克喝咖啡，开丰田车，到盖普（Gap，全球最大的服装零售商——译者注）购物，在电视上收看本地运动队的比赛直播，很难看出谁腰缠万贯，谁有还不完的帐单。社会学家曾经提醒道，不要被某种共同兴趣爱好和共同的生活目标蒙蔽了双眼，若是分别从经济角度和文化角度来看阶级，会得到截然不同的结果。有些人认为，尽管平头百姓和大先生们都喝拿铁咖啡，穿卡其布衣服，但收入上的巨大差距（1999年，普通民众一年平均能赚到三万六千美元，而全美前一百位首席执行官的平均薪水是三千七百五十万美元，是前者收入的一千多倍）却依然将美国社会分成了两个阶级。某些研究显示，"社会流动"事实上比以往更加困难了。某研究项目曾统计过，百分之二十的美国人属于"特权阶级"，而剩下的百分之八十则属于"新工人阶级"。不少批评者指出，小布什总统的经济政策，不仅拉大了穷人与富人之间的差距，国家体制也越来越朝有利于富人和即将致富者的方向倾斜。"新的阶级化社会：再见美国梦？"（The New Class Society: Goodbye American Dream）研究项目合作者罗伯特·佩鲁济（Robert Perrucci）表示，"'美国梦'正在经受严峻挑战"——认为阶级属于过去而非现在的想法,是一个非常严重的错误的。[7]

满坑满谷的揭露美国阶级差距日益扩大的研究结论,正是那些主张是时候与"美国梦"告别的批评者们的武器。直至二十世纪七十年代,大部分属于或者接近经济坐标系最底层的美国民众,都有能力通过积累更多经验、赚到更多金钱而跻身中产阶级行列。然而,随着战后的经济繁荣走向终结,人们"出人头地"的脚步也放缓了,八十年代兴起的以技术为基础的劝酒化经济,使得蓝领阶层的日子越发不好过了。尽管九十年代的经济复苏让美国许多工薪阶层也能上大学或是买房子,但是如今,作为公司企业节约成本措施的一部分,中产阶级常常会总会踹翻后进者的"梯子"。2003年,在研读了劳工统计局(Bureau of Labor Statistics)和联邦储备银行(Federal Reserve Bank)提供的数据之后,芝加哥大学经济学教授(诺贝尔奖得主)詹姆斯·赫克曼(James J. Heckman)表示,"近年来的一大发现,便是美国社会已经不像过去那样富于流动性了。"简言之,在过去几十年间,阶级壁垒并未弱化,而是加强了——"出人头地"的美国人在减少,而那些已经身居高位的人们,地位似乎越来越稳固了。[8]

很快又有其他人指出,抛开不断增长的阶级对立和不断下降的经济流动性不谈,"美国梦"所面临的挑战,或许并不像它所表现出来的那样严重。例如,某研究项目负责人深入观察了阶级的动态变化,发现大多数美国人并不是特别介意随处可见的经济上的不平等,而是认为物质上的成功是辛勤奋斗换来的,所以是公平的。然而另一方面,大多数欧洲人对于他们国家的阶级分化深感不安,认为贫穷与富裕并非命中注定。那么,造成美国人与欧洲人在这个问题上观点不同的"未知因素"究竟是什么呢?有人或许会理性地指出,若想实现"美国梦",或者至少让保证梦想成真的

"社会流动性"成为可能,那么阶级之间就不应当是永恒固定的,而是应该更具流动性和可变性,尽管从人文主义角度来看,美国人对"平等"有着坚定的信仰,可他们居然非常情愿接受贫富之间出现巨大且不断扩张的鸿沟——换句话说,假如阶级间的差距模糊一些,那么"美国梦"足以消弭任何矛盾。[9]

然而,对于那些专注于统计数据的人们来说,事实胜于理论。掌握大量实践调查数据的经济学家们还表示,美国人笃信传统意义上的"美国梦",他们相信,对于任何愿意努力奋斗的人来说,美国都是一处充斥着机遇的独特之地,然而这一信念却掩盖了现实的状况。2005年,百分之二十的美国人净资产为零,或是负债累累,实现个人财务上的盈余已变得越来越难。"芝加哥联邦储备银行经济学家巴沙尔·马苏德(Bhashkar Mazumder)曾在报告中提到,在过去二十年间,收入流动性大幅衰减,"他的言外之意是,美国已经变成一个阶级分明的社会,而非经营管理的社会。如今,美国的收入流动性与法国和英国相差无几,甚至要低于加拿大。大多数美国人并不愿承认这一点(一部分原因在于,1950年至1980年,美国的阶级流动性经历一次普遍的活跃期)。《基督教科学箴言报》(Christian Science Monitor)的大卫·弗朗西斯(David Francis)写道,"'一代更比一代强'的经验,如今似乎已经冻结,"这与美国人心中的信仰大相径庭。[10]

美国社会阶级似是而非的矛盾本质,促使《纽约时报》在2005年推出了"阶级问题"(Class Matters)系列文章。(《华尔街日报》也发表了一系列类似内容的文章,该报撰稿人们同样意识到,美国社会对于阶级属性的重视与几十年前并无二致)。从表面上很难看出端倪,但只要深入一点观察就会发现,阶级(在《纽约时报》看来,阶级属性是由相对收入水平、教育程度、财富和职业等要素组合而成的）的意义重大一如往昔，是社会流动性的关键驱动力，亦是"美国梦"能否实现的前提。"'出人头地'是'美国梦'的核心承诺，"詹尼·斯科特（Janny Scott）和大卫·莱昂哈特（David Leonhardt）在该系列的首篇文章中如是写道，偶尔出现的"飞黄腾达"的机遇，在某种程度上让阶级之间的巨大差距更容易被接受。实际上，《纽约时报》发起的一项调查显示，超过半数年收入低于三万美元的美国家庭表示他们已经梦想成真，或者终将实现梦想，这颇令人感觉难以置信。[11]

然而事实是，生在美国既有优势又有劣势，这两者在美国表现得比在其他许多国家都要显著。正如之前一些研究所指出的，在美国作用消极的阶级对立，在欧洲部分地区却成了社会流动的催化剂。不过，"美国梦"的神话依然在继续，无论是比尔·克林顿还是比尔·盖茨，都证明了美国是一处公平的竞技场，任何人都有可能攀登到社会最顶层。许多人赞同，这种对"美国梦"的基本信仰，对于整个美国的健康发展至关重要；一大群人感到被孤立或是心中有怨，是不符合整个民族最大利益的。"如果人们失去对'美国梦'的信仰，即便是我们当中最具权势的人也将承受其后果，"说这话的是阿默斯特学院（Amherst College）校长安东尼·马克斯（Anthony W. Marx），他的学校是诸多通过接纳低收入学生而推进社会阶级流动性的学府之一。[12]即便"美国梦"看上去更像是一场幻梦，那它也是一场非常有意义、有价值的幻梦。

★ 诱导转向法

尽管二十一世纪头十年或许并不是"美国梦"的黄金时代，但对于讲述此概念的书籍而言,这无疑是一段好时光。例如,大卫·迈尔(David G. Myer)在其著作《"美国梦"悖论:丰盈时代的精神饥饿》(American Dream Paradox: Spiritual Hunger in an Age of Plenty)中提出,随着经济条件越来越好,美国人也变得越发没有内涵了,他认为书名中的"悖论"正在摧毁"美国梦"。的确,美国人的生活水平正处于历史最高点,但美国本身却被一系列社会问题所困,其中包括居高不下的离婚率、青少年自杀率、暴力犯罪、监狱囚犯和民众的沮丧情绪等。迈尔指出,赚取更多的金钱并不能取代幸福感,他认为肆意妄为的个人主义及其"伙伴"物质主义都应当收到批判。斯沃斯莫尔学院心理学教授巴里·施瓦茨(Barry Schwartz)在为《今日心理学》撰写该书书评时,对此表示赞同,"自由市场或许会让我们更加富裕,但我们将因此丢掉亲密的人际关系、承诺、关爱、公平以及忠诚等等为我们带来幸福的东西。"施瓦茨认为,"美国梦""过分关注填饱肚子的财富,却忽略了我们在精神上的饥饿"。[13]

然而,《创意阶层的崛起》(The Rise of the Creative Class: And How It's Transforming Work, Leisure, Community, and Everyday Life)一书作者理查德·佛罗里达(Richard Florida)却相信,在追寻梦想的过程中,相对于金钱,美国人已经选择了幸福。2003年,佛罗里达在《华盛顿月刊》上撰文指出,"'美国梦'已经不再仅仅与金钱有关,"他的研究显示,随着人们达成"维持合理的生活方式,同时从事自己喜欢的工作"的共识,一种全新的美国梦正在兴起。像是佛罗里达在其著作中提到的,创新(按照他的定义就是"提出并实现某种新理念的能力")是这种新型美国梦的核心,超越了经济增长和个人成功等传统概念。佛罗里达坚持认为,真正抓住了"美国梦"的实质,并非林肯总统(以及一个多世纪之后的罗纳德·里根）在描述美国的承诺时说过的"发财的机会"，而是杰斐逊所说的"对于幸福的追求"。他解释道，"'美国梦'是通过工作获取赢得的回报，而不仅仅是补偿我们投入的时间和精力，"所谓"创意产业"的兴起，正在彻底改变着"美国梦"。"传统的'美国梦'，就是指得到能够养家糊口的工作职位，"佛罗里达总结道，而"新的'美国梦'则是找到一份既符合自身喜好、又能养家活口的工作"。[14]

选择幸福而非金钱，通过决策获取好处——对于欧洲人来说这并不是什么新鲜事，正如杰里米·雷福金（Jeremy Rifkin）在其新书《欧洲梦：欧洲对于未来的憧憬如何悄悄超越了美国梦》（The European Dream: How Europe's Vision of the Future is Quietly Eclipsing the American Dream）的标题中所指出的。2002年欧元的引入以及2004年欧盟的扩大，让人们更有理由将欧洲大陆看成一个有机整体，而非一群独立国家的集合，这是的欧洲与美国之间的对比变得更加清晰了。雷福金就是这样做的，他重点聚焦了两者的流行理念——美国的"活着是为了工作"和欧洲的"工作是为了生活"。作为沃顿商学院的经济学家，雷福金证明了人们的传统观念基本上是正确的——大洋彼岸欧洲大陆上的人们健康程度和受教育程度更高，成为穷光蛋的可能性更小，因为他们实现资本主义的方式更为人性化。雷福金（作为一名美国公民他曾经在欧洲待过很久）认为，美国人工作过度、收入过高，压力过大，尽管他们的梦想尚未破灭，但明显已经老态龙钟了。[15]他指出，美国人梦想的基础是个人自主和财富积累，而欧洲人的梦想则植根于人际关系和生活品质，再一次提出了一个古老的问题：那种梦想更适合迎接二十一世纪的挑战呢？他还提出，欧洲人的现实前景与美国人的风险承受能力同样都是值得珍视的财富，前者的世俗主义与社会民主等其他特征也是可取的。[16]

仅仅是"欧洲梦"概念本身，就在许多方面优于"美国梦"——这对于那些自儿时起便被灌输了"美利坚民族是现代上帝的选民"思想的美国人而言，是一大沉重打击。然而，正如之前列举过的学者们在著作中提到过的，许多欧洲人享受着带薪休假、产假、免费或是廉价的医疗保险、住房补贴、学费补助……而这些福利并非来自雇主而是政府，仅仅这一现实便足以让人们怀疑，是否还有继续追寻"美国梦"的必要。美国政府的任务主要是保护个人私财权利，防止国家遭受外敌威胁。这体现了两种文化之间的巨大差异。雷福金强调，"更大、更快、更多"可能并不是"最好"的象征，而我们的成功模式和价值观（虔诚、爱国、独立）也未必是世界这只"大鱼缸"里唯一的"鱼儿"。[17]他进一步指出，美国人传统的孤立主义、个人主义和自给自足精神，并不符合整个世界的发展趋势，欧洲那种更具社群主义色彩的发展方式更适应未来的世界。[18]雷福金指出，欧洲已不再是"旧世界"，而更像是一个"新世界"；对于欧洲人而言，两次世界大战是对过去的告别，为他们做好了迎接未来的准备。[19]雷福金点明，欧洲不是什么乌托邦（尽管享受着政府福利和每年六个星期的年假，但大多数欧洲人似乎依然是悲观主义者），但它走出了一条许多美国人艳羡不已的繁荣之路。[20]最后，欧洲人在"遵守原则"上并不比美国人强多少，如果说"美国梦"是不切实际的理想，那么"欧洲梦"也差不多。[21]

尽管鲍勃·赫伯特（Bob Herbert）2005年出版的《被背叛的承诺：从"美国梦"中醒来》（Promises Betrayed: Waking Up from the American Dream）并未像雷福金那样对此问题加以深入讨论，但他同样表现出了一种对美国未来前景不抱过多希望的态度。身为《纽约时报》专栏作家的赫伯特承认，美国依然一如既往地繁荣强大，但这并不能遮掩它在诸多领域、尤其是基本人权方面的倒退。鲍勃·赫伯特在这部文集中指出，美国的司法、经济和政治系统都陷入了困境，尽管社会的多元化程度在提高，但种族关系问题依然严重。赫伯特感到，伊拉克战争是美国历史上的一个重大转折点，明确标志着美利坚民族曾经崇高无比的理想近年来已如巨石般沉入深渊。[22]

同样认为"美利坚的承诺"已遭背叛的，还有芭芭拉·厄莱雷奇（Barbara Ehrenreich）。她在《诱导转向：（未来）对于"美国梦"的追寻》（Bait and Switch: The (Future) Pursuit of the American Dream）一书中研究了美国失业白领工人（大概占全美事业总人口的五分之一）的困境。厄莱雷奇的上一本书，解密低收入工人群体窘迫生活状态的《金钱社会》（Nickel and Dimed），曾经引起强烈反响。而这一次，她的目标是"像为劳苦大众振臂一呼的上一本书一样，为美国的中产阶级做一点事"。跟创作上一本书的情况一样，厄莱雷奇花费了仅一年时间，秘密体验了一份年薪五万五千美元、附带健康保险的公共关系类工作。她发现，自己在"变身"过程中，急切想做的并不是笼络人脉，而是保持正面积极的心态。[23]约翰·莱昂纳德（John Leonard）在为《哈泼斯》杂志撰写该书评论时曾提出疑问，"公司化的美国到底想从这些自小在新教信仰氛围下长大、接受过高等教育、相信只要努力工作就能获取物质享受和经济保障的中产阶级身上得到些什么？这些人拼命工作，'循规蹈矩'，遵章守法，直到失去'中等水平'职位和退休金，最终导致'社会地位下降'。"在厄莱雷奇看来，答案是去服务业找两份工作，并且多多自力更生，然而这却并非中产阶级在追寻"美国梦"的过程中愿意付出的代价。[24]

然而，对于保罗·斯泰尔斯（Paul Stiles）而言，问题在于"美国梦"本身，正如他2005年出版的《"美国梦"让你抓狂吗》（Is the American Dream Killing You?）一书标题所表达的观点。斯泰尔斯认为，"失控"的资本主义，或者是他所谓的"市场"，仿佛是"金融版的'黑客帝国'"，所有人都被包含在一个由工作和消费主义组成的无限循环之中。这位前华尔街金融家断言，无论是道路狂躁症、离婚、性冷淡、自己带钥匙回家的孩子、还是别的事情，都是我们不断追逐"美国梦"的结果；不断增长的压力、沮丧和怀疑等数据支撑了他的论点。斯泰尔斯指出，指导美国人生活的是金钱而非社会利益，这是"美国梦"的阴暗面。他的这番论述呼应了托马斯·弗兰克（Thomas Frank）在《上帝注视下的市场》（One Market Under God，2000年）中的尖刻观点。难道"美国梦"正让那些追寻它的人们抓狂吗？[25]

★ 天堂之旅

绝对不是。因为大量曾几何时被排斥在"追梦队伍"之外的人们，如今似乎正热切而欣欣然追寻着"美国梦"。尽管种族问题依然时常引起争议，但是毫无疑问，在过去一代人的时间里，美国在接受自身多元化特征方面明显取得了重大进展。这直接影响了"美国梦"的"基因"。莱昂·文特尔（Leon E. Wynter）在其2002年出版的著作《美国的皮肤》（American Skin）中，对他所谓的"主流商业文化的'有色化'"进行了梳理。文特尔指出，随着旧有的种族差异逐渐消失，美国社会正转变成一个"跨种族"的社会。纵观美国历史，黑人的大多数发明创造都被白人改良了（爵士乐和摇滚乐是最显著的范例），他们的创意被重新包装，淡化了种族色彩，成为更适宜市场推广的风格流派。然而，自二十世纪七十年代末开始，引人注目的黑人巨星、混血名流和许多源自非洲裔美国人的崭新元素涌入了主流世界，对美国种族划分的发展趋势产生了深远影响。文特尔明确提出,"美国梦"在这一时期同样开始呈现"跨种族"趋势,美利坚民族的核心理念已不再仅仅属于欧洲移民的后裔。"二十世纪最后二十年间,广告业、媒体、市场营销、技术和全球贸易等领域近乎革命性的发展,几乎打破了历经数代人的非白种人与'美国梦'之间的藩篱,"他如是写道,如今,无论黑人、拉丁裔还是亚裔,都是美利坚民族大熔炉里不可缺少的部分。文特尔指出,重要的是,诸如可口可乐和雪弗兰汽车等标志性品牌的广告宣传,也已融入了"有色化"进程,"美国梦"的某些最具辨识度的象征现在正折射出多元文化的光辉。[26]

但是,并非所有人都乐见美利坚民族和"美国梦"的"有色化"。知名政治学家塞缪尔·亨廷顿(Samuel Huntington),在其著作《我们是谁:对美国国家认同的挑战》(Who Are We? The Challenges to America's National Identity)中指责道,来自拉丁美洲、尤其是墨西哥的移民,对美国的国家认同和"美国梦"产生了重大威胁。他指出,与早期移民不同,这些来自拉丁美洲的新移民并不喜欢被同化,偏爱讲西班牙语,生活上自成一派,而且不去充分利用受教育的机会。更有甚者,拉丁美洲移民对于"攀登成功阶梯"似乎并不感兴趣,缺少像其他初来美国的移民那样自主创业或是通过职场升迁获得成功的能动性。亨廷顿写道,"对他们而言'美国梦'是不存在的。"对于美国人而言,"美国梦"是维系国家认同感的核心理念,而墨西哥移民们却对它并不买账,这让亨廷顿倍感震惊。然而有别人指出,事情远比亨廷顿所描述的复杂;拉丁裔美国人社群自身的多样性,决定了他们很难公平地达成此类共识。除了这一争议之外,正如大卫·布鲁克斯(David Brooks)所指出的,亨廷顿似乎忽略了一个事实——追寻"美国梦"的道路并不总是一成不变的,就实现梦想而言,旁观者与当局者的机会是均等的。布鲁克斯曾与2004年充满智慧地提出,"发展进步并不一定非得按部就班,通过大胆的跳跃同样可以取得成功,"将美国人团结在一起,并非同样的语言、同一个社区、同样的学校或者同样的工作,而是"有关未来的共同理念"。27

布鲁克斯知道他在表达些什么,为了创作新书《天堂之旅:我们如何以将来时在现在生活》(On Paradise Drive: How We Live Now (and Always Have) in the Future Tense)他刚刚遍游了美国。布鲁克斯在这部书中提出,对于"美国梦"而言,更宽广的道路在城市远郊地带,那些精心规划的居民社区便是城市向远郊扩张的直接结果。不像近郊地带,这些位于远郊的社区并不受制于主城,没有中心或是实际边界,标志着美国地理与人文景观的重大变迁。与温恭谦和、墨守成规、缺乏个性且容易满足的传统近郊居民不同,远郊地区的居民充满多样性,每个人都追寻着属于自己的独特的梦想。"事实上,当代郊区居民所代表的的只不过是最新版的'美国梦',"布鲁克斯写道,"从一开始造就美国国家认同感的便是相同的宗教信仰和相同的内心焦虑。"新的梦想领域与旧有的并无二致,换句话说,无论是在标准的大型零售商店、广阔的球场还是窥斑见豹的房地产开发领域,人们努力追求的依然还是能够产生轰动效应的"成功"。28

然而有些人却争辩道,或许城郊地带的确曾经是"美国梦"的温床,但那已经是很久之前的事了。安德雷斯·杜安伊(Andres Duany)、伊丽莎白·普拉特-兹伊贝克(Elizabeth Plater-Zyberk)和杰夫·斯佩克(Jeff Speck)在《郊区之国:城郊地带的崛起与"美国梦"的衰落》(Suburban Nation: The Rise of Sprawl and the Decline of the American Dream)一书笔锋尖刻地写道,"就像是建筑界的《天外魔花》(Invasion of the Body Snatchers,1956年上映的电影,又译《人体入侵者》)一般,我们的主要街道和社区都被古怪的东西替换了,尽管看上去与从前很是相似,本质上却已完全不同了。"这几位作者（都隶属于一家专注人性化社区设计规划的建筑公司）指出，近半个世纪无节制的郊区开发，造就了一些毫无灵魂、彼此割据对立的"怪物"，降低了人们的生活品质，并且破坏了平等、公民义务与安全等基本的社会价值。他们认为，城郊居民社区不仅在经济和环境上不可持续，更缺乏功能性。这进一步引申了十几年前多洛蕾丝·海登和马克·鲍德萨瑞在分别在其名作《重新设计美国梦》和《天堂里的烦恼》（以及几十年前简·雅各布斯Jane Jacobs的经典名作《美国大城市的生与死》The Life and Death of Great American Cities）中所提出的理念。杜安伊等三人宣称，城郊地带需要引入一种全新的模式，一种能够"让所开发的居住区与被破坏的自然环境拥有同等价值"的模式。[29]

根据其后拍摄的一部影片中的描述，城郊地带的未来将与所谓的"天堂"大相径庭。在《城郊神话的终结：石油枯竭与"美国梦"的崩溃》（The End of Suburbia: Oil Depletion and the Collapes of the American Dream）中，电影制作人格里高利·格林（Gregory Greene）和巴里·希尔福索恩（Barry Silverthorn）预言到，随着廉价石油燃料在接下来的数十年间里走向枯竭，城郊居民区的好时光将逐渐终结，由能源价格（在某些地方，百分之九十的电力供应依赖石油和天然气）导致的高昂居住成本将是居民们无法负担的。以汽车为中心、追求最大化消费的城郊地带——这片介于以生产为基础的乡村和以节约为要务的城市之间的灰色地带——在不久的将来，会成为一种不可持续的生活方式。作为"新派城市规划专家"典型代表的詹姆斯·康斯特勒（James Kunstler）对此表示赞同。他曾在1993年出版的著作《偏僻区域地理志》（The Geography of Nowhere）以及1996年出版的《从偏僻区域回归故乡》（Home from Nowhere）中对所谓的"马尾草边疆"进行过描述，并指出美国人对于矿物化石燃料的过分依赖是一种"没有未来的生活方式"。康斯特勒相信，美国的经济有效利用了城郊地区的规划开发，正是以他为代表的一部分人所倡导的发展方式广遭忽视的原因所在。具有讽刺意味的是，正如他所预言的，城郊地带将成为二十一世纪的贫民窟，如果城郊居民不引入一种适合其所在环境和生活方式的"巧妙的发展路径"，那么他们将很快面临为争抢煤气和石油大打出手的局面。专家们警告道，不管美国人是否情愿，"后碳排放时代"都在加速到来，而"美国梦"很可能在人们有所察觉之前就陷入"断油"困境。[30]

毫无疑问，有一个情况是这些"新派城市规划专家"们乐见的——被其视作"城郊祸源"的"麦克豪宅"正日渐受到冷落。事实上，在经历了连续三十余年的"尺寸膨胀"之后，美国人的住房面积已经达到了一个极限水平，年轻一代购房者转而更加注重居住便利性，而非空间大小。更高的土地和能源成本，以及日益增长的贷款利率，让那些原本能负担得起超大卧室的人们开始重新思考自己的购房计划，而空巢老人的逐年增多，也是"美国式大宅"加速萎缩的原因之一。詹姆斯·高尔（James Gauer）在其著作《新版美国梦：在小房子里享受人生》（The New American Dream: Living Well in Small Homes）中评论道，"靓丽光鲜"、过度装潢的"宫殿式民宅"，如今已经成了贪婪的代名词，尤其会让人想起当时屡屡爆出的公司丑闻，新的购房者们不想在邻居面前留下这样的坏印象。"绿色运动"看起来同样像是这转变过程中的一环，因为现在有许多人在倡导与环境和谐共存。诸如冷冻冰箱、华丽的硬木地板、高高的天花板和供暖设备等附属物，如今已经取代了"街区最庞大的豪宅"，成为最能体现美国人住房梦想的东西。这表明，追求数量的时代已经一去不复返，品质成了吸引购房者的要素。受到"麦克豪宅"走向衰落的启发，麦当劳也停止了"特大号"薯条和软饮料的供应。事实上，这再次证明了美国人正逐渐接受"更大未必代表更好"的概念。[31]

★ This Thing of Ours

尽管美国人对于住房的梦想比起从前来有所"萎缩",但在流行文化方面,"美国梦"的"个头"却依然一如往昔。传播手段向多媒体化发展的趋势,为"美国梦"插上了翅膀,无论是从文字作品被改变成电视节目,还是反其道而行之,资讯传播都变得越来越简单了。随着"名记名嘴"们利用自己的"权威"身份通过其他传媒方式讲述美国故事,另外一个趋势——从电视新闻主播到媒体超级巨星的华丽蜕变——也对"美国梦"的普及起到了推动作用。从"梦想"向媒体事件的转变,始于彼得·詹宁斯(Peter Jennings)1998年出版的著作《世纪》(The Century,堪称美国广播公司新闻频道和历史频道播出的一部系列节目的"姊妹篇")和汤姆·布罗考(Tom Brokaw)的著作《最伟大的一代》(The Greatest Generation)。前者通过记录普通人的生活,回顾了二十世纪的关键历史事件;后者则赞颂了勇敢挺过经济大萧条时期和第二次世界大战的那一代美国人。身为全国广播公司新闻主播的布罗考,于1999年出版了《最伟大的一代有话说》(The Greatest Generation Speaks)。两年后,他又推出了一本由真实民众的照片和相关注解组成的、类似剪贴本的书——《记忆相簿》(An Album of Memories)。"我们实现了美国梦,"《记忆相簿》中收录的一封信里这样写道。写信者是一名新近丧夫的老妇人。她的丈夫曾在战争中受了重伤,却依然坚强地活了下来,与她共同养育了三名子女。汤姆·布罗考在其三部曲中明确指出,正是理想让那一代美国人成为了最伟大的一代人,无论是他们的个人故事还是共同经历，都是"美国梦"的充分体现。[32]

　　2001年，丹·拉瑟（Dan Rather）的著作《美国梦：我们民族的心灵故事》（The American Dream: Stories from the Heart of Our Nation）姗姗来迟。与竞争对手们的作品相比，该书更像是一首颂扬美利坚民族核心理念的赞歌。书中内容涵盖了拉瑟在哥伦比亚广播公司晚间新闻和网络电台评论中报道过的、体现了"美国梦"的故事。可是，这位新闻主播依然没能为"美国梦"概念下一个明确的定义。"尝试去思考这一事关美国人思维方式和历史的重大理念，就像是竹篮打水，"他在该书的开头部分这样写道。任何以"美国梦"为题进行创作的人都会对此表示赞同。丹·拉瑟的父亲是一名挖沟工人，而母亲兼做女裁缝和服务员。通过采访演员、教师、作家、政客、股票经纪人、非营利组织创始人、出事和社会活动家，他以调查记者的职业敏感追寻着"美国梦"的含义。最终，这位时年六十九岁的德克萨斯老人发现，许多受访者对于"美国梦"都有着相同的解读（如移民、工作、家庭、金钱、名望、自由、开拓精神、追寻幸福、教育、创新、以及"回报"等）。对于这些凭自己的力量取得成功的男男女女们而言，成功的要素亦是相通的，即努力工作、甘于奉献、以及对未来抱有希望等。然而有一点，拉瑟超越了其他同类作者——他似乎可以在任何地方找到"美国梦"的印记。在他看来，美国各地每时每刻都上演着普通民众克服困难实现非凡成就的范例。其实，拉瑟完全可以"采访"一下他自己。他出身贫寒，十四岁时曾被风湿热折磨了整整一年，后来跻身美国最顶级新闻主播之列，每周都有五个夜晚在电视荧屏上露脸。他在书中这样写道，"我的梦想早已成真，而我却从未停止感恩。"[33]

　　当新闻主播们在"美国梦"的助力下建立"多媒体传播平台"时，电视制作人们也意识到这些著作是不错的节目题材。诸如《谁要成为百万富翁》（Who Wants to Be a Millionare）和《幸存者》（Survivor）之类的节目，皆以以一百万美元大奖（尽管通货膨胀年复一年，但"一百万美元"依然被人们视作成为"富人"和梦想成真的标准，）吸引人们的参与。然而，二十一世纪头十年最为震撼、最能表现"美国梦"本质的电视节目却是《美国偶像》（American Idol，具有讽刺意味的是，该节目与上面两者一样，都是自英国引入的舶来品）。除了所谓"名利双收"的机会之外，《美国偶像》还为参与者提供了一个凭借某项真本领获得公众承认的平台，在当前将"天才"视为最宝贵社会财富的社会背景下，这是极富诱惑力的。2001年，当福克斯电视台最终确定尝试开设一档选秀类节目时，参与网络宣传的《美国偶像》创始人西蒙·考威尔（Simon Cowell）表示，"'美国梦'是本节目真正关注的对象。"自从2002年6月10日首次播出以来，《美国偶像》立刻成为收视热门。该节目触动了流行文化的神经，折射出美国梦的诸多侧面，其中包括美国人"不知羞耻"的明星崇拜，以及一个概念——所有人或许都有潜力成为"明星大腕"。[34]

作为过去十年间最流行的电视节目，体现美国人追名逐利心态的《美国偶像》已然成了被模仿的对象。在2006年上映的电影《美国梦》（American Dreamz）中，休·格兰特（Hugh Grant）饰演了一个比西蒙·考威尔更厉害的角色，节目本身（以及小布什的总统任期）皆被颠覆，政府贪腐和社会混乱与那些一夜成名暴富的"奇迹"都得到了充分表现。曼诺拉·达吉斯（Manohla Dargis）在为《纽约时报》撰写该片评论时曾经提到，"每一个时代都会创造出属于它自己的'美国梦'。"她总结道，通过《美国偶像》可以看出，美利坚民族是一个不满足于现状的民族。"我们这些处于'美国梦'梦境之内的人，总是幻想自己身在梦境之外，努力争取着早已拥有的阳光之地。"无法成为"偶像人物"竟被视作梦想破灭，这真是一种可怜的想法。[35]

反倒是一部非常离经叛道的电视剧——《黑道家族》（The Sopranos）——对美国梦进行了深入而广阔的揭示。播放了四季之后（原定制作六季），《黑道家族》于2002年秋天被"砍"。然而讨论这部剧集的新书却至少出版了五本。从某种意义上说，这些书都在尝试解读该剧的真正含义。解读的角度包括精神病学（格伦·盖博Glen O. Gabbard在《"黑道家族"的心理分析》The Psychology of "The Sopranos"中提到，"该剧生动地展示了……现实生活中存在的各种困境，引起了观众们的共鸣"）、符号学（由大卫·拉弗雷David Lavery编纂的《黑手党》（This Thing of Ours）中有一位投稿人宣称，"在许多人看来，利益的地位已经超越了真正有意义的东西，甚至与之相矛盾。"）、女权主义（《黑手党》的另外一名投稿人写道，"托尼的'生意网'几乎整个都充满了大男子主义色彩，代表着他自己的诉求。"）等等。然而，大卫·R·西蒙（David R. Simon）在其著作《托尼·瑟普拉诺的美国："美国梦"在犯罪界的表现》（Tony Soprano's America: The Criminal Side of the American Dream）中进行了一番更具社会学色彩的诠释。他认为《黑道家族》主要是揭示了渗透于美国社会各个角落的邪恶。西蒙认为，该剧象征着"美利坚民族的顽疾"，主角及其所作所为，都是在暗指过去五十年来美国随处可见的贪婪、暴力、遮掩和权力滥用。他指出，除了《黑道家族》之外，没有哪部电视剧触碰过"美国梦"的阴暗面。该剧集以通俗易懂的方式，向人们展示了在没有道德约束的情况下，野心可能导致和已经造成的恶果。[36]

美国家庭电影院频道（HBO）推出的另外一部剧集——《明星伙伴》（Entourage），以更为轻松的方式，讲述了一伙来自皇后区的年轻人在洛杉矶过着舒适生活的故事。在剧中扮演一位新生代明星（根据制作人马克·沃尔伯格Mark Wahlberg的真实经历创作)的阿德里安·格兰尼尔（Adrian Grenier）曾经说过，"它以许多方式展示了'美国梦'。"他相信该片让观众们联想到了自己的梦想，尤其是那些与剧中人物一样、年龄在二十几岁的观众。热心观众解释道，他们之所以喜欢这部电视剧，并不仅仅是因为格兰尼尔扮演的角色和他那些伙伴们有钱有势，还因为他们总是过得很快乐——没有人需要一天二十四小时驾驶出租车，更没有人需要节衣缩食二三十年方能实现一点点梦想。该剧风靡大学校园，这并不令人感到意外。然而有趣的是，婴儿潮一代、甚至更年长的一代人也对其喜爱有加。剧中所倡导的一边努力工作、一边享受生活的追梦方式，具备近乎跨越各年龄层的诱惑力。[37]

流行音乐（尤其是崇尚金钱以及可以用钱买到的奢侈品的嘻哈音乐），在媒体极度活跃的二十一世纪头十年，同样是"美国梦"的核心载体之一。尽管杰斯和吹牛老爹等饶舌歌手几乎已经窃据了梦想音乐之王的宝座，但此时布鲁斯·斯普林斯汀却逐渐被当成了真正的国宝级流行音乐大师。在过去三十年的歌唱生涯中，这位"老板"的创作很大程度上偏重于讲述"美国梦"故事中的人物。作为对9-11恐怖袭击事件的回应，斯普林斯汀在2002年推出的专辑《崛起》（The Rising）强化了他作为"美国道德代表、质疑者和安慰者"的地位。由于这样一个"标签"的存在，难怪诸多评论家、历史学家和某些精神病学者热衷于撰写与斯普林斯汀有关的东西。即便是在最权威的斯普林斯汀"传记"——戴夫·马什（Dave Marsh）1979年写就的《天生跑者》（Born to Run）和1989年完成的《光辉岁月》（Glory Days）出版之后，依然有大量此类书籍面世。与满坑满谷的讨论《黑道家族》（或是猫王和鲍勃·迪伦等音乐界其他传奇大师）的书籍不同，"布鲁斯·斯普林斯汀系列传记"的内容非常积极向上，这位来自新泽西州的歌者已被视作一位道德模范，因为他和他的音乐几乎等同于"美国梦"本身。除了是"美国梦"的主要鼓吹者之外，斯普林斯汀这位公共汽车司机和司法官的儿子，更是一位以实际行动追梦的绝佳典范，一名道德高尚的摇滚巨星，一个永远打不垮的强者。吉米·古特曼（Jimmy Guterman）的《失控的美国梦》（Runaway American Dream）、罗伯特·科尔（Robert Cole）的《布鲁斯·斯普林斯汀的美国》（Bruce Springsteen's America）、以及吉姆·卡伦的《生在美国》（Born in the U.S.A.），都以不同方式表达了这一观点，不仅将斯普林斯汀奉为流行乐坛的"老板"，更将其视作整个一代人的偶像和"美国梦"的象征。[38]

当布鲁斯·斯普林斯汀继续为劳苦大众的艰辛写歌、唱歌之时，随着公司化的美国处于降低成本或是其他迫切原因而不断裁员，许多白领工人发现自己的梦想正在破灭。好莱坞电影制作人们在报纸上读到了一个不错的故事，于是便在2005年推出了一部名曰《新抢钱夫妻》（Fun with Dick and Jane）的影片。该片内容既荒诞不经又足够写实，描述了"出人头地"梦想破灭之后可能出现的情况。"与'美国梦'相对的是一场梦魇，但是你知道的，那也是一种乐趣，"曼诺拉·达吉斯在为《纽约时报》撰写该片评论时如是写道，她将其视作"后安然时代的第一部喜剧"。电影开始阶段，作为一对双双混迹职场的快乐夫妻，迪克（金·凯瑞饰）和简（蒂亚·里欧妮饰）有着一个可爱的孩子，住着城郊地带的好房子，开着豪华轿车，简直符合"美好生活"的一切标准。然而，随着迪克就职的公司被曝参与了一场类似"安然丑闻"的欺诈案件，更加上时运不济的迪克很难找到一份薪水相当的工作，夫妻俩感觉整个世界似乎都崩溃了。很快，生活中的不便（比如说停水停电）将两人逼上了绝路。尽管影片诙谐幽默，观众们却难有轻松之感。现实生活中的情况与此惊人相似，某些人刚刚跻身富人行列不久，便再次梦想破灭——看到这部影片，估计他们是乐不起来的。[39]

★ 历史的迷雾

抛开那些真实或是虚构的公司丑闻不谈，"美国梦"依然是电视、电影和流行音乐中时常出现的元素，这无疑会吸引其他国家的人满怀希望地到美国来追寻属于自己的梦想。在许多土生土长的美国人看来，移民"追梦"的关键要素之一，便是拥有一套属于自己的住宅。美国的三千万移民中半数拥有住宅，而在土生土长的美国人中这一比例则为七成。不过，随着最终成为美国公民的移民越来越多，这一差距正在逐渐缩小。房屋住宅所带来的投资价值和税务优惠对于移民而言自然非常重要，但其他要素——尤其是提高安全感、增强对于社区的归属感、以及为子孙后代留下遗产等——也是外来移民将购房视作头等要务的原因所在。于是，为移民房地产市场提供服务的个体业务悄然兴起，其中甚至还有为亚洲客户装修房屋提供指导帮助的风水先生，以及跨越阶级和文化藩篱进行营销的房地产中介。家得宝（Home Depot）向拉丁裔移民市场投入了更多广告宣传费用，因为该公司明白，赞助墨西哥国家男子足球队和西裔商会（Hispanic Chamber of Commerce）等商业活动，有助于吸引那些讲西班牙语的顾客进店消费。[40]

除了刺激经济发展之外，移民还提醒着人们，"美国梦"并不像权威专家们常说的那样复杂，也不像许多土生土长的美国人常想的那样充满野心。2004年，在庆祝自己来到美国十周年时，来自匈牙利的索菲亚·瓦拉迪以令人眼前一亮的通俗易懂的方式解读了"美国梦"对于她的意义。"就目前而言，我的'美国梦'很简单，"她对《基督教科学箴言报》的读者们说道，大学文凭、不错的工作、舒适的公寓和跟丈夫相亲相爱，就是她当时想要的一切。她补充道，"这些或许都算不了什么，真正重要的是，我明白了美国依然是一个充满机遇的国度——接下来十年里我的生活的什么样的，完全取决于我自己，"这在世界许多地方都是不可实现的。[41]

就在讲述瓦拉迪经历的简短故事发表之前两天，一位更加著名的移民——前电影明星、加州州长阿诺德·施瓦辛格，得到了一次机会以讲述"美国梦"对于他的意义。事实上，施瓦辛格在纽约召开的共和党全国大会上的演讲题目便是"美国梦"。毫无疑问，他之所以笃信"美国梦"，不仅仅是出于他在美国实现了辉煌的成就，他所在的政党也是原因之一。施瓦辛格首先回顾了自己在奥地利度过的童年时代，当时苏联的军事威胁如乌云压顶一般。当年幼小的施瓦辛格在美国电影、尤其是约翰·韦恩的一部作品中看到了追寻美好梦想的希望。1968年美国总统大选期间，他来到了美国。他感觉民主党候选人赫伯特·汉弗莱的豪言壮语听起来很像是他从前耳熟能详的社会主义宣传，而共和党候选人理查德·尼克松的演讲犹如"新鲜空气般让人精神一震"。在了解了尼克松所属的政党之后，施瓦辛格这位健美冠军立刻宣布加入共和党，并一直忠诚至今（他曾经嘲讽道，"相信我，这对于我老婆的家族而言绝对是重大进步了。"）。施瓦辛格宣告，"今晚听我演讲的移民朋友们，我想让你们知道，这个政党是多么欢迎你们！"他的政治信念更多体现了个人主义、雄心抱负、自由开拓和未来可能等等"美国梦"的主题。他对全国观众说道，"美国给了我机遇，作为一名移民，我的梦想成真了。"他坚信，选举小布什连任，是让所有其他移民像自己一样获得相同机遇的保证。[42]

不幸的是，对于许多移民而言，实现梦想的过程要比州长大人所说的艰难复杂得多，而这在很大程度上正是共和党人所作所为的结果。（施瓦辛格那番演讲发表几个月后，《经济学人》杂志指出，"政治会议上的宣传，与施瓦辛格先生的电影同样脱离现实。"）事实上，数千名二十世纪八九十年代来到纽约的爱尔兰人，如今正在返回"绿宝石岛"（爱尔兰岛的别称），致使他们梦想破灭的，除了艰难的经济环境，还有9-11事件后美国政府对于非法移民的制裁。高昂的教育与医疗成本同样是驱使这些爱尔兰人返乡的原因，他们认为回到祖国生活要比混迹纽约更容易些。爱尔兰广播网（Irish Radio Network）负责人阿德里安·弗朗内里（Adrian Flannelly）表示，"这与'美国梦'完全背道而驰。"弗朗内里认为，考虑到他的同胞们在纽约的建设过程中发挥的作用，这一大规模"出走"是非常值得关注的历史性行为。很难统计究竟有多少爱尔兰移民离开了纽约，但旅行社、房地产中介和移民公司的数据足以证明这一趋势。此外，皇后区、布朗克斯和扬克斯区的爱尔兰酒吧过去每逢周末都会爆满，而如今客流减少了一半。居住在波士顿和费城的爱尔兰人也逐渐开始返回大洋彼岸的故乡。在美国，想要听到爱尔兰口音的英语已经越来越难了。[43]

其实，成功连任的小布什总统制定了一些计划，意在保证（合法）移民和土生土长的美国人都有追梦的权利，这些宏愿却未能真正实现。小布什2005年就职演说的中心思想，便是建立一个"所有者社会"（ownership society，又译"有房社会"、"业主社会"），而这也正是他计划对社会保险和税务政策进行大刀阔斧改革的原因。让劳动阶层把一部分工资税存入其自己的投资账户，至少将社会保险部分纳入私有化轨道，是一项非常大胆的想法。而其他一些计划，则意在鼓励美国人为自己的经济状况、尤其是退休之后的生活负起更多责任。小布什发表就职演说一周之前，副总统迪克·切尼在天主教大学演讲时指出,"每个人都应该得到机会,以实现'美国梦'、积累储蓄和财富、享受丰足的退休生活,而不受任何人的限制。"共和党人所主张的这种"所有者社会",有可能会像富兰克林·罗斯福的新政和林登·约翰逊的"伟大社会"一样,产生深远的影响。当然,有些批评者对此有着颇为不同的观点,认为这些计划不过是当局"劫贫济富"的另一番把戏而已。经济学家艾莉西亚·莫奈尔(Alicia H. Munnell)和安妮卡·桑顿(Annika Sunden)在其合著作品《短暂上升》(Coming Up Short)中举出了一个有力例证——美国人并不情愿把钱花在"401(k)退休计划"(一种由雇员和雇主共同缴费建立的完全基金式养老保险体系——译者注)上,这说明他们同样不愿建立一个自掏腰包的社保体系。[44]

"所有者社会"同2005年前后广大蓝领工人所面对的实际相互脱节。这一情况在密歇根州尤其严重。迈克尔·摩尔的《罗杰和我》上映十五年之后,通用汽车公司陷入了更为严峻的经营困境无法自拔,许多曾经在这家公司供职的人亦在苦苦挣扎。几代人时间里,通用汽车一直都是成千上万家庭的梦想之源。然而经历了数十年的衰退之后,它似乎已经快要走到路的尽头了。"曾几何时,通用汽车是美国工业能力不容置疑的标志,而如今或许只剩下了往日荣光留下的影子,"《纽约时报》的丹尼·哈基姆(Danny Hakim)如此评价道。他认为,"第二次世界大战之后那种蓝领工人通过劳动实现'美国梦'的康庄大道也随之湮灭了。"对于依然在通用汽车公司效力的工人,其是那些父辈、祖辈、甚至曾祖辈们享受过高额薪金、良好医疗待遇和养老福利的人而言,失业或者大幅减薪等潜在风险简直就是毁灭性的灾难。雇主与工人之间的社会契约,对于美国的中产阶级而言大有裨益。通用汽车及其竞争对手都是此种社会契约形成过程中的主要推手,而工会自然也为实现全面繁荣和与之相辅相成的保障体系发挥着重要作用。大多数情况下，汽车工厂的蓝领工人，事实上享受着上层中产阶级的生活水平。然而，随着消费者越来越倾向于选择价廉物美的外国汽车，这一独具特色的"美国梦"也随之破灭了。[45]

即便是"美国梦"概念的热情倡导者莫特·祖克曼（Mort Zuckerman），也开始对某些实际上已遭背叛的许诺展开了思索。"美国人依然很乐观，认为'美国梦'或许并未湮没在历史的迷雾之中，"2006年，这位媒体大亨在旗下的《美国新闻》和《世界报道》中如是写道。以此般笔触描述美国人的情绪和美国的状态，实在算不上"非常自信"。尽管作为天生的乐观派，美国人依然对梦想拥有信心，但祖克曼坦诚，"严峻的现实……导致绝大多数人已经无法白手起家、努力拼搏、最终成为富人，"他认为美国式的"机会均等社会"已经被"劫持"了。又是贫富之间不断扩大的差距拖了"美国梦"的后腿，大量中间阶层远远落后于占据总人口百分之二十的收入最高的人群，并且拼尽全力想要避免成为最贫穷的百分之二十。在祖克曼和其他一些人看来，现在的局面与"镀金时代"非常相似——在财富分配方面，二十一世纪初的美利坚合众国同十九世纪末的情况很像。事实上，如今百分之十五的美国人掌握着百分之八十五的社会财富。若将美国人口按贫富水平分为数量对等的两组，那么较贫穷的一组所拥有的"净财富"只占总量的百分之二点五。按照祖克曼的说法，倾向于保护富人利益的税务政策、国际竞争和所谓的"知识经济，"是造成这一"分层"状态的主要原因。他认为，为经济状况拮据的人提供更好的教育机会，是帮助更多人攀登上成功阶梯的唯一可行的方式。[46]

如果莫特·祖克曼只是对大部分美国人梦想破灭这一现状感到失望的话，那么有线电视新闻网的罗·多布斯（Lou Dobbs）就是完全绝望了。在其著作《针对中产阶级的战争：政府、大公司和特殊利益集团如何围剿美国梦，以及应该如何反抗》(War on the Middle Class: How the Government, Big Business, and Special Interest Groups Are Waging War on the American Dream and How to Fight Back)中，这位自诩"终生共和党人和自由企业制度的忠诚追随者"几乎将榨干中间阶层的责任推给了所有人。由克林顿和小布什两届政府背书认可的自由贸易政策，对于那些从事制造业的美国人毫无益处，而多布斯自己所在的政党对于同性婚姻之类的话题过于关注，导致联邦政府赤字陷入恶性循环。按照多布斯的说法，政治游说者、国会、信用卡公司、银行业和媒体也好不到哪里去，全美一千一百万非法移民更是应该对"美国梦"所面临的挑战负责。[47]多布斯提出疑问，美国"辛勤劳动的男男女女们"何时才能作出反击？他认为，从过去的在民主共和两党之间做选择题，转向选举无党派候选人，是一个不错的思路；同时需要变革公众对于选举的赞助体制，改革选举游说活动，提高国会议员们的道德水准，彻底检讨贸易谈判的方式。他强烈感到，严密控制美国的边境线也是个不错的主意，那些从格兰德河（Rio Grande，美国与墨西哥之间的河流，又称布拉沃河Rio Bravo）对岸来的人正在对"美国梦"釜底抽薪。[48]

尽管罗·多布斯以其彻头彻尾的"孤立主义"论调激起了一番波澜，但根据皮尤研究中心（Pew Research Center）一项新的研究结果，截止新世纪头十年末，大多数美国人认为美国社会已经一分为二了。研究显示，2007年，认为美国社会分成"富人"和"穷人"的美国人，近乎于1998年时的两倍——这暗示着美国人关于"机会均等之国"的自我认知已经面临严峻挑战。由于美国人传统上认为一个人成功与否更多取决于自身而非社会，所以研究者们认为他们的发现非常重要，说明了某些因素严重影响了当代美国的社会思潮。[49]同年，哥伦比亚广播公司针对十七岁到二十九岁人群进行的一次调查提供了更多证据，证明美国的社会舆论发生了重大变化。受访年轻人中只有四分之一表示他们这一代人会比父母混得更好，而将近一半人认为自己会混的更差。来自波士顿的自行车送信员亚当·甘多曼在谈到"美国梦"时表示，"那就是一场骗局"，他认为美利坚民族的这一核心理念已经毫无实际意义了。[50]

然而约翰·佐格比（John Zogby）强烈反对该论调。在其2008年出版的著作《我们将走向何方：佐格比关于"美国梦"变迁的报告》（The Way We'll Be: The Zogby Report on the Transformation of the American Dream）中，这位著名政治民调专家将自己对于公众舆论的研究进行了一番总结。与皮尤研究中心同行们的观点类似，佐格比也认为美国正告别一个旧时代、走进一个新时代，但他的论断更为正面、积极。佐格比指出，一个"新美国共识"正在兴起，对"越多越好"（也可以说是"多而滥"）的梦想定义提出了挑战。他写道，"'美国世纪'已然结束，属于整个世界的世纪已经开始，"年轻一代正引领着这个以真实、多样、前瞻和节制消费为基础、而非崇尚物质繁荣的新式"生活方式"。[51]佐格比坚信，"在这个资源紧缺的时代，美国人正从肆意消费者向新的全球公民转变，""美国梦"的这种微缩是一件好事。[52]似乎所有人都赞同"美国梦"已经经历了重大变革，但没人能说清楚这究竟是一种怎样的变革——2009年时代周刊的一次调查证实了这一点。根据杂志报道，百分之五十七的受访者认为"美国梦"将变得更加难以实现，而有趣的是，近乎相同比例的人（百分之五十六）感觉美利坚民族仍会重新寻回美好时光。理查德·斯坦格尔（Richard Stengel）写道，"美国人对于现实与理想、冷静与乐观的这种独特的整合方式，保证了美利坚合众国终将凭借全新的能源、全新的理念和全新的目标摆脱暂时的经济困境。"斯坦格尔之所以做出这样的正面论断，是因为他了解，

美国总能在经历过看似无法解决的困境后重新复兴。⁵³

　　无论美国要向何处去，总之2008年市面上涌现了大量描述明显实现了美国梦的人物、或是干脆由其创作而成的书籍，这对于延续传统的"美国梦"概念起到了助力作用。其中最受关注的是爱丽丝·施罗德（Alice Schroeder）的新书《滚雪球：沃伦·巴菲特与商业人生》。该书是讲述世界最著名、最成功投资者沃伦·巴菲特传奇故事的第一部授权传记。（正如书名所示，巴菲特梦想成真的秘诀便是"找寻湿润的积雪和足够长的山坡"。）其他关于自力更生实现梦想的书籍还有T·布恩·皮肯斯（T. Boone Pickens）的热卖自传《我的人生"狠"字当头："油神"皮肯斯的枭雄智慧》（The First Billion Is The Hardest:Reflections on a Life of Comebacks and America's Energy Future）、泰德·特纳（Ted Turner）的自传《叫我泰德》（Call Me Ted）、以及理查德·布兰森（Richard Branson）的《商业裸奔》（Business Stripped Bare: Adventures of a Global Entrepreneur），每一本都像是回忆录和指导书的混合体。⁵⁴

　　但是，这场"大亨"热潮之中最令人兴奋的著作当属史蒂芬·沃茨（Steven Watts）的《花花公子先生：休·赫夫纳与"美国梦"》（Mr. Playboy: Hugh Hefner and the American Dream）。（书中包括一张照片——这位八十六岁高龄的传奇人物在照片上身穿浴袍，周围环绕着来自《邻家女孩》真人秀的姑娘们。）作为一名历史学家，沃茨对"美国梦"自然有他的独到见解。之前他曾经为亨利·福特和迪士尼撰写过传记（分别是《人民大亨》The People's Tycoon和《神奇王国》The Magic Kingdom）。在这部最新著作中，沃茨的笔触超越了赫夫纳本人，分析了《花花公子》（Playboy）对于美国文化的重大影响。正是赫夫纳自身对于自我实现（以及对美好人生的定义）驱使了他；他的故事遵循了霍雷肖·阿尔杰式的套路,但也有不少非常有趣的旁枝末节。《大西洋月刊》在评论该书时提出了这样一个疑问:"除了美国之外,还有哪里能让一个来自中西部的孩子蜚声鹊起,博得诸多美人欢心,同时创造并管理一个媒体娱乐帝国?"想想看赫夫纳疯狂的一生,书评者有如此一问也就不足为奇了。[55]

★ 希望无畏

还有一些人也在体验相当刺激的人生——他们相信全新的"美国梦"正在兴起,并且对实现梦想有着非常强烈的愿望。巴拉克·奥巴马(Barack Obama)于2006年发表了《希望无畏:关于重新寻回美国梦的思考》(The Audacity of Hope: Thoughts on Reclaiming the American Dream)。该书不仅表达了这位伊利诺伊州"新科"议员的暇思,更叙述了他后来竞逐总统大位时的关键主张。决心为了"国家复兴计划"、更好的"公民生活"以及"共同利益"理念奋斗的奥巴马在他的书中明确提出,他的政治目标非常侧重以"社群主义"方式实现"美国梦"。作为"社群主义"化身这一事实,对他的事业帮助极大。[56]奥巴马的上一部作品《来自父亲的梦想》(Dreams from My Father)便是一部畅销书,而这次的《希望无畏》同样深受欢迎。对于美国哪里出了问题、应该如何改善,奥巴马那种克林顿式的平民主义论调,与小布什总统惨淡的支持率形成了鲜明对比。评论者们大多对这本书青睐有加,尤其是关于奥巴马个人生活的部分,但有些人却对他的行动计划不太感兴趣。《出版人周刊》(Publishers Weekly)认为,"他那乱七八糟、毫无新意的提议带着一种……妥协的意味,"体现出该刊物对于奥巴马及其理念并不买账。[57]

当然,大多数美国人不这么想。他们以压倒性的投票给了参议员奥巴马先生一次机会,让他帮助美国公民重新寻回梦想。然而,就在奥巴马入主白宫之前不久,随着一场近乎摧毁全球经济的住房危机发生,所谓"希望"变成了一种更加冒失鲁莽的理念(对于这一局面,小布什敏锐地描述道,"这下子玩砸了。")。自从迪斯科舞曲盛行时代(指二十世纪八十年代——译者注)起,"房屋所有权"的地位在美国首次出现下降,而这正是拜千百万违约欠款的贷款者所赐。借了"次级房贷"(费用和利率比所谓的"优质房贷"更高)的房屋拥有者发现自己无力偿还月供,因为贷款的浮动利率已经让他们无法承受了。(月供从上个月的两千美元上升到两千八百美元,此类情况并不少见。)2007年10月的一期《纽约时报》,头条标题为"美国梦止赎"。房屋止赎案例急剧增多,而这一情况在那些收入较低、信用度差的人群之中尤为严重。人们可以有充分理由认为,由于年收入达到三万五千美元的人买得起售价三十五万美元的房屋(再加上掠夺性贷款的推动),"美国梦"曾经很容易实现,但狂泻的道琼斯指数却摧毁了更多人的退休计划。[58]

令人感到遗憾的是,随着抵押放贷者们提高借贷门槛,由次贷危机引发的对抗反应对美国人"拥有房产"的梦想造成了长远破坏。更高的利率和更严格的借贷限制,让许多人几乎无法买进"购房者俱乐部"的大门,尤其是那些信用度不高的人。对于那些已经失去房子、或者即将失去房子的人而言,租房成了他们"美国梦"的唯一替代方案。这一始料未及的发展趋势自然令那些公寓房东们兴奋不已,他们意识到自己突然成了房地产业胜券在握的赢家。那些已经失去房子的人们情况则大不一样,他们的梦想已经丢掉了核心和灵魂,因为短期内重新得到住房的希望非常渺茫。[59]

灾难性的住房危机令一些评论家感到,"美国梦"自身便是问题的一部分。理查德·佛罗里达指出，当前或许已经到了美国人放弃"拥有房屋是实现梦想象征"这一观念的时候了。他赞同之前一些评论家的观点，认为独户私宅对于许多美国人而言并没有任何经济意义。最近的一项研究提出，除了坚固和昂贵之外，私宅并不能为人们带来更多幸福感，所谓的"梦想之屋"常常成为压力的主要来源。2009年，这位多伦多大学教授写道，太多人已经成了"契约房奴"。他建议那些"因房而穷者"——尤其是那些有可能面临止赎风险的房屋拥有者——"以租房形式实现'美国梦'"，而不是去买一套房子。然而，美国人真的能放弃这种"即便面临沉重经济负担也要购房"的有关幸福生活的核心价值观吗？[60]

《GQ》杂志撰稿人、一生都在租房居住的乔尔·洛弗尔（Joel Lovell）的感受更为强烈，他认为美国人需要克服对"'美国梦'依赖于拥有一套'投资无底洞'"的笃信。公众一般认为租房等于花钱，一个人拥有了私宅才能算是真正"成年"，而购房是获得经济保障的最佳途径，等等。但洛弗尔指出，这些观点都是错误的，而当前的房地产市场走势更证明了他是正确的，别人都是错误的（或许理查德·佛罗里达是个特例）。"只要你看一看那些统计数字就会知道，'美国梦'就是一场骗局，"2008年，洛弗尔在《GQ》杂志上如是写道，指出将房屋当做储蓄金的想法是一个巨大的谎言。做过一番计算之后，洛弗尔发现如果自己选择购房的话，需要花费二十八年才能实现收支平衡（必须说明的是，他是以布鲁克林区为例的，那里的公寓租金水平几乎与曼哈顿相当）。就算不将房屋当做储蓄金，即便所谓的"梦想之屋"每年升值百分之五，考虑首付款、三十年按揭、房产税、维护成本、房主保险以及其他成本，购房也不是个好主意。他对读者们提醒道，如果单纯从投资角度来看，拥有房屋属于亏本买卖，除非购房者打算在当地居住近三十年。洛弗尔总结道，与拥有房屋相关的心理与道德层面的暗示，以及那些质疑租房行为的言论是不足取信的，它们对于许多美国人而言完全是在帮倒忙。他希望房地产泡沫的破灭同样可以说服其他人。[61]

不管是像洛弗尔一样坚持租房，还是拥有一套私宅，人们都很容易感受到，如今的"美国梦"像是不久之前投下的阴影。首先，对于大多数房屋拥有者而言，将房屋视为储蓄金的观念正受到重大挑战，与几年之前相比，其价值出现了严重缩水情况，随着道琼斯平均指数如巨石般飞速下跌，人们的证券投资也明显呈现萎缩态势。同时，食品、汽油、健康保险、大学学费和能源等的成本都在上升，进一步增加了人们的经济压力，使得许多人感到自己的生活水平出现了下降。2008年，皮尤研究中心在一份令人倍感压抑的报告中表示，"如今认为其生活水平正在提升的美国人，数量比之前五十年间任何时候都要少，"大多数人都感觉未来毫无希望可言。回望过去再一次帮助人们以历史角度审视一切，但人们却依然看不到任何更加令人愉快的前景。根据经济政策研究所（Economic Policy Institute）的统计，二十一世纪头十年后期的衰退，是第二次世界大战后普通美国家庭第一次在经济扩张之后遭遇资产缩水。该机构一名发言人将近期的颓势称为"一个令人失望的奇特循环"。美国人的消费主义生活方式近年来刚刚扩展到家有一座豪宅、库有两台越野车的地步，却突然极度萎缩，且毫无重新复苏的迹象。通用汽车公司考虑出售旗下的"悍马"品牌，便是一个时代的标志，是"美国梦"难以置信的衰退的恰当比喻。[62]

但作为一名总统候选人，巴拉克奥巴马的政策主张已经深深植根于"美国梦"中。他在竞选过程中高调引用了"美国梦"的概念，因为他知道这在艰难的经济环境下可以取得极佳的效果。2007年11月，奥巴马曾经说道，"当某些人在全球经济浪潮中取得了超乎想象的成功之时，美国的中产阶级——以及那些努力工作想要跻身中产阶级的人们——却看到'美国梦'向深渊中越滑越深，与自己渐行渐远。"随着大选日期越来越近，他不断在宣传活动中引述这一主题。与此同时，共和党候选人约翰·麦凯恩（John McCain）也在借力于"美国梦"概念。但麦凯恩对于美国的命运抱有更加乐观的预期。他曾在2008年7月表示，"我们始终相信，好日子正等着我们。"麦凯恩的这番言论，与问卷调查中普通美国民众关于未来前景的表达存在矛盾。事实上，对于美国的富人阶层（其中包括麦凯恩，他的妻子辛迪非常有钱）而言，"好日子"或许真的就在不远处，因为按照伯克利经济学家伊曼纽尔·赛斯（Emmanuel Saez）的统计，2006年时，全美百分之十的富人掌握着总收入的一半。而最富有的一部分人——占据人口百分之一的超级富豪——继续在财富上保持着遥遥领先的状态，这也正是奥巴马在争取为其他民众寻回梦想的过程中时常提到的。[63]

奥巴马当选美国总统四天之后，在芝加哥的格兰特公园进行了一番演说，而"美国梦"同样是此次演说的重要内容。"如果还有人怀疑美国到底是不是一切皆有可能之地，如果还有人疑惑开国元勋们的梦想如今是不是依然鲜活，如果有人依然不相信我们民主制度的力量，那么今晚你们将得到答案。"奥巴马成功当选美国总统。只能证明"美国梦"依然可以"梦想成真"。"是时候让我们的人民重新回到工作岗位、并为我们的孩子开启机会之门了，是时候重新恢复繁荣局面、推进和平事业了，是时候重新寻回我们的美国梦了！"——这几句结语展现了奥巴马对于接下来四年任期野心勃勃的规划。[64]

幸运的是，还有一些人也认为"美国梦"依然充满希望，计划为之做一点事情。黑石集团（Blackstone Group）创始人彼得·彼得森（Peter G. Peterson）明显是这样认为的，更棒的是，他正在朝这个方向投资。彼得森是一名希腊移民的儿子，通过在自己位于内布拉斯加州的餐厅中没日没夜地工作实现了美国梦，2007年公司上市后，他成了一位亿万富翁。作为第二代"美国梦"追梦者，彼得森决定追随父辈的脚步，帮助别人发挥潜力实现梦想。与父亲相比，彼得森的财力更为雄厚，专门为一项基金拿出了十亿美元，意在"解读我们所面临的无法否认的、不可持续的、但又在政治上无法掌控的长期挑战"。这些挑战，与美林证券1994年提出的概念惊人相似，尤其是政府在没有准备金的情况下向婴儿潮一代做出的承诺、储蓄不足（无论国家还是个人层面）、以及不断膨胀的医疗健康成本等。通过该项基金，彼得森打算让年青一代了解迫在眉睫的危机，以便他们能为接下来几十年的打拼做好准备。工商业界和媒体也是他计划中的受众，因为众所周知，工商企业和媒体机构更重视眼前而非长远。2008年，彼得森在新闻周刊上撰文写道，"我无法想象，还有什么东西比以这种方式为千秋万世子孙后代们保存实现'美国梦'的可能性更重要。"他的这篇文章以"生不带来死不带去"为题，真是恰如其分。[65]

彼得森的崇高理想，是要为理想建立一个基础，或者是在美国历史上的某一关键时刻重塑"美国梦"。而奥巴马总统对于让美国的中产阶级和工人阶级重新寻回梦想的强烈愿望，同样展示了"美国梦"概念依然关系重大。这一概念仍旧是美国及其国民福祉的重要指标。近年来的住房危机尤其揭示了，"美国梦"依然是热情的源泉，因为拥有私宅仍被视作实现梦想的关键一步。距离詹姆斯·特拉斯洛·亚当斯1931年首次提出这一概念已有七十多年之久，而"美国梦"却仍像最初一样纤柔易碎，保持着对于持续变换的经济、政治与社会形势的敏感。尽管"美国梦"的未来一如往昔般难以预料，但它无疑将像亚当斯所说的那样，成为未来"美利坚史诗"的重要脉络。

★ 结语 ★

该如何理解美国梦呢？它究竟是可以实现的梦想，还是我们在面对艰难现实之时紧闭双眼"看"到的虚妄幻象？坦白地说，目前我们依然很难回答这个问题。"美国梦"是否只是一场美妙的幻梦呢？人们已经探索了八十年，却仍旧无法给出一个最终答案。一方面，人们很难对那些宣称自己实现了梦想的人提出质疑，因为他们"更好、更深刻、更富裕"的人生显然证明了"美国梦"的真实性。另一方面，"梦想成真"与任何奇迹都关系不大；所谓成功者，无论如何衡量，都是在正确时间正确地点抓住机遇的结果。我觉得，一个人选择哪条道路，很大程度上取决于他是否相信宇宙之间存在某种规律；"美国梦"中蕴含的"规律"则是基于更为宽泛的理念，即人生并不仅仅是由一系列随机事件组成的。

无论如何，我们都不可能忽视"美国梦"在过去这八十年间对于美国及其人民所产生的巨大影响。与宗教等其他强大的信念力量非常类似，"美国梦"已经在美国人的日常生活深深扎根了，不仅塑造了选择笃信它的追梦者们的世界观，更影响着他们的决策和行动。可以肯定地说，如果没有"梦想"，美国绝不会是今天的模样，或许每一位美国人都在某些方面受着"美国梦"的影响。换句话说，一个美国人，无需将追逐美国梦作为一项必须刻意去做的事情，它早已渗透进美利坚民族的文化基因之中了。

正是这种对于"美国梦"全身心的浸润，为人们的生活平添了无数价值。作为一种乌托邦式的理想，"美国梦"就像是一座彰显希望的信标，在艰难时刻为人们指出了奋斗的方向，并激起人们的斗志。作为一种共同属性，"美国梦"促进了美利坚民族的团结；在如今这个一个文化多元程度不断增长、尤其是社会不断分裂的时代，它是少数能够将所有美国人联系在一起的珍贵之物。对于新到美国的人们而言,"美国梦"是一部友好的"同化之车",允许他们在保留自己民族特征的同时融入美国社会。不管过去还是现在,"美国梦"都在差异中寻求着调和与包容。无论是"美国梦"还是美利坚民族本身,其基本准则都是由开国元勋们奠基,经过艾默生、惠特曼、和梭罗等人改良,最终被历代最知名历史学者们梳理的结果。简单地说,"美国梦"是一部"杰作",一副散发着旁物完全无法超越的思想之美的艺术品。包括巴拉克·奥巴马在内的诸多政坛人物和广告精英,都曾经如人所愿地深情引述这一概念,因为它是"推销游说"过程中最具威力的"杀手锏"。

尽管如此,"美国梦"依然同普天下一切拥有巨大价值的事物一样,但凡投身其中的人们都遭遇到了诸多艰难困境。在有些人看来,"美国梦"不仅是一种定义了美利坚民族、使其历尽险阻依然顽强生存的理想和虚拟的概念,更是类似选举权和退休社会福利的、全体美国人都有权享受的东西。当这些人心中误认为是"许诺"的东西被某些经济事件(如经济衰退、公司裁员、项目外包、以及其他一些不幸却又再正常不过的"改革"等)打破,他们对于体制的信念也常会崩溃。"美国梦"的这种突然缺失,或者说是令人抓狂的"不可靠性"和"不可信赖性",造成许多对此无法理解的美国人出现巨大的心理落差。一直呈现"风水轮流转"状态的"美国梦",对于大多数人而言,总是流连于辉煌的过去,或是被写进了美好的未来,很少在"此时此刻"出现。尽管希望的曙光总在不远的明天,但更多时候人们还是习惯于认为"美国梦"的繁盛属于过去,它的(当然也有我们的)美好时光已成明日黄花。消逝、枯萎、萎缩、溜走、破碎、拮据、濒危、破灭、后退、倒转、垂死……美国梦虽未"死去",可人们却总是在用这些词语来描述它。在这种留恋往昔的思潮之中,怀旧情绪的作用自然毋庸讳言，但是那些有关深陷困境的美国梦的新情况，同样可以被用作规划未来的有用平台。许多人会问，我们究竟该如何复兴"美国梦"呢？他们的解决方案通常都是针对某一特定领域的，就像是在不断重复地提出打造美好未来的计划。

回首过往，"美国梦"遭到冲击和考验的情况始于二十世纪六十年代末，预示着二战结束之初的美国式生活方式即将走向末路。在《退伍军人权利法案》、需要填满消费品的廉价住房、以及与官僚集团有着千丝万缕联系的军事工业复合体的推动下，"最伟大的一代"如冲浪般在"美国梦"中如鱼得水，享受着美国历史上持续时间最长的经济腾飞。待到"浪潮"退去，"美国梦"也黯然"坠地"，再也难现从前的光芒。在这次"坠地"之前，甚至连"美国梦"的最初概念也已经开始发生变化了，亚当斯所主张的"每个人按照能力和成就获得机遇"的原则，已经沦落到了单纯追求财富的地步。我确信，这种对于"美国梦"概念的曲解，对于美利坚民族的命运产生了重大影响，人们原有的"生存目标"，如展现个性、实现自我等等，皆已变成对个人和国家都没什么好处的"经济目标"。不少研究者发现，由于财富是一个相对概念而非绝对概念，对金钱的追逐最终只能是一场无法取胜的赌博，因为"山外有山、人外有人"这一现实会毁掉人们的全盘计划。

需要说明的是，即便实现了传统意义上的"美国梦"，许多人也并不感到快乐。2011年，劳伦·桑德勒在为《今日心理学》撰稿时如是写道，"经历了数代人的繁荣和增长之后，'美国梦'已经变成了'美国期望'，变成了一种由权利和平等保障的幸福感受。"对于许多人而言，"平等"的意义便是结婚生子外加由夫妻双方高薪换来的好房子，即桑德勒所谓的"满意成年人生公式"。然而调查表明，就算是将这种对"美国梦"的解读付诸实现,也常常无法为人们带来幸福感。事实上,按照某些长期研究项目得出的结论,如今美国人的幸福感已经大不如前了,甚至连那些实现了"美国梦"的人也有同样的感受。任何一位心理学家都会这样告诉你:所谓幸福感,本身就比成家立业、经济成功等等概念更加难以捉摸;而传统"美国梦"的理想化倾向更使得人们对现实愈发不满。[1]

当然,大多数美国人依然想要实现梦想,并且相信追寻梦想可以让自己生活得更加幸福。不幸的是,"最伟大一代"之后的一代人很可能会断绝子孙后代实现"美国梦"的希望。对于婴儿潮一代而言,除了他们自身那臭名昭著的"不会储蓄"的消费倾向,随着他们逐渐步入花甲之年,政府当局为其支付的福利开销和逐渐增长的医疗保障投入,都会给社会带来日益沉重的负担。不断扩大的贫富差距也令公众困扰不已。将富人与穷人割裂开来(再将超级富豪与一般富翁割裂开来),对于"美国梦"的广泛实现毫无建设性意义可言。不断恶化的不平等状况与人们实际收入水平的下降同样揭露了一大现实:美利坚民族另外一个主要理念、即"出人头地",也是难以实现的。这使得许多美国人意识到,美利坚合众国并不是一个"机遇之国"——这打破了他们长期以来的"信仰"。[2]

考虑到社会与经济层面这些令人头痛的"大势",人们不得不心生疑惑:"千禧年一代"是否还有机会去追寻"美国梦"呢?2010年11月,法里德·扎卡里亚在为《时代》杂志撰稿时提出了自己的疑问。他认为,与美国相比,"美国梦"在他的祖国印度反而更具活力。"印度人对于未来充满希望和信心……而在美国,人们总是怀抱着失望的情绪。"回到祖国游历一番后,他总结道,"(美国)这个全能之国,正越来越觉得自己无能为力。"近年来的统计数字支撑了扎卡里亚的担忧。2010年9月由《新闻周刊》发起的一次问卷调查显示,百分之六十三的美国人表示自己将来无力继续维持现有的生活水平。对于"美国梦"来说这一诊断结果并不令人乐观。数月之后,扎卡里亚又在同一份杂志上撰文,继续表达了他那有关"美国的美好时光已经过去"的担忧。尽管美国人仍然觉得美国是世界上首屈一指的强国,但在许多领域的世界排名中——诸如大学教育、基础设施、预期寿命等等——美国已经丢掉了第一把交椅。又过了不久,扎卡里亚在CNN电视频道上主持了一档名曰《重建美国梦》的特别节目。在节目中间,他与其他一些专家一道,就美国该如何"重回第一宝座"发表了各自的看法。[3]

不过,并非所有人都对美利坚合众国和"美国梦"的未来感到忧心。"别以为有谁能赌中美国的命运,"扎卡里亚在《时代》杂志社的同事大卫·冯·德雷赫尔如是写道。他指出,美国所谓的"衰退",是美利坚民族时常遇到的话题。冯·德雷赫尔提醒他的读者们,美利坚民族已经历尽艰辛,并且一直都在变得更加强大,而那些由美国本身状态及其未来前景引发的"烦躁心理",只不过是美国人茶余饭后的娱乐谈资而已。冯·德雷赫尔宣称,"几棵树木枯死倒毙并不代表整片森林都濒临灭亡。"他表示美国人应当着眼长远。汤姆·布罗考在其最新著作《我们的时代:关于美利坚民族的对话》(The Time of Our Lives: A Conversation about America - Who We Are, Where We've Been, and Where We Need to Go Now, to Recapture the American Dream)中也表达了类似的观点。布罗考确认,尽管美国在社会经济政治各方面都偏离了"航道",但美国人依然有理由怀抱希望。"我们拥有全世界最具活力的'民主'体制,最强大的经济,最具统治力的军力以及最锐意进取的价值理念,"布罗考如是写道,对于美国梦而言,这是复兴的绝佳环境。[4]

即便是如布罗考般谨慎的乐观主义者,也很容易赞同一个观点:如今，由于权势的阻挠，对于寻常百姓而言，实现美国梦已是一件极具挑战性的事。2001年的纪录片《抢夺：是谁偷走了"美国梦"？》(Heist: Who Stole the American Dream) 抨击了美国的金融体系，该片的主创人员将其视作窃取"美国梦"的罪魁祸首。四十年来自由化金融体制将数千万个就业岗位拱手送给其他国家，偏向富裕阶层的税收政策是其主要动因，更不必说次级抵押贷款的惨痛结局。按照该纪录片的说法，大型企业集团与政界的勾结（很大程度上是借助"无情"的游说），导致美国社会的贫富之比达到百分之九十九对百分之一。该片还指出，"传统基金会"和"卡托研究所"这样的保守派智囊是这一"犯罪举动"的幕后教唆者，在财富分配倒置过程中的发挥了关键作用。一旦市场得以"自由"发展，从低收入国家而来的大量产品就会席卷美国市场，摧毁美国的"蓝领行业"和行业工会。就在美国的制造业面临分崩离析危局之时，以华尔街为代表的美国金融业也陷入了混乱，出现了一味追求短期效益的现象，并购、整体收购、垃圾债券、套保基金、以及各种舶来"派生物"等近乎摧毁了整个美国经济。《抢夺》总结道，美国人必须避免出现大财团掌控整个国家的局面。该片号召观众们积极参与到帮助美国经济体制解决问题的过程中来，以便重新夺回对"美国梦"的掌控权。[5]

事实上，从2011年的"占领华尔街"运动和威斯康辛州议会大厦前的示威活动就能看出，许多美国民众正在通过发动一场全新的"美国梦"运动，参与到这一进程之中。2011年10月，在华盛顿召开了一场以"夺回'美国梦'"为题的会议——组织者都相信，美国公民本身就应当奋起倡导"美国梦"这一美利坚民族的指导思想。参与者们明白，无论是美国的经济状况还是政治环境，都不能为"新的机遇"营造良好的氛围。一直在发展的"美国梦"运动，与保守派的茶党有异曲同工之妙，而后者恰恰也是一个决心复兴"美国梦"的组织。作为"美国梦"复兴运动的一部分，全美各地都在举行别墅招待会。人们在会上草拟了"美国梦契约"，同时也在互联网上做着同样的努力。增加就业岗位、改善基础设施、向教育追加投入、实现全民医保、推进社会保险事业、推进税制改革等等，都是该运动的口号。这些主张的确很是积极向上，但历史早有先例，像是这种民粹主义运动总会许诺做出重大变革。[6] 重要的是，寻回"美国梦"的愿望并不仅仅属于两派政治人物。"夺回'美国梦'"会议召开一个月后，美国退休者协会、福特基金会、《时代》杂志和联合劝募基金会又在纽约举办了一场"机遇之国"峰会。该峰会在其官方网站上宣称，持续进行的"机遇之国"宣传活动意在"推动机遇和社会流动性概念，让公众有借机会实现'美国梦'"。注册参与的企业和机构已近二百家之多。[7] 从广义而言，这种运动显然是极富渗透性的，而"美国梦神话"本身所蕴含的危机显然已经接近爆发的临界点了。

根据皮尤慈善信托基金会2009年的一项调查，撇开令人沮丧的经济环境不谈，新一代美国成年人对于未来人生的态度出奇的乐观。年龄在18岁至29岁之间的美国人中，有百分之五十八相信自己能够超越父母、轻松更进一步，这表明他们对"出人头地"非常有信心。同一人群中有百分之八十八认为，即便是在2009年这样的经济颓势中，人们也有可能发家致富。这样的调查结果是对美国现有体制非常积极的肯定（当然也有可能只是年少轻狂的表现）。评论家哀叹道，"千禧一代"本身都想拼尽全力追寻梦想，然而"美国梦"的活力大概只能延续一代人的时光了。当然，如此年轻而乐观的心态是"美国梦"的基础，相信年青一代将继续为美利坚民族的这一神话续写崭新篇章。[8]

回望"美国梦"那非同寻常的文化历史，人们便可以得出一个结论：

尽管面临着无比巨大的艰难困苦，但"千禧一代"不应当放弃对梦想的追寻。的确，在一些人看来，就算"美国梦"不是濒临死亡，也已经是病入膏肓了。其实，"美国梦"的生命力比传说中拥有九条命的猫还要顽强。首先，持续向美国移民的潮流一直都是、而且将会继续成为"美国梦"维持生机的基础，这些移民的激情与热忱影响着每一个人。事实上，新移民对于"美国梦"神话的笃信是最为虔诚的，而各级政客都在其竞选纲领中持续利用这一概念。抛开目前糟糕的经济状况不谈，有三成四的美国人表示他们已经实现了梦想，这从另外一个侧面体现了"美国梦"概念对于时代的适应力。克里斯托弗·卡德维尔2010年在《纽约时报》上撰文写道，"大多数时候我们并未意识到，我们所追寻的梦想就是'美国梦',"这一神话如今已经融入了美国人的潜意识之中。[9]

尽管美利坚民族面临着各种各样的巨大挑战，但人们依然有其他理由看好"美国梦"的前景。美国社会日益扩大的贫富差距，有利于刺激一部分人对于"美国梦"的追寻。出身背景、生活经验和看法角度上的不同，可以帮助人们识别机遇并利用其取得成功。纵然已是老生常谈，但"扬基精神"将继续成为"美国梦"的主要驱动力；美国人骨子里那种开拓创新意识依然像往常一样充满活力。理查德·佛罗里达关于"创新精神是社会与经济最重要财富"的论断似乎是正确的。从某种程度上说，"美国梦"印证了一件事情：运用想象力，以原创之心发明新的理念或是事物，是成功的"最佳秘方"。如果这些还不具备说服力，可以回望一番：自1931年美国社会大转型以来，美利坚民族的核心价值观并未发生重大改变；无论增长期还是衰退期，这些价值观都在推进"美国梦"的发展。当然，尽管人们可以确信"美国梦"将渡过难关、甚至在可预见的未来还能在美国得到蓬勃发展，但这一概念显然已经不再是美利坚民族的专利了（其实"美国梦"在过去也未必就是美国特有的概念），美国人应当与其他国家分享这一梦想。美利坚民族或许"创造"了"美国梦"，并掌握了追寻梦想的技能，但它已经不再是一项独门绝技。巴西人和俄罗斯人如今似乎正在体验属于他们的梦想——正如托马斯·弗雷德曼所指的，这充分证明整个世界正逐渐趋向"一致"。随着人类历史慢慢向二十一世纪中叶演进，"美国梦"将成为全世界人们共享的财富：在未来的某一天，历史学家或许会用"全球梦"替代"美国梦"。

★ 注释 ★

Introduction

1. Jim Cullen, The American Dream: A Short History of an Idea That Shaped a Nation; Cal Jillson, Pursuing the American Dream: Opportunity and Exclusion over Four Centuries.
2. Jennifer L. Hochschild, Facing Up to the American Dream: Race, Class, and the Soul of the Nation, xi; Robert Bellah, "Civil Religion in America," in The Robert Bellah Reader, edited by Robert N. Bellah and Steven M. Tipton, 225.
3. Lee Artz and Bren Ortega Murphy, Cultural Hegemony in the United States, 275; Jillson, Pursuing the American Dream, 1.
4. Cullen, American Dream, 136.
5. Robert Sklar, Movie-Made America: A Cultural History of the American Movies, 215, 195-97, 3.
6. David Kamp, "Rethinking the American Dream," Vanity Fair, Apr. 2009, 118+.
7. Christopher Lasch, The Culture of Narcissism: American Life in an Age of Diminishing Expectations, 52-66.
8. Kamp, "Rethinking the American Dream".

1. The Epic of America

1. "American Dream Village Comes to Life for Yuletide," Los Angeles Times, Dec. 19, 1938, 6.
2. James Truslow Adams, "America Faces 1933's Realities," New York Times, Jan. 1, 1933, SM1.
3. Adams, "America Faces 1933's Realities."
4. James Truslow Adams, "What of 'the American Dream'?," New York Times, May 14, 1933, SM1.
5. H. S. Commager, review of The Epic of America, by Adams, Books, Oct. 4, 1931, 1; Karl Schriftglesser, Boston Transcript, review of The Epic of America, by Adams, Oct. 10, 1931, 5.
6. Allen Sinclair Will, "America, Nation of Dreamers," New York Times, Oct. 4, 1931, 61.
7. Anthony Brandt, "The American Drem," American Heritage (Apr.-May 1981): 24-25.
8. "Says Pioneer Spirit Is America's Guide," New York Times, Nov. 6, 1932, 8.
9. "Znaniecki Fears Economic Tyranny," New York Times, July 16, 1933, N1.
10. Brooks Atkinson, "Fate of the Idealist," New York Times, Mar. 5, 1933, X1.
11. "Says Nation Fails in Human Relations," New York Times, June 20, 1932, 6.
12. "Miss Thompson Offers Plan to Fight Fascism," Washington Post, Feb. 6, 1936, 13.
13. David Behrens, "Monopoly Marks 50th Anniversary," Los Angeles Times, July 31, 1983, F2.
14. "Millikan Assails Trade Rule by U.S. as

Threat to Freedom," Chicago Daily Tribune, Aug. 7, 1934, 5.

15. James Truslow Adams, "'Rugged Individualism' Analyzed," New York Times, Mar. 18, 1934, SM1.

16. Charles A. Beard, "The Myth of Rugged American Individualism," Harper's Monthly Magazine, Dec. 1931, 13-22.

17. Adams, "'Rugged Individualism' Analyzde."

18. Shelby Cullom Davis, "Toward the American Dream," Current History, Dec. 1939, 41-43.

19. "The American Dream," Atlanta Constitution, Nov. 26, 1938, 6.

20. "Stern Comment on American Freedom," New York Times, Mar. 24, 1940, 73.

21. "The Texts of Willkie's Campaign Addresses in Queens and at the World's Fair," New York Times, Oct. 27, 1940, 42.

22. "Check Roosevelt, Hoover Demands," New York Times, Nov. 2, 1940, 1.

23. "Mark Twain's Odyssey," Hartford Courant, Dec. 3, 1935, 10.

24. Paul Jordan-Smith, "New Books and Their Makers," Los Angeles Times, Aug, 23, 1936, C8.

25. Stanley Young, "A Wide-Sweeping Novel of American Generations," New York Times, June 27, 1937, 78.

26. Ralph Thompson, "Books of the Times," New York Times, June 18, 1937, 19.

27. Percy Hutchison, "The American Dream," New York Times, Oct. 4, 1936, BR9.

28. Ibid.

29. "London Times Weighs American Farm Ideal," New York Times, Feb. 23, 1937, 23.

30. R. L. Duffus, "The Story of the American Dream of a Better Life," New York Times, Feb. 19, 1939, 86.

31. Lewis Gannett, "Books and Things," Washington Post, Feb. 17, 1939, 9.

32. Duffus, "American Dream of a Better Life."

33. Rose Lee Martin, "Lone Star State Still Goes It Alone," New York Times, June 7, 1936, 111.

34. Rockwell D. Hunt, "The American Dream," Los Angeles Times, Dec. 18, 1937, A4.

35. William MacDonald, "Toward the American Dream," New York Times, Nov. 27, 1938, 114.

36. Katherine Woods, "Emigrants from Europe and the American Dream," New York Times, Oct. 20, 1940, 94.

37. "Voices from Many Lands Tell Americanism Views," Los Angeles Times, Oct. 27, 1940, C6.

38. Woods, "Emigrants from Europe and the American Dream."

39. Herschel Brickell, "Three Centuries of Utopian Settlements in America," New York Times, Apr. 13, 1941, BR11.

40. Eleanor Roosevelt, "My Day: How to Realize the American Dream," Atlanta Constitution, Jan. 7, 1941, 14.

41. "Library Books List Makes Up 'The American Dream,'" Chicago Daily Tribune, Jan. 8, 1941,12.

42. James Truslow Adams, "Forces That Make

Us the United States," New York Times, July 13, 1941, SM8.
43. Hal Borland, "Workshop of the American Dream," New York Times, June 29, 1941, SM5.
44. Ibid.
45. "New Deal's Analyst Heaps Praise on It," Los Angeles Times, Feb. 1, 1942, C6.
46. "Retention of the 'American Dream,'" New York Times, Jan. 25, 1942, BR3.
47. Dorothy Thompson, "The American Dream," Ladies' Home Journal, July 1943, 6.
48. Francis Brown, "American Evolution," New York Times, Sept. 26, 1943, BR7 (emphasis in the original).
49. T. S., "At the Rialto," New York Times, Jan. 14, 1943, 25.
50. D. W. Brogan, "Europe's Portrait of Uncle Sam," New York Times, Mar. 21, 1943, SM7.
51. "Topics of the Times," New York Times, July 3, 1943, 12.
52. Ibid.
53. Rupert B. Vance, "Tragic Dilemma: The Negro and the American Dream," Virginia Quarterly Review (July 1944): 435-45.
54. Ibid.
55. Malvina Lindsay, "The Gentler Sex," Washington Post, Aug. 3, 1944, 10.
56. Leo Cherne, "So You Want Your Own Business!," Los Angeles Times, Mar. 31, 1945, D4.
57. Dorothy Rosenman, "Home Sweet Home," New York Times, Jan. 16, 1944, SM22.

Some have argued that the suburban verinon of the American Dream began at the 1939-40 New York World's Fari, with General Motors's "Futurama" exhibit playing a major role in preselling the single-family home in new, planned developments outside cities. Christopher B. Leinberger, "The Next Slum?," Atlantic, Mar. 2008, 70-75.
58. "Calls for Wise Use of Leisure," New York Times, June 12, 1944, 22.

2. The Status Seekers

1. Webster Gault, "Sales of New Cars Climp Sharply Here," Hartford Courant, Dec. 15, 1960, 31; Virginia M. Irwin, "The American Dream of Eternal Youth," Hartford Courant, Mar. 24, 1961, 16; Brock Brower, "America's Sleeping Sickness—Staying Awake," New York Times, Oct. 15, 1961, SM47; "New View of Golf Is Coloring the American Dream Green," Hartford Courant, Apr. 7, 1963, D10.
2. George Gallup, "Half of People Polled Believe Riches Possible," Los Angeles Times, June 4, 1947, 6.
3. Greer Williams, "The End of an American Dream," Saturday Evening Post, Feb. 26, 1949, 23+.
4. Harold Walsh, "Mar. of Finance," Los Angeles Times, June 15, 1947, 11.
5. "Eisenhower Sees Threat to Freedom," Hartford Courant, Oct. 25, 1949, 1.

6. Malvina Lindsay, "Professional Career Craze," Washington Post, Jan. 13, 1949, 8.
7. Malvina Lindsay, "Search for Safe Living," Washington Post, June. 16, 1949, 16.
8. Jack Gould, "The News of Radio," New York Times, June 27, 1947, 40.
9. "This Is Ed Sullivan Speaking," Chicago Daily Tribune, July 26, 1952, 10.
10. Jack Zaiman, "Election Will Tell If Dream Still Lives, Says Ribicoff," Hartford Courant, Oct. 25, 1954, 2.
11. Ibid.
12. Irving M. Kravsow, "Ribicoff Defends Talk on 'American Dream,'" Hartford Courant, Oct. 30, 1954, 1. Ribicoff's Dream continued in the years ahead; the man went on to become secretary of health, education, and welfare in President Kennedy's cabinet and, after that, a US senator from his home state.
13. "Essentials for American Dream Cited," Los Angeles Times, July 8, 1956, A8.
14. "Educator Says Women Remain Victims of Bias," Los Angeles Times, Apr. 5, 1955, 23.
15. Wallace Terry, "Negro Called Hope for Preservation of Nation's Dream," Washington Post and Times Herald, June 25, 1962, B2.
16. Cullen, American Dream, 126-27.
17. Chester Bowles, "'The Most Power Idea in the World,'" New York Times, May 13, 1951, SM5.
18. Newblod Morris, "Human Endeavor," Hartford Courant, May 2, 1952, 16.
19. John Crosby, "Dash of Humor Suggester to Brighten TV 'Cavfalcade,'" Hartford Courant, Jan. 12, 1953, 6.
20. Frank Klingberg, "American Dream," Los Angeles Times, Sept. 19, 1954, B5.
21. "History Pageant Opens Exhibition at Broadway," Los Angeles Times, May 17, 1956, A3; Marie Smith, "'Dream' Display on View," Washington Post and Times Herald, Nov. 6, 1956, D2.
22. Ralph G. Newman, "Revitalizing the Drama That Saved American Dream," Chiacago Daily Tribune, Dec. 2, 1956, J36.
23. Carl Sandburg, "For 'All Men, in All Lands, Everywhere,'" New York Times, Feb. 8, 1959, SM11.
24. "Ruth, Dead 10 Years, Represented American Dream," Washington Post and Times Herald, Aug. 17, 1958, C4.
25. Janet M. Beroth, "The Path of Glory," Hartford Courant, Nor. 22, 1959, F14.
26. Henry J. Taylor, "Glenn's Flight Lifts the Nation's Spirit, Enlarges American Dream," Los Angeles Times, Feb. 28, 1962, A5.
27. http://www.hud.gov/offices/adm/about/admguide/history.cfm#1950.
28. "1954 Housing Law Held Boon to Homeowners," Los Angeles Times, Aug. 29, 1954, E11.
29. William Henry Chamberlin, "The American Idea," Wall Street Journal, July 3, 1956, E11.
30. Orville Prescott, "Books of the Times," New York Times, Apr. 29, 1959, 31.
31. John F. Bridge, "Reading for Pleasure," Wall

Street Journal, May, 21, 1959, 12.

32. "Essence of America," New York Times, Aug. 9, 1959, E8.
33. John K. Jessup, "National Purpose: Start of a Debate," New York Times, May. 19, 1960, 34.
34. "American Dream Is Found Clouded," New York Times, May 30, 1960, 20.
35. Eleanor Roosevelt, "What Has Happened to the American Dream?," Atlantic Monthly, Apr. 1961, 46-50; Jessup, "National Purpose."
36. Walter Kerr, "Dreams Might Ring True but They're Not Real," Washington Post, Feb. 5, 1961, G3; Howard Taubman, "The Theatre: Albee's The American Dream," New York Times, Jan. 25, 1961, 28.
37. The Rev. Dr. Billy Graham, "National Purpose: Graham Diagnosis," New York Times, June 6, 1960, 26; Archibald MacLeish, "National Purpose: MacLeish' Dream,'" New York Times, May 30, 1960, 14.
38. Joseph Nolan, "How to Make a Million," New York Times, July. 10, 1955, SM13.
39. George Lawton, "When Should a Man Retire?," New York Times, Apr. 27, 1947, SM12.
40. John L. Springer, "What Is the Right Time to Retire?," New York Times, Feb. 15, 1959, SM13.
41. "Strange Twist to an Old Dream," Wall Street Journal, Apr. 10, 1959, 12.
42. Saul Pett, "Hidden Clinkers Shrink 'Fabulous' Quiz Earnings," Hartford Courant, Nov. 22, 1959, 10B2.
43. William M. Freeman, "An American Dream Examined," New York Times, Feb. 10, 1961, 37.
44. Hal Borland, "He Made the American Success Story a Success," New York Times, July 19, 1964, BR16.
45. Donald Kirk, "Junior Achievers Realize American Dream," Chicago Daily Tribune, Jan. 24, 1960, N1.
46. George Lill, "A Challenge to June Grads," Chicago Daily Tribune, May 22, 1960, G40 (emphasis in the origianl); Kittie Turmell, "Scalin the Social Ladder," Los Angeles Times, Dec. 4, 1960, 89.
47. Barbara Schulz, "Teens Set Sights on the Professions," Chicago Daily Tribune, Dec. 12, 1961, B9.
48. Ralph McGill, "Where Dreams Are Born," Hartford Courant, Oct. 31, 1963, 14.
49. Mary Ann Callan, "Says Pat Nixon," Los Angeles Times, July 27, 1960, A1; Earl Mazo, "American Dream Cone True," Los Angeles Times, July 29, 1960, 2.
50. Glen Bower, "Voice of Youth: Students Tell Views," Chicago Tribune, May 17, 1964, G8.
51. "Amartin in Step ... Smarty Pants ... LBJ and American Dream ," Wahington Post and Times Herald, May 11 , 1964, A2.
52. Robert E. Thompson, "Better Things in Offing, Johnson Tells Graduates," Los Angeles Times, May 30, 1964, 4.
53. Philip Benjamin, "Kirk Tells 6,273 Graduates at Columbia That the American Dream Is

Over," New York Times, June 3, 1964, 33.

3. The Anti-Paradise

1. Dolly Whitham, "Group Eyes American Dream Changes," Hartford Courant, Apr. 8, 1975, 22B.
2. J. R. Wiggins, "Enduring Vision: A More Perfect Life," Washington Post and Times Herald, Jan. 20, 1965, D1.
3. Conrad Knickerbocker, "A Man Desperate for a New life," New York Times, Mar. 14, 1965, BR1; Robert R. Kirsch, "The Book Report," Los Angeles Times, Apr. 5, 1965, D6; Paul R. Jackson, "An American Dream," Chicago Tribune, Mar. 14, 1965, J1; "Australia Adds 3 to Book Ban List," Washington Post and Times Herald, June 10, 1965, A6; Anatole Shub, "The German List of Best Sellers," Washington Post and Times Herald, Sept. 2, 1965, A20.
4. "The American Dream and the American Nergo," New York Times, Mar. 7, 1965, SM32.
5. "Review 1-No Title," New York Times, Nov. 7, 1965, BR91.
6. "Lynd Asserts 'New Left' Is American Dream," Hartford Courant, May 3, 1966, C33; Lynn Lilliston, "Waking to Demands of American Dream," Los Angeles Times, Aug. 16, 1966, C1.
7. D. J. R. Bruckner, "Why the American Dream Exploder," Los Angeles Times, Aug. 7, 1966, J2.
8. William K. Shannon, "Negro Violence vs. the American Dream," New York Times, July 27, 1967, 34.
9. Stuart H. Loory, "Humphrey Conerts Young Negro Militant," Los Angeles Times, May 4, 1968, 3.
10. "Romney Says Americna Way Faces Crisis," Chicago Tribune, Feb. 6, 1968, A5; Richard L. Lyons, "Nixon on Ghettos," Washington Post and Times Herald, Mar. 8, 1968, A1.
11. William K. Shannon, "The Kennedy Legnd," New York Times, June 9, 1968, E; "Ecumenical Services Held for Kennedy; Pastor Asks for 'Vocation of Citizenship,'" Hartford Courant, June 10, 1968, 26B.
12. Frederic Morton, "Topics: The Nouveau-Avant," New York Times, Nov. 25, 1967, 38.
13. Ibid.
14. William McPherson, "Impoverished American Dream," Washington Post and Times Herald, Oct. 26, 1970, C1.
15. McPherson, "Impoverished American Dream."
16. William Raspberry, "American Dram Fades," Washington Post and Times Herald, July 16, 1971, A23.
17. James J. Kilpatrick, "Bid Farewell to the Great Dream of Free Enterprise," Los Angeles Times, Aug. 24, 1971, B7.
18. Peter Petersen, "The American Dream," New York Times, Jan. 31, 1972, 41.
19. Cecil Eby, "Anti-Paradise," Chicago Tribune, Mar. 19, 1972, K4; Gerald Emanuel Stearn, comp., Broken Image:Foreign Critiques of

America.

20. Crawford Woods, "Fear and Loathing in Las Vegas," New York Times, July 23, 1972, BR17.
21. Fred M. Hechinger, "Crisis of the Spirit," New York Times, Oct. 16, 1972, 37.
22. "Cluster Housing, Answer to Future," Hartford Courant, Feb. 27, 1972, D13; Martha Patton, "To Keep the American Dream from Becoming a Nightmare," Chicago Tribune, Apr. 9,1972, E13.
23. Richard Christiansen, "American Dream Alive, Well on TV Commercials," Los Angeles Times, July 23, 1972, F7.
24. Del Earisman, "Prophecy for the Class of '72," Hartford Courant, May 7, 1972, J6.
25. Marin D. Rowen, "The Unmaking of the American Dream," Los Angeles Times, June 4, 1972, F1.
26. George E. Jones, "Equality: American Dram—or Nightmare?," U.S. News and World Report, Aug. 4, 1975, 26-31.
27. Judith Martin, "Dreams Still Come True for Inventors," Los Angeles Times, Apr. 13, 1972, C2.
28. Jacqueline Trescott, "Amway: Distributing the American Dream," Washington Post, June 9, 1975, B1.
29. Leonard J. Fein, "To Try to Dream Aagin," New York Times, Feb. 11, 1973, 217.
30. Allen Sloan, "Cadillac and the American Dream," New York Times, May 13, 1973, 153.
31. Ibid.
32. Charles Champlin, "Movie Review," Los Angeles Times, June 12, 1969, OC_C1; Jack Hiemenz, "John Wayne: I Know Most of You Feel the Same as I Do," New York Times, June 17, 1973, 130.
33. Daniel J. Leab, "The Blue Collar Ethic in Bicentennial American: Rocky (1976)," in American History/American Film: Interpreting the Hollywood Image, edited by John E. O'Connor and Martin A. Jackson, 258-59.
34. Steve Harvey , "Urge to Be No. 1: All-American Dram," Los Angeles Times, Sept. 2, 1973, D4.
35. Bob Walton, "'American Dream' Is Alive and Well," Chicago Tribune, Sept. 30, 1973, W_A5; Marjorie Hunter, "U.S. in Disarray, Dr. Mead Charges," New York Times, Sept. 26, 1973, 17; Bill Moyers, "This Ominous Sense," New York Times, Oct. 4, 1973, 45.
36. David H. Rhinelander, "'American Dream' at End, Doctors Told," Hartford Courant, Oct. 26, 1973, 10. Alvin Toffler's 1970s Future Shock was of course fully dedicated to the idea that individuals could no longer process the kind and level of social change the country was going through.
37. Vernon Jarrett, "Americans Need to Revise Dream ," Chicago Tribune, Jan. 13, 1974, A6; Art Buchwald, "Fuming over the American Dream," Washington Post and Times Herald, Dec. 9, 1973, E1.
38. George P. Elliott, "Waking from the American Dream," Nation, Nov. 16, 1974,

491-95.

39. Kevin P. Phillips, "American Dream about ot End?," Hartford Courant, June 3, 1974, 26.
40. Ronald G. Shafer, "A Feding Dream," Wall Street Journal, Sept. 3, 1974, 1.
41. "The No-Frills American Dream," Business Week, June 16, 1975, 17; Colin Campbell, "Economic Reality: Intruder on the American Dream," Psychology Today (June 1975): 36-37.
42. Patricia A. Johnson, "Born Too Late for the American Dream," Los Angeles Times, Apr. 3, 1976, B5; Joann S. Lublin, "Homeowner Blues," Wall Street Journal, Aug. 2, 1976, 1.
43. Dick Turpin, "Home Occupants of Future: Bob, Carol, Ted, and Alice," Los Angeles Times, Jan. 26, 1977, E10.
44. Natalie Levy, "RVs: A Fun Cure for a National Case of Wanderlust," Chicago Tribune, May 11, 1977, D1; Ed Sylvester, "Mobile Homes: Low Cost Dream or Blight?," Los Angeles Times, Sept. 16, 1979, SD_A1.
45. Robert Lindsey, "Economy Mars Belidf in the American Dream," New York Times, Oct. 26, 1975, 1.
46. Dr. John Raines, "American Dream Proves Elusive," Hartford Courant, Nov. 2, 1975, B3.
47. Robert Penn Warren, "History Serves the Interpreter of the American Dream," Hartford Courant , Jan. 19, 1975, A29.
48. Alan Merridew, "Blacks Finding Their 'Dream' in Suburbs," Chicago Tribune, Jan. 22, 1976, W1.
49. Andrew Greeley, "The American Dream Is True," Chicago Tribune, Nov. 6, 1979, 18.
50. Stanley Karnow, "American Dream Alive and Well," Hartford Courant, Jan. 4, 1975, 18.
51. Richard H. deLone, "Upward Mobility: The Most Illusionary American Dream," Los Angeles Times, Sept. 23, 1979, G3.
52. William Overend, "Updating and Redefining the American Dream," Los Angeles Times, Dec. 20, 1976, OC_A1.
53. Gary Deeb, "Tempo TV & Radio," Chicago Tribune, Sept. 19, 1978, A11.
54. Elaine Markoutsas, "Tempo TV," Chicago Tribune, Dec. 27, 1979, A13.
55. Michael Policastro, "'The American Dream': Can It Survive Awakening?," New York Times, Oct. 28, 1979, NJ30.

4. Born in the USA

1. George F. Will, "Singing the Big Blues over the Scrunching of the American Dream," Los Angeles Times, Apr. 12, 1984, H7.
2. "The Monents of Truth, 1980 ... ," Los Angeles Times, Dec. 25, 1980, OC_B1.
3. Herber I. London and Albert L. Weeks, "Strength from Our Myths," Los Angeles Times, Sept. 1, 1980, B5.
4. John Lahr, "Dreamers of the Day," Harper's, Jan. 1981, 74-76; Peter S. Prescott, "American Dream: Lost and Found," Newsweek, Oct. 13, 1980, 114+.

5. Nancy Shiffrin, "Book Reviews," Los Angeles Times, Oct. 23, 1980, F28.
6. Connie Lauerman, "Tempo," Chicago Tribune, Dec. 15, 1981, B1.
7. Robert C. Yeager, "The Middle-Class Squeeze," Chicago Tribune, Apr. 6, 1981, A1.
8. Lewis Beale, "Tempo," Chicago Tribune, Jan. 4, 1983, D1; Yardena Arar, "Rock Singers Turn More Frequently to Messages of Hard Times, Despair," Hartford Courant, Dec. 26, 1982, EE4B.
9. Robert Hilburn, "Springsteen: Brooding over the American Dream," Los Angeles Times, Sept. 19, 1982, O61.
10. Stephen Holden, "Springsteen Scans the American Dream," New York Times, May 27, 1984, H19.
11. Ron Aldridge, "New ABC Series," Chicago Tribune, Jan. 25, 1981, H3.
12. Owen McNally, "Back-to-the-City, with Television Gloss," Hartford Courant, Apr. 24, 1981, B9.
13. Paul Weigarten, "Tempo," Chicago Tribune, Aug. 27, 1980, B1.
14. Sheila Benson, "Movie Review," Los Angeles Times, May 11, 1984, I1.
15. Jerome Charyn, Movieland: Hollywood an the Great American Dream Culture; David Ansen, "Baseball Diamonds Are Forever," Newsweek, Apr. 24, 1989, 72-73.
16. Robert Sklar, "Frozen Idyll," New York Times, July 16, 1989, BR17.
17. Lance Morrow, "Downsizing an American Dream," Time, Oct. 5, 1981, 95-96.
18. Thomas P. Murphy, "Giving Up on the American Dream," Forbes, Aug. 29, 1983, 166.
19. Ellen Goodman, "Is American Dream Today's Nightmare?," Chicago Tribune, May 3, 1984, D_A1.
20. Arlie Russell Hochschild, "The House as Homewrecker," New York Times, Mar. 25, 1984, BR13.
21. Peter T. Killborn, "Average Price of New Home Tops $100,000 for First Time," New York Times, June 30, 1984, 1.
22. Matthew L. Wald, "The American Dream Is Changing," New York Times, Oct. 28, 1984, RER1.
23. Ronald Alsop, "Mobile-Home Dealers Roll Out Sophisticated Sales Techniques," Wall Street Journal, Dec. 20, 1984, 29.
24. Lisa Anderson, "The Man Who Created Suburbia," Chicago Tribune, Feb. 3, 1985, L1.
25. Dennis McLellan, "Suburbia Changing, but Still Part of the American Dream, Author Says," Los Angeles Times, July 6, 1986, OC_D1.
26. Joel Garreau, "Transcending Race Barriers and Living the American Dream," Washington Post, Nov. 29, 1987, A1.
27. Glenna Whitley, "Persistence Pays for Contest Junkies," Los Angeles Times, Aug. 18, 1983, D12.
28. Scott Kraft, "Betting Proving Boon to States' Coffers," Hartford Counrant, July 30, 1984, A5A.

29. "Buying a Franchise Often Has Pitfalls," Los Angeles Times, Mar. 19, 1985, OC_C10.
30. Sylvia Porter, "Money Management," Chicago Tribune, Jan. 1, 1965, B3.
31. Sally Saville Hodge, "Franchising Gives Little Guy Chance to Grab Brass Ring," Chicago Tribune, Sept. 24, 1984, B1.
32. Elizabeth Kastor, "The Corporate Cheerleaders—Ta-da!," Washington Post, Apr. 9, 1988, C1.
33. Earl C. Gottschalk Jr., "The American Dream Is Alive and Well in Koreatown," Wall Street Journal, May 20, 1985, 106.
34. Ibid.
35. Ronald Alsop, "Firms Translate Sales Pitches to Appeal to Asian-Americans," Wall Street Journal, Apr. 10, 1986, 35.
36. Tony Schwartz, "Daisy Tsui," New York Magazine, Apr. 25, 1988, 115-17.
37. Philip Moffitt, "Does Anyone Know What Time It Is?," Esquire, Nov. 1984, 17-18.
38. "Does American Still Exist?," Harper's, Mar. 1984, 43-58.
39. Ibid.
40. Ibid.
41. Ibid.
42. Ibid.
43. Mario M. Cuomo, "The American Dream and the Politics of Inclusion," Psychology Today (July 1986): 54-56.
44. Paul Richter, "Madison Ave. Pushing Patriotism," Los Angeles Times, Sept. 9, 1985, D1.
45. Richard N. Goodwin, "Democracy Teeters on the Income Gap," Los Angeles Times, Oct. 24, 1985, B5.
46. Benjamin R. Barber, "Celluloid Vistas," Harper's, July 1985, 74-75.
47. Ibid.
48. Lou Cannon, "Emotional Plea Caps Reagan Tour," Washington Post, Nov. 4, 1986, A10.
49. Ibid.
50. Lou Cannon, "President Extols State of Nation," Washington Post, Jan. 26, 1988, A1.
51. Mel Elfin, "The Haves, the Have-Nots, and Have-Somewhats," New York Times, Oct. 9, 1988, BR10.
52. "On the Road with Charles Kuralt," Washington Post, Oct. 13, 1985, BW10; Clifford Terry, "'American Dream': Mom, Cars, and Leno," Chicago Tribune, May 2, 1986, N5.
53. Sherry Suib Cohen, "The American Dream," Ladies' Home Journal, July 1986, 105+.
54. Ibid.
55. Ibid.
56. Martie Zad, "The King Lives at Graceland," Washington Post, Aug. 16, 1987, TV6.
57. Michael J. Weiss, "'What Price the American Dream?," Ladies' Home Journal, Mar. 1988, 109+.
58. Ibid.
59. Patricia Hersch, "thirtysomething therapy," Psychology Today (Oct. 1988): 62+.
60. Thomas Cangelosi, "Has the Way to the American Dream Become a Rut?," New York Times, Dec. 11, 1988, CN44.

61. Edward Cody, "In Dijon, Living the Good Life," Washington Post, Oct. 30, 1988, 37.

5.The Anxious Society

1. Rafael Castillo, "Death of a Salesman," New York Times, Feb. 21, 1999, AR7.
2. Don Oldenburg, "New Path for the '90s," Washington Post, Feb. 20, 1990, C5.
3. Ibid.
4. Henry Allen, "Have Grin, Will Film Despair," Washington Post, Jan. 11, 1990, E1.
5. Ibid.
6. Peter Passell, "Keeping Chicken in Every Pot," New York Times, Feb. 6,1991, D2; Kim Foltz, "Advertising," New York Times, Mar. 25, 1991, D9.
7. Susan Dentzer, "The Vanishing Dream," U.S. News and World Report, Apr. 22, 1991, 39.
8. Barbara Vobejda, "Economy Puts a Downside on the Belief in Upward Mobility," Washington Post, Dec. 19, 1991, A23.
9. Robert J. Samuelson, "How Our American Dream Unraveled," Newsweek, Mar. 3, 1992, 2.
10. Amy Bernstein, "Dream On," U.S. News and World Report, July 27, 1992, 11.
11. Clare Ansberry and Thomas F. O'Boyle, "Future Imperfect," Wall Street Journal, Aug. 11, 1992, A1.
12. Ibid.
13. Michiko Kakutani, "American Dream Shrinks to a Nap," New York Times, May 28, 1993, C30.
14. Christopher Lehmann-Haupt, "America's Dream on a Slide into the Third World," New York Times, Sept. 27, 1993, C14.
15. Louis Uchitelle, "Is Growth Moral?," New York Times, Mar. 27, 1994, 356.
16. Alice M. Rivlin, "Reviving the American Dream," Brookings Review (Summer 1992): 5.
17. William A. Schreyer, "The Century of the American Dream," Vital Speeches of the Day (Nov. 1, 1992): 49.
18. "Study Focuses on Saving the American Dream," CPA Journal (July 1994): 9.
19. Errol Smith, "The American Dream Needs 'American Dream,'" National Minority Politics (Nov. 1994): 23.
20. J. C. Watts, "Conservative Congressman Defines 'American Dream,'" New York Amsterdam News, Oct. 5, 1996, 12.
21. John J. O'Connor, "Critic's Notebook: After American Dream, Waking Up Cranky," New York Times, Mar. 24, 1994.
22. "A House with a Picket Fence Still Fits the American Dream," New York Times, June 2, 1992, A12.
23. Roger K. Lewis, "Designing an Affordable Housing Future," Washington Post, Nov. 23, 1991, E1.
24. Benny L. Kass, "Mortgage Deduction, Other Tax Benefits Are Keys to the American Dream," Washington Post, Jan. 19, 1991, F8.
25. Gary Blonston, "Era of Big Profits on Sales

May Be Over," Washington Post, May 12, 1990, F1.
26. James W. Hughes and Todd Zimmerman, "The Dream Is Alive," American Demographics (Aug. 1993): 32.
27. Alan Reynolds, "The Origins of Grumpiness," National Review, July 1, 1996, 52-53.
28. Marjorie Williams, "The Selling of the American Dream," Washington Post, July 30, 1991, C1.
29. Ibid.
30. Mohammed Hanif, "Living the Dream in America," Washington Post, Oct. 14, 1991, 1. Hussain would run for governor of Texas in 2010 but be defeated tin the primaries.
31. Walter Goodman, "Melting Pot?," Simmering Nicely," New York Times, June 19, 1992, C26.
32. Marvine Howe, "Chronicle," New York Times, Jan. 16, 1992, B7.
33. Robin Finn, "American Dream of the 90's: My Child the Tennis Champ," New York Times, Aug. 6, 1990, A1.
34. John Steele Gordon, "Sowing the Amercian Dream," American Heritage (Dec. 1990): 22; Michael Ventura, "The Psychology of Money," Psychology Today (Mar.-Apr. 1995): 50.
35. Ira Berkow, "Dear Mickey: Messages and Prayers for an American Hero," New York Times, June 25, 1995, S9.
36. "Conference Celebrates Legacy of Jackie Robinson," Jet, Apr. 21, 1997, 51; Edward A. Gargan, "Field for Philosophizing and Other Dreams," New York Times, June 27, 1998, B9.
37. Caryn James, "TV Weekend; Migrating to Movieland, Where Outsiders Fit In," New York Times, Mar. 20, 1998.
38. Bruce McCall, "King of the Road," New York Times, July 18, 1999, BR6.
39. Robert Bryce, "The American Dream Glitters Still—in Foreign Countries," New York Times, Aug. 6, 1995, F10.
40. Lena Williams, "Testing the Resonance of the American Dream," New York Times, June 23, 1996, 39.
41. Kathryn Shattuck, "Exploring the Dream and the Drive: To Move Up," New York Times, June 28, 1998, AR27.
42. Robert J. Samuelson, "Great Expectations," Newsweek, Jan. 8, 1996, 24.
43. Reynolds, "The Origins of Grumpiness," 52-53; Paul Krugman, "It's a Wonderful Life," Washington Monthly, Jan.-Feb. 1996, 48.
44. W. Bradord Fay, "The Fading Post-war Middle Class," Marketing Research (Fall 1996): 47-48.
45. David Whitman, "I'm OK, You're Not," U.S. News and World Report, Dec. 16, 1996, 24; Charles J. Whalen, "The Anxious Society," Humanist (Sept.-Oct. 1996): 18-19.
46. "Your American Dream?," Christian Science Monitor, Sept. 12, 1996, 20.
47. Ibid.
48. Mark Dolliver, "Giving Some Content to a National Cliché," Adweek (Eastern Edition)

(Oct.7,1996): 31.
49. Louis Uchitelle, "That Was Then and This Is the 90's," New York Times, June 18, 1997, D1.
50. Ibid.
51. "Fanfare for the Common Man," Business Week, June 22, 1998, 218.
52. Kenji Sato, "Borderless," New York Times, June 8, 1997, SM64.
53. Edward O. Welles, "Motherhood, Apple Pie, and Stock Options," Inc., Feb. 1998, 84.
54. Edward Wyatt, "On Paper, a New American Dream," New York Times, Feb. 15, 1998, WK2; Diana B. Henriques, "Surfing for Dollars," New York Times, Nov. 14, 1999, BR32.
55. Margaret Carlson, "He's the Dream, in Supersize," Time, Sept. 27, 1999, 47.
56. Mortimer B. Zuckerman, "Living the Dream," U.S. News and World Report, July 12, 1999,68.

6. American Idol

1. Adam Cooke, "Students Probe the Promise of American Dreams," Christian Sience Monitor, July 3, 2001, 14.
2. Sara Rimer, "Gatsby's Green Light Beckons a New Generation of Strivers," New York Times, Feb. 17, 2008, A1.
3. Ibid.
4. Frank Rich, "George W's America," New York Times, Nov. 4, 2000, A21.
5. Kathleen O'Brien, "Realizing the American Dream," New York Times, Apr. 14, 2002, 9.
6. John Schwartz, "Supersize American Dream: Expensive? I'll Take It," New York Times, Dec. 16, 2002, C8.
7. Felicia R. Lee, "Does Class Count in Today's Land of Opportunity?," New York Times, Jan. 18, 2003, B7.
8. Aaron Bernstein, "Waking Up from the American Dream," Business Week, Dec. 1, 2003, 54-58.
9. James Surowiecki, "People of Plenty," Fast Company, Mar. 2003, 31+.
10. David R. Francis, "The American Dream Gains a Harder Edge," Christian Science Monitor, May 23, 2005, 17.
11. "Class and the American Dream," New York Times, May 30, 2005, A14; Janny Scott and David Leonhardt, "Class in America: Shadowy Lines That Still Divide," New York Times, May 15, 2005, A1.
12. Scott and Leonhardt, "Class in America."
13. Barry Schwartz, "Waking Up from the American Dream," Psychology Today (July.-Aug. 2000): 74.
14. Richard Florida, "The New American Dream," Washington Monthly, Mar. 2003, 26.
15. Michael Isikoff, "Periscope," Newsweek International, Sept. 6, 2004, 4.
16. "The European Dream: How Europe's Vision of the Future Is Quietly Eclipsing the American Dream ," Publishers Weekly, Aug. 2004, 56+.
17. Katje Richstatter, "The European Dream: How Europe's Vision of the Future Is

Quietly Eclipsing the American Dream," Tikkun, Jan.-Feb. 2005, 72+.

18. Jennifer Vogel, "America vs. Europe," E, Jan.-Feb. 2005, 59+.
19. Brendan Driscoll, "Rifkin, Jeremy. The European Dream: How Europe's Vision of the Future Is Quietly Eclipsing the American Dream," Booklist, Sept. 1, 2004, 30+.
20. Isikoff, "Periscope."
21. Pete Engardio, "Nice Dream If You Can Live It," Business Week, Sept. 13, 2004, 22.
22. Vanessa Bush, "Herbert, Bob. Promises Betrayed: Waking Up from the American Dream," Booklist, Apr. 15, 2005, 1418.
23. "Bait and Switch: The (Futile) Pursuit of the American Dream," Pubilshers Weekly, Sept. 2005, 72+.
24. John Leonard, "New Books," Harper's, Sept. 2005, 79+.
25. "Is the American Dream Killing You? How the Market Rules Our Life," Publishers Weekly, Oct. 2005, 62+.
26. Michiko Kakutani, "Pop Culture Conjures a Transracial American Dream," New York Times, Sept. 9, 2002, E6.
27. David Brooks, "The Americano Dream," New York Times, Feb. 24, 2004, A25.
28. David Brooks, "Our Sprawling, Supersize Utopia," New York Times Magazine, Apr. 4, 2004, 46.
29. "Suburban Nation: The Rise of Sprawl and the Decline of the American Dream," Publisher's Weekly, Mar. 2000, 88; Donna Seaman, "Suburban Nation: The Rise of Sprawl and the Decline of the American Dream," Booklist, Mar. 1, 2000, 1177.
30. Natalie Canover, "Running on Empty," New York Times, Mar. 13, 2005, LI1; Dennis Harvey, "The End of Suburbia: Oil Depletion and the Collapse of the American Dream," Variety, Oct. 24, 2005, 23.
31. Fred A. Bernstein, "Are McMansions Going Out of Style?," New York Times, Oct. 2, 2005, K1.
32. James Sullivan, "The American Dream: Stories from the Heart of Our Nation," Book, May 2001, 62.
33. Ibid,; Mary Carroll, "The American Dream: Stories from the Heart of Our Nation," Booklist, Apr. 1, 2001, 1427; Susan M. Colowick, "The American Dream: Stories from the Heart of Our Nation," Library Journal, Nay 15, 2001, 136; "The American Dream: Stories from the Heart of Our Nation," Publishers Weekly, Apr. 16, 2001, 52; Larkin Warren, "Dan Rather's Dream," Good Housekeing, June 2001, 89.
34. Bill Carter, "How a Hit Almost Failed Its Own Audition," New York Times, Apr. 30, 2006, C1.
35. Manohla Dargis, "Paul Weitz's 'Amercian Dream': An 'Idol' Clone with a Presidential Aura," New York Times, Apr. 21, 2006.
36. David Kelly, "Deconstruct This!," New York Times, Sept. 15, 2002, 8.
37. Gary Strauss, "Diverse Crowd Follows 'the American Dream,'" USA Today, Apr. 5, 2007, 2D.

38. Jon Parales, "Bruce Almighty," New York Times, Apr. 24, 2005, B1; A. O. Scott, "The Boss Bibliography," New York Times Book Review, July 3, 2005, 10.
39. Manohla Dargis, "Stranded on the Flip Side of the American Dream," New York Times, Dec. 21, 2005, E1.
40. Sue Kirchoff, "Immigrants Chase American Dream," USA Today, Aug. 5, 2004, 1B.
41. Zsofia Naradi, "I Celebrate with Gratitude My Living of the American Dream," Christian Science Monitor, Sept. 2, 2004, 19.
42. Arnold Schwarzenegger, "The American Dream," Vital Speeches of the Day (Sept. 15, 2004): 721-23.
43. "Fixing the American Dream," Economist, Dec. 11, 2004, 34; Nian Bernstein, "Immigrants Reverse Their Trek as American Dream Fade," New York Times, Nov. 10, 2004, B1.
44. David E. Rosenbaum, "Bush to Return to 'Ownership Society' in Push for Social Security Changes," New York Times, Jan. 16, 2005, A20.
45. Danny Hakim, "For a G.M. Family, the American Dream Vanishes," New York Times, Nov. 19, 2005, A1.
46. Mortimer B. Zuckerman, "Rich Man, Poor Man," U.S. News and World Report, June 12, 2006, 71-72.
47. "War on the Middle Class: How the Government, Big Business, and Special Interest Groups Are Waging War on the American Dream and How to Fight Back," Publishers Weekly, Oct. 2006, 46.
48. Mary Whaley, "War on the Middle Class: How the Government, Big Business, and Special Interest Groups Are Waging War on the American Dream and How to Fight Back," Booklist, Oct. 15, 2006, 22.
49. "Doubting the Dream," Atlantic, Dec. 2007, 27.
50. Peter Grier, "American Dream Update," Christian Science Monitor, July 3, 2007, 1-10.
51. "The Way We'll Be: The Zogby Report on the Transformation of the American Dream," Publishers Weekly, Aug. 2008, 45; Elizabeth L. Winter, "Zogby, John. The Way We'll Be: The Zogby Report on the Transformation of the American Dream," Library Journal, Aug. 2008, 90.
52. Susan Berfield, "The American Dream Downsized," Business Week, Sept. 8, 2008, 92.
53. Richard Stengel, "American Thrift," Time, Apr. 27, 2009, 2.
54. Hardy Green and Deborah Stead, "It's All about the Hot Shots," Business Week, Aug. 11, 2008, 17.
55. "Mr. Playboy: Hugh Hefner and the American Dream," Publishers Weekly, Oct. 2008, 59; "Mr. Playboy: Hugh Hefner and the American Dream," Atlantic, Apr. 2009, 96.
56. Gary Hart, "American Idol," New York Times Book Review, Dec. 24, 2006, 14.
57. "The Audacity of Hope: Thoughts on Reclaiming the American Dream," Publishers

Weekly, Oct. 17, 2006, 52; Danna Bell-Russel, "Obama, Barack. The Audacity of Hope: Thoughts on Reclaiming the American Dream," Library Journal, Oct. 2006.

58. "The American Dream in Reverse," New York Times, Oct. 8, 2007, A18; Ford Fessenden, "The American Dream Foreclosed," New York Times, Oct. 14, 2007, LI1.

59. Noelle Knox, "Fading American Dream Fuels Rentals," USA Today, Aug. 30, 2007, 3B.

60. Richard Florida, "Rent Out the American Dream?," USA Today, Mar. 10, 2009, A11.

61. Joel Lovell, "The American Dream, No Money Down," GQ—Gentlemen's Quarterly, Feb. 2008, 78.

62. David J. Lynch, "Economy Squeezes American Dream," USA Today, June 9, 2008, 1A.

63. Ibid.

64. Barack Obama, "Reclaiming the American Dream," Vital Speeches of the Day (Jan. 2009): 2-4.

65. Peter Peterson, "You Can't Take It with You," Newsweek, Apr. 7, 2008, 56. See Peterson's autobiography, The Education of an American Dreamer: How a Son of Greek Immigrants Learned His Way from a Nebraska Diner to Washington, Wall Street, and Beyond (New York: Twelve, 2009), and, for more on concern about the nation's debt, David M. Walker's Comeback America: Turning the Country Around and Restoring Fiscal Responsibility (New York: Random House, 2010).

Conclusion

1. Lauren Sandler, "The American Nightmare," Psychology Today (Mar.-Apr. 2011): 70-77.

2. Rana Foroohar, "What Ever Happened to Upward Mobility?," Time, Nov. 14, 2011, 26-31, 34.

3. Fareed Zakaria, "Restoring the American Dream," Time, Nov. 1, 2010, 30-35; Fareed Zakaria, "Are America's Best Days Behind Us?," Time, Mar. 3, 2011, 28-33.

4. David von Drehle, "Don't Bet Against the United States," Time, Mar. 3, 2011, 34-35; Tom Brokaw, The Time of Our Lives: A Conversation About America, Who We Are, Where We've Been, and Where We Need to Go Now to Recapture the American Dream (New York: Random House, 2011), 14.

5. http://www.heist-themovie.com/synopsis.html.

6. Robert L. Borosage and Katrina vanden Heuvel, "The American Dream: Can a Movement Save It?," Nation, Oct. 11, 2011, 11-15.

7. http://www. opportunitynation.org/pages/about-us/.

8. Joseph Lawler, "Millennials and Hope: Is the American Dream Still Alive?," American Spectator (Dec. 2010): 26+.

9. Christopher Caldwell, "Fantasy Points," New York Times, Nov. 7, 2010, 19-20.

★ 推荐阅读 ★

Adamic, Louis. From Many Lands. New York: Harper and Brothers, 1940.

Adams, James Truslow. The American: The Making of a New Man. New York: Charles Scribner's Sons, 1943.

—. The Epic of America. New York: Little, Brown, 1931.

Artz, Lee, and Bren Ortega Murphy. Cultural Hegemony in the United States. Thousand Oaks, CA: Sage, 2000

Baldassare, Mark. Troubles in Paradise. New York: Columbia Univ. Press, 1986.

Barber, Benjamin R. Strong Democracy: Participating Politics for a New Age. Berkeley and Los Angeles: Univ. California Press, 1985.

Bellah, Robert N., and Steven M. Tipton, eds. The Robert Bellah Reader. Dur-Ham, NC: Duke Univ. Press, 2006.

Boorstin, Daniel J. The Image; or, What Happened to the American Dream? New York: Atheneum, 1962.

Branson, Richard. Business Stripped Bare: Adventures of a Global Entrepreneur. London: Virgin Books, 2008.

Brokaw, Tom. An Album of Memories: Personal Histories from the Greatest Generation. New York: Random House, 2001.

—. The Greatest Generation. New York: Random House, 1998.

—. The Greatest Generation Speaks: Letters and Reflections. New York: Random House, 1999.

Brooks, David. On Paradise Drive: How We Live Now (and Always Have) in the Futere Tense. New York: Simon and Schuster, 2004.

Bryant, Arthur. The American Ideal. London: Longmans, Green, 1936.

Calverton, V. F. Where Angels Dared to Tread. Indianapolis: Bobbs-Merrill, 1941.

Charyn, Jerome. Movieland: Hollywood and the Great American Dream Culture. New York: Putnam, 1989.

Cole, Tobert. Bruce Springsteen's America: The People Listening, a Poet Singing. New York: Random House, 2005.

Cornuelle, Richard C. Reclaiming the American Dream. New York: Random House, 1965.

Coyle, David Cushman. Roads to a New America. New York: Little, Brown, 1938.

Cullen, Jim. The American Dream: A Short History of an Idea That Shaped a Nation. New York: Oxford Univ. Press, 2003.

—. Born in the U.S.A.: Bruce Springsteen and the American Tradition. Middletown, CT: Wesleyan Univ. Press, 2005.

David, Kenneth S. The Hero: Charles A. Lindbergh and the American Dream. New York: Doubleday, 1959.

de Botton, Alain. Status Anxiety. New York: Pantheon, 2004.

deLone, Richard H. Small Futures: Children, Inequality, and the Limits of Liberal Reform. New York: Harcourt, Brace, Jovanovich, 1979.

Dobbs, Lou. War on the Middle Class: How the Government, Big Business, and Special Interest Groups Are Waging War on the American Dream and How to Fight Back. New York: Viking, 2006.

Dotson, Bob.... In Pursuit of the American Dream. New York: Atheneum, 1985.

Duany, Andres, Elizabeth Plater-Zyberk, and Jeff Speck. Suburban Nation: The Rise of Sprawl and the American Dream. New York: North Point Press, 2000.

Easterbrook, Gregg. The Progress Paradox: How Life Gets Better While People Feel Worse. New York: Random House, 2003.

Ehrenreich, Barbara. Bait and Switch: The (Futile) Pursuit of the American Dream. New York: Metropolitan Books, 2005.

—. Nickel and Dimed: On (Not) Getting by in America. New York: Metroplitan Books, 2001.

Embree, Edwin R. Brown Americans: The Story of a Tenth of a Nation. New York: Viking, 1943.

Evans, M. Stanton. The Liberal Establishment: Who Runs America and How. Old Greenwich, CT: Devin-Adair, 1965.

Florida, Richard. The Rise of the Creative Class: And How It's Transforming Work, Leisure, Community, and Everyday Life. New York: Basic Books, 2002.

Foster, Michael. American Dream. New York: William Morrow, 1937.

Frank, Thomas. One Market under God: Extreme Capitalism, Market Populism, and the End of Economic Democracy. New York: Doubleday, 2000.

Franklin, Jay. Remaking America. Boston: Houghton Mifflin, 1942.

Gabbard, Glen O. The Psychology of "The Sopranos": Love, Death, and Betrayal in America's Favorite Gangster Family. New York: Basic Books, 2002.

Gabler, Neal. An Empire of Their Own: How the Jews Invented Hollywood. New York: Crown, 1988.

Gardner, Ralph D. Horatio Alger; or, The American Hero Era. Vernon, BC: Wayside Press, 1964.

Gauer, James. The New American Dream: Living Well in Small Homes. New York: Monacelli, 2004.

Greenbie, Marjorie Berstow. American Saga: The History and Literature of the American Dream of a Better Life. New York: Whittlesey House/McGrawHill, 1939.

Guterman, Himmy. Runaway American Dream: Listening to Bruce Springsteen. New York: Da Capo, 2005.

Harris, Marvin. America Now: The Anthropology of a Changing Culture. New York: Simon and Schuster, 1981.

Hayden, Dolores. Redesigning the American Dream. New York: W. W.Norton, 1984.

Herbert, Bob. Promises Betrayed: Waking Up from the American Dream. New York: Times Books, 2005.

Herskovits, Melville J. The Myth of the Negro Past. New York: Alfred A. Knopf, 1941.

Hochschild, Jennifer L. Facing Up to the Amerian Dream: Race, Class, and the Soul of the Nation. Princeton: Princeton Univ. Press, 1995.

Huntington, Samuel. Who Are We? The Challenges to America's National Identity. New York: Simon and Schuster, 2004.

Jennings, Peter. The Century. New York: Doubleday, 1998.

Jillson, Cal. Pursuing the American Dream: Opportunity and Exclusion over Four Centuries. Lawrence: Univ. Press of Kansas, 2004.

Johnson, Charles S. Patterns of Negro Segregation. New York: Harper and Brothers, 1943.

Klineberg, Otto. Characteristics of the American Negro. New York: Harper and Brothers,1944.

Kunstler, James. The Geography of Nowhere: The Rise and Decline of America's Man-Made Landscape. New York: Simon and Schuster, 1993.

—. Home from Nowhere: Remaking Our Everyday World for the 21st Century. New York: Simon and Schuster, 1996.

Kurale, Charles. On the Road with Charles Kuralet. New York: Putnam, 1985.

La Farge, John. The Race Question and the Negro: A Study of the Catholic Doctrine on Interracial Justice. New York: Longmans, Green, 1943.

Lasch, Christopher. The Culture of Narcissism: American Life in an Age of Diminishing Expectations. New York: W. W. Norton, 1978.

Lavery, David, ed. This Thing of Ours: Investigating "The Sopranos." New York: Columbia Univ. Press, 2002.

Livesay, Harold. American Made: Men Who Shaped the American Economy. Boston: Little, Brown, 1979.

London, Herbert I., and Albert L. Weeks. Myths That Rule America. Washington, DC: Univ. Press of America, 1981.

Luttwak, Edmund N. The Endangered American Dream: How to Stop the United States from Becoming a Third World Country and How to Win the Geoeconomic Struggle tor Industrial Supremacy. New York: Simon and Schuster, 1993.

MacCleod, Celeste. Horatio Alger, Farewell: The End of the American Dream. New York: Seaview Books, 1980.

Mailer, Norman. An American Dream. New York: Dial Press, 1965.

McMakin, Jacqueline, and Sonya Dyer. Working from the Heart: A Guide to Cultivating the Soul at Work. New York: HarperCollins, 1994.

Morgan, James. The Distance to the Moon: A Road Trip into the American Dream. New York: Riverhead, 1999.

Munnell, Alicia H., and Annika Sunden. Coming Up Short: The Challenge of 401 (k) Plans. Washington, DC: Brookings Institution Press, 2004.

Myers, David G. The American Paradox: Spiritual Hunger in an Age of Plenty. New Haven: Yale Univ. Press, 2000.

Myrdal, Gunnar. An American Dilemma: The Negro Problem and Modern Democracy. New York: Harper and Brothers, 1944.

Newman, Katherine. Declining Fortunes: The Wethering of the American Dream. New York: Basic Books, 1993.

Obama, Barack. The Audacity of Hope: Thoughts on Reclaiming the American Dream. New York: Crown, 2006.

O'Connor, John E., and Martin A. Jackson, eds. American History/American Film: Interpreting the Hollywood Image. New York: Continuum, 1988.

Odum, Howard W. Race and Rumors of Race. Chapel Hill: Univ. of North Carolina Press, 1943.

Ottley, Roi. New World a-Coming: Inside Black America. New York: Houghton Mifflin, 1943.

Packark, Vance. The Status Seekers. New York: David McKay, 1959.

Peattie, Louise Redfield. American Acres: The Story of Amie Honeywell. New York: Dell, 1936.

Perrucci, Robert, and Earl Wysong. The New Class Society: Goodbye American Dream? Lanham, MD: Rowman and Littlefield, 1999.

Peterson, Wallace C. Silent Depression: The Fate of the American Dream. New York: W. W. Norton, 1994.

Pickens, T.Boone. The First Billion Is the Hardest: Reflections on a Life of Comebacks and America's Energy Future. New York: Crown Buiness, 2008.

Rather, Dan. The American Dream: Stories from the Heart of Our Nation. New York: William Morrow, 2001.

Reich, Charles A. The Greening of America: How the Youth Revolution Is Trying to Make America Livable. New York: Random House, 1970.

Riesman, David. The Lonely Crowd. New Haven: Yale Univ. Press, 1950.

Rifkin, Jeremy. The European Dream: How Europe's Vision of the Future Is Quietly Eclipsing the Amerian Dream. New York: Tarcher, 2004.

Rivlin, Alice M. Reviving the American Dream: The Economy, the States, and the Federal Government. Washington, DC: Brookings Institution Press, 1994.

Roueche, Berton. The Delectable Mountains and Other Narratives. Boston: Little, Brown, 1959.

Samuelson, Robert J. The Good Life and Its Discontents: The American Dream in the Age of Entitlement, 1945-95. New York: Random House, 1995.

Schroeder, Alice. The Snowball: Warren Buffett and the Business of Life. New York: Bantam, 2008.

Simon, David R., with Tamar Love. Tony Soprano's America: The Criminal Side of the American Dream. Boulder, CO: Westview Press, 2002.

Sklar, Robert. Movie-Made America: A Cultural History of the American Movies. New York: Vintage Books, 1994.

Smart, Charles Allen. Wild Geese and How to

Chase Them. New York: Random House, 1941.

Smyth, Nathan Ayer. Lest Freedom Fail. New York: Dodd Mead, 1940.

Stearn, Gerald Emanuel, comp. Broken Image: Foreign Critiques of America. New York: Random House, 1972.

Sterner, Richard. The Negro's Share: A Study of Income, Consumption, Housing, and Public Assistance. New York: Harper and Brothers, 1943.

Stiles, Paul. Is the American Dream Killing You? How the "Market" Rules Our Lives. New York: Harper Collins, 2005.

Tebble, John. From Rags to Riches: Horatio Alger Jr. and the American Dream. New York: Macmillan, 1963.

Terkel, Studs. American Dreams: Lost and Found. New York: Pantheon, 1981.

—. The Great Divide: Seond Thoughts on the American Dream. New York: Pantheon, 1988.

Thompson, Hunter S. Fear and Loathing in Las Vegas: A Savage Journey to the Heart of the American Dream. New York: Random House, 1972.

Trump, Donald. The America We Deserve. New York: Renaissance Books, 2000.

Turner, Ted. Call Me Ted. New York: Grand Central, 2008.

Tyler, Gus. Scarcity: A Critique of the American Economy. New York: Quadrangle/New York Times Book Company, 1976.

Watts, Steven. Mr. Playboy: Hugh Hefner and the American Dream. Hoboken, NJ: Wiley, 2008.

Whyte, William H. The Organization Man. New York: Simon and Schuster, 1956.

Wynter, Leon E. American Skin: Pop Culture, Big Business, and the End of White America. New York: Crown, 2002.

Yeager, Robert C. Losing It: The EconomicFall of the Middle Class. New York:McGraw-Hill, 1980.

Zogby, John. The Way We'll Be: The Zogby Report on the Transformation of the American Dream. New York: Random House, 2008.

★ 索引 ★

Adamic, Louis 路易斯·亚达米克
Adams, James Truslow 詹姆斯·特拉斯洛·亚当斯
Affirmative action 平权行动
Albee, Edward 爱德华·阿尔比
Alger, Horatio 霍雷肖·阿尔杰
Allentown 《艾伦镇》
All in the Family 《全家福》
American Century 美国世纪
American Dilemma, An 《美国的两难》
American Dream 美国梦
American Idol 《美国偶像》
American nightmare 美国噩梦
American Way of Life 美国式生活方式
Amway 安利
Angelou, Maya 玛雅·安杰洛
Anheuser-Busch 安海斯布希公司
Astaire, Fred 弗雷德·阿斯泰尔
Avon 雅芳

Baby boomers 婴儿潮一代
Baldwin, James 詹姆斯·鲍德温
Ball, Lucille 露西尔·鲍尔
Baseball 棒球
Beard, Charles 查尔斯·彼尔德
Benton, Thomas Hart 托马斯·哈特·本顿
Berlin, Irving 欧文·柏林
Bicentennial 美国立国二百年
Bling 锦衣珠宝
Boesky, Ivan 伊凡·波斯基
Bollettieri, Nick 尼克·波利泰利
Boorstin, Daniel J. 丹尼尔·布尔斯廷
Born in the U.S.A. 生在美国

Branson, Richard 理查德·布兰森
Brokaw, Tom 汤姆·布罗考
Brooks, David 大卫·布鲁克斯
Brooks, Mel 迈尔·布鲁克斯
Buchwald, Art 阿特·布赫瓦尔德
Buckley, William F. 威廉·巴克利
Buffet, Warren 沃伦·巴菲特
Bush, George 乔治布什
Bush, George H. W. 乔治·沃克·布什

Cadillac 凯迪拉克牌汽车
Cagney, Jimmy 吉米·卡格尼
Capra, Frank 弗兰克·卡普拉
Capriati, Jennifer 詹妮弗·卡普里亚蒂
Carnegie, Dale 戴尔·卡内基
Casablanca 《卡萨布兰卡》
Cat on a Hot Tin Roof 《朱门巧妇》
Chevrolet 雪弗兰牌汽车
Child, Julia 茱莉亚·柴尔德
Chrysler 克莱斯勒牌汽车
Citizen Kane 《公民凯恩》
Civil rights movement 黑人民权运动
Clinton, Bill 比尔·克林顿
Coca Cola 可口可乐
Combs, Sean "Puffy" (P. Diddy) 吹牛老爹
Contests(sweepstakes) 赌赛（赌马）
Copland, Aaron 艾伦·科普兰
Cosby, Bill 比尔·寇斯比
Cowboys 牛仔
Crosby, Bing 平·克劳斯贝
Cuomo, Mario 马里奥·库莫
Curry, John Steuart 约翰·斯图尔特·库里

Day, Doris 多丽丝·戴

Day traders 当日交易者
Death of a Salesman 《推销员之死》
Dell, Michael 迈克尔·戴尔
DiMaggio, Joe 乔·狄马乔
Disney 迪士尼
Disney, Walt 沃尔特·迪斯尼
Dobbs, Lou 罗·多布斯
Dodge 道奇牌汽车
Downward mobility 社会地位下降，又见"出人头地"
Dream Team 梦之队
Dylan, Bob 鲍勃·迪伦

Ehrenreich, Barbara 芭芭拉·厄莱雷奇
Eisenhower, Dwight D. 德怀特·艾森豪威尔
Energy Crisis 能源危机
Enron 安然公司
Entourage 《明星伙伴》
E.T.: The Extra-Terrestrial 《外星人ET》
European Dream 欧洲梦
Evans, Linda 琳达·埃文斯

Farmers 农民
Father Knows Best 《老爸最聪明》
Faulkner, William 威廉·福克纳
Field of Dreams 《梦幻成真》
Florida, Richard 理查德·佛罗里达
Fonda, Henry 亨利·方达
Forbes, Malcolm 马尔科姆·福布斯
Ford, Gerald 杰拉德·福特
Ford, Henry 亨利·福特
Foster, Michael 迈克尔·福斯特
Franchising 特许经营
Fun with Dick and Jane 《新抢钱夫妻》
Gabler, Neal 尼尔·贾伯乐

Gambling 赌博

Gangsters(criminals) 黑帮

Garland, Judy 朱迪·加兰德

Gates, Bill 比尔·盖茨

General Motors(GM) 通用汽车公司

Generation X 被遗忘的一代

Generation Y(Millennial generation) 千禧年一代

GI Bill 《退伍军人权利法案》

Glenn, John H. 约翰·赫歇尔·格伦

God Bless America 《天佑美利坚/上帝保佑美国》

Goldbergs 《古德伯格一家》

Gone with the wind 《乱世佳人》

Goodman, Ellen 艾伦·古德曼

Good Times 美好时代

Graham, The Reverend Billy 葛培里教士

Greatest Generation, The 最伟大的一代

Great Gatsby, The 《了不起的盖茨比》

Great Migration 大迁徙

Great Society 伟大社会

Guthrie, Woody 伍迪·盖瑟瑞

Harvard University 哈佛大学

Hefner, Hugh 休·赫夫纳

Helmsley, Leona 里奥娜·荷姆斯利

Hoover, Herbert 赫伯特·胡佛

Hope, Bob 鲍勃·霍普

Humphrey, Hubert 赫伯特·汉弗莱

Huntington, Samuel 塞缪尔·亨廷顿

Iacocca, Lee 李·艾柯卡

I Love Lucy 《我爱露西》

Immigrants 移民

Inflation 通货膨胀

It's a Wonderful Life 《生活多美好》

Ives, Charles 查尔斯·艾夫斯

Jackson Five 杰克逊五兄弟
Jay-Z 杰斯
Jefferson, Thomas 托马斯·杰斐逊
Jeffersons, The 《杰斐逊一家》
Jennings, Peter 彼得·詹宁斯
Jobs, Steve 史蒂夫·乔布斯
Joel, Billy 比利·乔尔
Johnson, Lyndon Baines 林登·约翰逊
Jordan, Michael 迈克尔·乔丹
Junior Archivement 青年成就组织

Kennedy, John F. 约翰·肯尼迪
Kennedy, Robert 罗伯特·肯尼迪

King, Martin Luther 马丁路德金
Kissinger, Henry 亨利·基辛格
Kitchen Debate "厨房辩论"
Kodak 柯达公司
Kroc, Ray 雷·克洛克
Kuralt, Charles 查尔斯·柯瑞尔特

Landers, Ann 安·兰德斯
Lasch, Christopher 克里斯托弗·拉斯奇
Lauder, Estee 艾斯蒂·劳德尔
Levitt, Jeffrey 杰弗里·莱维特
Levitt, William 威廉·莱维特
Leno, Jay 杰·雷诺
Lifestyles of the Rich and Famous 富贵名流的生活方式
Lincoln, Abraham 亚伯拉罕·林肯
Lindbergh, Charles 查尔斯·林德伯格
Lone Ranger 《游侠传奇》
Lotteries 博彩

Lynn, Loretta 洛丽塔·琳

MacLeish, Archibald 阿奇博尔德·麦克利什
Mailer, Norman 诺曼·梅勒
Make Room for Daddy 《给爸爸让位》
Mantle, Mickey 米奇·曼托
Mary Kay 玫琳凯
McDonald's 麦当劳
MacMansions "麦克豪宅"
Mead, Margaret 玛格丽特·米德
Merril Lynch 美林证券公司
Millennial generation 千禧年一代
Miller beer 米勒啤酒
Millikan, Robert A. 罗伯特·安德鲁斯·米利肯
Miss America 美国小姐
Mobile homes 一栋房屋
Monopoly(board game) 大富翁游戏
Moore, Michael 迈克尔·摩尔
Moyers, Bill 比尔·莫耶斯
Multilevel Marketing 多层营销

Natural, The 《自然》
Navratilova, Martina 玛蒂娜·纳芙拉蒂洛娃
New Deal 新政
New England 新英格兰
New Frontier 新边疆
9/11 9-11恐怖袭击事件
Nixon, Richard 理查德·尼克松
Number Oneism 对于"第一名"地位的追求
Nu Skin 如新国际企业

Obama, Barack 巴拉克·奥巴马
Occupy Wall Street Movement "占领华尔街"运动
O'Neil, George 乔治·奥尼尔

On the Waterfront 《码头风云》
Over the Rainbow 《飞越彩虹》

Packard, Vance 万斯·帕卡德
Peale, Norman Vincent 诺曼·文森特·皮尔
Peterson, Peter G. 彼得·彼得森
Pickens, T Boone T·布恩·皮肯斯
Playboy 《花花公子》
Powell, Colin 科林·鲍威尔
Presley, Elvis "猫王"艾尔维斯·普莱斯利

Quiz shows 智力测验节目

Rather, Dan 丹·拉瑟
Reagan, Ronald 罗纳德·里根
Recreational vehicles(RVs) 休旅房车
Reich, Charles A 查尔斯·莱克
Ribicoff, Abraham 亚伯拉罕·里比科夫
Robinson, Jackie 杰基·罗宾逊
Rockwell, Norman 诺曼·罗克韦尔
Rocky 《洛奇》
Roger and Me 《罗杰和我》
Rogers, Kenny 肯尼·罗杰斯
Romney, George 乔治·罗姆尼
Roosevelt, Eleanor 埃莉诺·罗斯福
Roosevelt, Franklin Delano 富兰克林·德拉诺·罗斯福
Roseanne 《罗珊妮》
Ruth, Babe 巴比·鲁斯
Samuelson, Robert J 罗伯特·萨缪尔森.
Sandburg, Carl 卡尔·桑德堡
Scarface 《疤面煞星》
Schuller, Robert 萧律柏牧师
Schwarzenegger, Arnold 阿诺德·施瓦辛格
Simpsons, The 《辛普森一家》

Sinatra, Frank 法兰克·辛纳屈
Sopranos, The 《黑道家族》
Spielberg, Steven 史蒂芬·斯皮尔伯格
Springsteen, Bruce 布鲁斯·斯普林斯汀
Statue of Liberty 自由女神像
Steinbeck, John 约翰·斯坦贝克
Steinem, Gloria 葛洛莉亚·斯坦能
Stewart, James 詹姆斯·斯图尔特
Stock options 配股
Streetcar Named Desire 《欲望号街车》
Suburbs 城郊地带
Sunset Boulevard 《日落大道》
Survivor 《幸存者》
Sweet Smell of Success 《成功的滋味》
Swing Shift

Taxes 德克萨斯州
Taxi 出租车
Tea Party "茶党"
Terkel, Studs 斯特兹·特科尔
Thirtysomething 《三十而立》
Thomas, Clarence 克拉伦斯·托马斯
Thompson, Hunter 亨特·汤普森
Trump, Donald 唐纳德·特伦普
Tupperware 特百惠
Turner, Ted 泰德·特纳
Twain, Mark 马克·吐温

Upward mobility 出人头地
Utopian communities 乌托邦社区

Wahlberg, Mark 马克·沃尔伯格
Wall Street Journal 《华尔街日报》
Walton, Sam 萨姆·沃尔顿

Watts, J. C., Jr 小尤里乌斯·凯撒·瓦茨
Wayne, John 约翰·韦恩
White Christmas 《白色圣诞节》
Who Wants to be a Millionare? 谁要成为百万富翁
Will, George 乔治·韦尔
Willkie, Wendell 温德尔·威尔基
Winfrey, Oprah 奥普拉·温弗瑞
Wizard of Oz, The 《绿野仙踪》
Wood, Grant 格兰特·伍德

Yeager, Chuck 查克·伊戈尔
Yuppies 雅皮士（又见"婴儿潮一代"）

Zakaria, Fareed
Zogby, John 约翰·佐格比
Zuckerman, Mort 莫特·祖克曼